Kabbalah
Wisdom

Kabbalah
Wisdom

靈性的覺醒

在危機中擺脫危機

麥可‧萊特曼 著　周友恒 編譯

原書名：危機──想知道爲什麼？

The blind person drives the blind people.
The blind people guide the blind person.
（一個瞎子驅使著一群瞎子往前進，
這群瞎子又反過來指引著那個瞎子。）

看不見前方，人類將滅亡。

Where there is no vision, people perish.

——Proverbs 29：18, Bible 箴言《聖經》

問題不可能在其自身發生的層面被解決，對一個
問題的解決總是需要提升到一個更高的水準才能
實現。這個世界不會，也將不會理解它所面臨的
這些問題以及解決這些問題的方法。

——愛因斯坦

英文中的危機（Crisis）在中文中是由兩個字"危"和"機"共同組成的，"危"代表危險，"機"則代表機會，面對一場危機，既要意識到危險，更要認識到機會。

——約翰·甘迺迪

我們要好好利用地球這頭乳牛為我們多賺點錢！？

占領

生態災難　　　　　　　　　　　　　　　　　　　　全面危機

危機（crisis）一詞（是從「希臘語的 $\kappa\rho\iota\sigma\iota\varsigma$，krisis——決定，轉捩點」而來）指變革點，過渡時期，爆發點等，說明曾經有效的方法由於環境條件變化已變得無效，並且導致危急的情況和問題出現的一種狀態。

換句話說，危機不是指一種崩潰的狀態，而是指一種向全新的狀態的轉捩點。人類的問題是我們看不見這種新的狀態！

——麥可・萊特曼博士

譯者前言——危機就是拯救

實際上，我們正在經歷的危機不是偶然的。它的發生是有目的的，危機就是為了迫使我們去思考為什麼危機會發生，進而找到生命的意義，只有這時，我們才能知道怎樣和生命和諧相處。

——麥可·萊特曼

危機和災難，對地球上生存著的每一個人來說，都不再是一個什麼值得大驚小怪的事情，危機和災難似乎已變成我們生活中不可或缺的一部分。它已變成新聞報導和網路新聞增加銷量和流量的絕佳題材，也變成我們茶餘飯後、朋友聚會或網路聊天消磨時間的話題；除非災難正降臨在你自己身上或你所關心的人或事身上，在那時，你可能會呼喊，老天爺啊！為什麼會這樣，災難要降臨到我的頭上；否則我們的態度絕對是事不關己，高高掛起。

人類似乎正像那個著名的溫水中的青蛙的故事中所描寫的那隻青蛙一樣，雖然災難臨頭，「死亡」迫在眉睫，卻仍然「從容不迫」。我們已經習慣了災難，也習慣了將頭埋在沙子裡；除了繼續忍受災難的打擊，掙扎在生存的艱難道路上，按照社會強加於我們的價值觀，或隨波逐流或爭取「功名利祿」之外，又能做些什麼呢？那些災難不都是自然的嗎？我們又能有何作為呢？而且，災難又不只出現在台灣，或出現在世界的某一個地方，我又著的是哪門子急呢？這不是杞人憂天嗎？

就在今年，一場歷史強度排名第五的大地震，它導致的海嘯，更可怕的核輻射危機，已給日本這個最發達的國家帶來了二戰以來最大的災難，也給整個世界敲響了核能利用的警鐘。而在海洋彼岸的美洲大陸，還沒有從 2008 年金融危機中爬出來的美國，在經歷了冬天的雪災，在這個還未結束的夏天，已發生了上千次龍捲風（據說是往年的幾倍），而

現在又處在洪水和森林大火的雙重肆虐之中；與此同時，火山正在冰島、智利、夏威夷，義大利等地同時噴發著，地震在世界各地顫抖著；在歐洲大陸，冰島已宣布破產，希臘、義大利、葡萄牙、愛爾蘭等國正掙扎在國家破產的邊緣，而西班牙高達40%的失業率已引發了大規模的抗議示威活動，比利時已經一年多處於無政府狀態，而歐洲和美國債務危機會將還沒有從2008年的金融危機爬出來的世界經濟推向何處還是巨大的問號，狀況也並不樂觀；在北非、中東爆發以及世界各地爆發的各種動盪正像流行病一樣在蔓延，而北約以「人道主義名義」發動的針對利比亞的軍事行動雖然因為格達費的死亡而暫告一段落，但情勢仍混亂……中國的南方各省市還未經歷完世紀乾旱，馬上又被浸泡在世紀洪水之中；被全人類寄予厚望的剛剛結束的伯恩全球氣候會議，又同樣和哥本哈根聯合國氣候變化會議一樣，沒有取得任何實質性的成果。

我們不禁要問，這個世界到底怎麼了？難道2012世界末日的預言真的要發生？

實際上，可怕的不是災難本身，而是我們對待危機和災難的這種漠不關心的態度。抑或是人類的狂傲或無知，遮住了人類清楚看到危機背後救贖的雙眼，從而找不到真正的應對方法。但是，如果我們還是採用歷史上曾經採用過的那些應對災難和危機的老辦法的話，這將會是災難性的。因為這一次與歷史上的任何一次都不同，因此，危機產生的環境和條件已發生了質的變化，需要採取一種全新解決危機方式。正如愛因斯坦所說的，我們必須上升到一個更高的意識層面。

只有瞭解到危機為什麼會發生，它想將我們引領到哪裡，我們才知道如何面對危機，不是去解決危機，而是藉助危機。畢竟，任何事情的出現都不是偶然的，危機之所以出現，其目的就是逼迫人類去追尋創造的目標和我們生命的意義這一根源問題。搞不清目標或者搞錯目標，其後果都會很嚴重。否則，人類難免又踏在一條「穿新鞋，走老路，卻期望出現一個不同的結局」的瘋狂道路上。但這一次，人類已經輸不起！

本書由幾十篇針對各類危機和現實問題的精彩文章編譯而成，是萊

特曼博士從卡巴拉智慧的視角對我們人類現實生活面臨的危機、災難和感知到困惑等各方面的精彩解讀。內容涵蓋了從金融危機到經濟危機到全球化；從生態危機到自然災害；從個人婚姻、家庭幸福到幸福的全面危機；從戰爭、恐怖主義到和平；宏觀和微觀世界的探索到生命意義的追尋等等。總之，人類發展到 21 世紀，人類從來沒有像今天這樣在其生活的各方面感到如此地迷茫和困惑。以致於有很多人甚至開始相信世界末日就要到來。

那麼，危機到底是什麼？危機的背後隱藏著什麼？自然災害真的是自然的嗎？自然又意味著什麼？災難是上天對人類的懲罰嗎？金融危機為什麼會發生？氣候危機和生態災難又是怎麼引發的？它們和人類是什麼關係？為什麼我們越是試圖解決危機，危機和災難發生得就越頻繁呢？恐怖主義背後的真正原因是什麼？為什麼世界從來沒有真正和平過？幸福為什麼總是稍縱即逝？人類尋找的幸福在哪裡？如何才能實現真正的幸福？各類危機之間的聯繫是什麼？

我們都在期待改變，但真正的改變，能夠帶來拯救的改變是什麼？如何改變？猶太人、以色列人又是什麼人，為什麼整個人類歷史上的大事件、大變革都與這個民族有關呢？為什麼他們被稱作是「上帝的選民」呢？以色列人跟世界其他民族又是什麼關係呢？以色列的真正含意是什麼？它與創造和生命的目的有什麼關聯嗎？生命的意義又是什麼呢？

如果你對以上問題的答案哪怕有一丁點兒興趣的話，這本書正好適合你。我想告訴讀者的是，這些文章沒有一篇是寫於今年（2011 年），都是寫於 2008、2009 和 2010 年甚至更早以前。透過閱讀本書再結合每位讀者在歷史的今天自己的親身經歷，我想大家應該會體認到本著作包含著深刻而又精純的真理，我們相信讀者早已能夠在絕望和自暴自棄時看到一絲曙光，最後踏上通往光明之路。

透過仔細品讀這些精彩的文章，我們可以慢慢清晰地看到，剝開所有的災難和危機的表象，那個引發危機的根源和唯一的原因將鮮活地呈現在我們眼前。我們會發現，不論危機呈現的方式是什麼，也不論災難

發生在哪裡，以什麼樣的形式呈現，所有這些看似毫不相干、毫無關聯的危機、災難和現象，最後都濃縮並指向同一個根源，它們都是由一個共同的原因引起的；而且，更神奇的是，你會發現，所有危機和災難的發生，實際上都是一種必然；而且，它們的產生並不是要懲罰我們，而是在「告訴」我們什麼。危機本身就是一種拯救，就是真正拯救的開始，危機也是整個創造的一部分，是宏偉的創造的大過程中的一個小過程。

而當我們找到了那個導致這些危機和災難的唯一原因時，我們也就找到了其中存在的唯一的救贖，也就發現了宇宙創造的奧秘，也就找到了生命起源、存在和演化的藍圖，也就找到了我們生命的意義。而且只有這時，人類真正自由的選擇之點才會出現。問題是我們是否願意去選擇。幸運的是，自然早就為我們準備了應對方法，毀滅還是重生，拯救的選擇就掌握在我們自己手中。

編譯者：卡巴拉國際中心學生

周友恒

鳴謝

在此，我要衷心感謝我的老師麥可·萊特曼博士，感謝他將這一已存在五千年的古老而又嶄新的卡巴拉智慧傳向全世界，在這個危機和災難開始爆發的時候能夠為我們帶來拯救。特別感謝 Uri Laitman 先生、Yair Oren 先生、Asta Rafaeli 女士、張為民女士；Kelly Chiu 女士，特別感謝 Chaim Ratz 先生提供的精準的英文譯本；特別感謝 Misha Gonopolsky 先生所提供的形象生動的插圖，使得本書更加靈動而耐人尋味。感謝我的太太潘越利和兒子周君毅對我在學習和翻譯卡巴拉智慧著作上的大力支持和付出的愛和關懷。感謝李錫東先生，戚健女士，韓顯赫先生，何南輝先生等在將卡巴拉智慧和本書推廣到臺灣地區出版過程中所表現出的慧眼和努力！

內容提要

本書內容分為 12 章節 81 篇主題文章，涉及各類危機和社會及個人生活重點問題。

雖然，文章在編排上有分類和次序，可能很簡短，但涉獵探討的問題卻可能觸及中心點和根源，當然，我們力圖使它們通俗易懂。但您可以選擇任何涉及自己最關心的議題開始來讀，隨便跳讀。不要追求一遍就能讀懂。我們唯一希望的，就是大家能夠從內心向外敞開自己的心扉，拋卻所有固有知識和思維模式設定的障礙。讓書中蘊藏的智慧流經你自己，滋潤你的心田，叩開你的心扉，使你真正開始知道！真正開始「看見」！

目錄

Ⅰ. 金融危機：真的只是簡單的金融危機嗎？

Ⅱ. 生態災難和氣候危機：在向我們啟示什麼？

「我們的地球正面臨一種真正的危急狀態。這是全人類在道德上和精神上都面臨的挑戰。」美國前副總統高爾在接受諾貝爾和平獎的時候激勵人心地這麼說。

雖然北美剛剛過去的這個夏天並不炎熱，但那裡卻發生了洪災。而且不只是在北美，歐洲和亞洲的大部分地區似乎要麼是燠熱難耐，要麼就是被淹沒在突如其來的洪水、土石流或者氾濫的河水當中。而且就算有些地方沒有遭受從天而降的災難，也會有來自地下的災難：秘魯正從一場致命的地震中恢復過來，而日本最大的一間核能發電廠在一次地震引發的輻射物洩漏事件之後便關閉了。

是什麼令自然失去平衡？我們能做什麼去拯救這個星球？

現今，大眾都能得到豐富的資訊，每個人都清楚全球暖化和氣候的變化。但看樣子，知道和關切並不總是齊頭並進。

以失敗告終的哥本哈根氣候會議，不禁使整個世界開始疑惑：我們人類能解決環境危機嗎？——對此自然自有其應對之道。

億萬年來自私自利的進化並沒有帶給我們持久的幸福，就連維持一個最低限度的美好未來也沒能實現。我們困惑不解，而這種困惑的狀態是建立在困擾著我們的危機和挑戰的基礎上。

Ⅲ. 全球化：全球化＋利己主義＝死路一條

我們生活在一個全球化的世界，但很少有人明白「全球化」這個詞到底指的是什麼意思，或者更重要的是，它是怎樣影響我們的生活的。歡迎來到當今世界上最迫切需要的課堂中。

你能用代號暱稱像年輕人在聊天室那樣交流；你能在電腦螢幕和一個用戶名後保持隱秘，但這不會維持太久。我們遲早會脫離偽裝並為其他人在我們的心裡（而不是網路的聊天室中）留出空間。

我們的生活變得越來越虛擬——從虛擬銀行到虛擬友誼。根據卡巴拉智慧，虛擬世界是步入精神世界的踏腳石，而在精神世界裡我們是一個真正聯繫在一起的整體。

Ⅳ. 幸福的危機：為什麼我們就是不滿足？

快樂，對另一些人，是贏得跳棋比賽或者最愛的運動團隊獲得的勝利。你也許想要中頭彩，而你的朋友減去了最近增加的十磅體重後，就能感到快樂。雖然人們享受不同的事物，但他們都在試圖獲得一種形式上可能不同但本質卻相同的東西——快樂。

Ｖ. 婚姻和家庭危機：為什麼愛總是帶來傷害？

數千年來，亞當和夏娃的故事挑戰著所有人的想像力。現在是發現這個故事隱含著的真諦的時候了，那狡猾的蛇究竟是什麼？這一切又是怎樣和今天已達百分之五十以上的美國夫婦走上離婚之路的事實相聯繫的？

VI . 戰爭與和平

Ⅶ. 改變，真正需要的改變是什麼？

Ⅷ. 我們與危機：創造的目的與危機的聯繫

什麼是現實？我們如何感知它呢？現實是否在我們之外存在著，抑或現實只不過是依賴於我們內在的品格在內心裡建立起來的虛擬畫面？

X . 知道在哪裡我們錯了，我們才能找到救贖

XI . 教育的危機

XII . 以色列人，你到底是誰？

從古至今，世界「奇蹟」的數量在不斷增加。人們常常對那些給人們帶來視覺滿足的人工建築讚歎不已。這些建築帶來謎一樣的風情，讓人們以自己做為人類而感到自豪。

「……我們來自虛無，擁有名字，擁有自我意識和內心深處的情感，心中極度渴求生命和自我表現——即便如此，死亡還是要來臨，就像一場惡作劇。」

巴拉蘇拉姆（Baal HaSulam）在其文章《是行動起來的時候了》裡，談論到了我們這個時代的獨特性。他指出，我們這個時代就是人類已經充分發展並成熟到足以去渴求精神世界的時代。

附錄

前言——一個根源，一種解決之道

2011 年即將過去，如果回顧近一、兩年發生的事情，用兩個關鍵字來表達的話，我想沒有人會反對：災難和危機。

這個世界到底怎麼了？地球上的自然災害一個接著一個，洪水氾濫、山體滑坡、土石流、颱風、地震、火山爆發、森林火災、乾旱……除了生態和自然災害頻傳之外，糧食危機、貨幣戰爭、就業危機、政府破產、恐怖活動、國家之間的危機，戰爭似乎在瞬間就可能爆發，總之，危機是全球性的，全方位的。

人類正陷入深層的危機之中，這已經是一個眾所周知的事情了。其實，我們很多人都已經感覺到它了。人生的無意義感，頹廢、沮喪和空虛的感覺吞噬著我們的人生。家庭危機、令人憂心忡忡的教育體系、毒品濫用、個人的不安全感、對核子戰爭的恐懼以及生態惡化的威脅，所有這些都給我們的幸福籠罩上一層層的烏雲。我們似乎對人生失去了控制，而且看起來我們不但無法脫離這些問題的泥淖，而且似乎在其中越陷越深。

眾所周知，對疾病的正確診斷等於成功治療的一半。因此，為了解決我們面臨的問題，首先需要瞭解它真正的起因。而最可靠的辦法就是從瞭解人類的本性和世界的本質做起。倘若我們認清了自身的本性和那些影響著我們的法則，我們將會瞭解我們在哪兒出錯了，知道必須做些什麼才可能擺脫我們面臨的困境。

在觀察圍繞著我們的自然時，我們發現自然界中的非生命層次、植物層次和動物層次的所有創造物都是由其與生俱來的內在本能驅使著。這些行為不能以好或壞做為標準來衡量；它們只是本能地遵循著根植於其自身的內在規律，同自然以及相互之間和諧共處。

然而，如果觀察人類自身的本質，我們將會發現其與自然的其他一切存在著本質上的差異。人類是唯一能從剝削、征服和利用其他人和其他創造物中獲得快樂的生物。只有人類從與眾不同、從與他人脫離及高高在上之中感到樂趣。由此可見，人類是整個宇宙中唯一不和諧的因素，因此，是人類自己破壞了自然的平衡。

　　卡巴拉智慧告訴我們，控制我們的這個接受快樂的願望（自我或叫做利己主義）長期以來在我們人類自身內部不斷地進化。它最初的呈現方式只表現為滿足一些簡單的慾望，比如吃飯、生兒育女、體驗家庭生活等。隨後，更高層次的願望——對財富、名譽、權力和知識的渴望等的出現，則推動了人類社會的進化，促使其社會結構——教育、文化、科學和技術——不斷演變。人類豪情滿懷地前進著，並且相信社會進步和經濟增長將能滿足我們，讓我們在未來生活得更加幸福。但遺憾的是，直到今天我們才開始意識到這種長期的「進化」實際上已經進入到了一個死胡同。

　　這種情形之所以出現，是因為我們這個接受快樂的願望即使得到滿足，但過不了多長時間，就又會感到不滿足。我們所有人至少有過那麼一次極其渴望得到某種東西，可是一旦我們得到了自己渴求的東西，內心的快樂過不了多久便消失殆盡，內心的空虛又重新出現。這時候，我們發現自己不得不又開始去追逐新的目標，並希望這個新目標的實現能夠使我們心滿意足。這個過程既發生在個人的層面上，同時也發生在全人類的集體層面上，表現在社會生活的各方面。

　　既然數千年來我們已經累積了豐富的經驗，已經清醒地意識到，我們並不知道如何獲得持久的幸福，也不知道如何獲得最基本的內在安全感。這讓我們有些手足無措。種種現象都存在於各種危機的基礎層面，這些現象已變成了一直困擾著我們的幽靈。

　　此外，長期以來，本性自私的人類以犧牲他人利益來尋求個人為中心的快樂的嗜好日漸加劇。如今，許多人企圖將自己的成功建立在毀滅他人的基礎之上。缺乏寬容、感情疏遠和仇恨已經達到了一個前所未有

的可怕程度，時時刻刻危及著人類這一整個物種的基本生存。

當我們認真觀察自然時，能夠看到所有生物都遵循著利他主義或關愛其他同類的原則。這一原則與驅動人類自私自利地進化的原則截然不同。

為了維持一個生命整體的存在，身體中的所有細胞透過相互給予而團結一致。身體內的每個細胞都只獲得它生存之所需，而將其餘的能量用於呵護和支持軀體的其他部分，以便整個身體能夠維持生存。在自然的每個層面上，個體做為它所在的那個整體的一部分，都在為造福整個身體而工作，並由此才真正發現它的完整性。沒有這種利他的行為，整個身體便無法存活。實際上，生命本身也難以維持。

如今，在深入研究許多不同領域之後，科學正在得出一個結論：全人類其實也是一個整體。但問題在於，我們人類尚未意識到這一點。我們必須警醒和明白，那些給我們現實生活蒙上陰雲的問題的出現並非偶然；我們不可能再依靠以前所知道的任何「成功」的方法去解決目前面臨的問題。它們不會自行消失，只會日漸惡化，直至我們改變方向並開始依照自然的普遍法則——利他主義的法則來運轉。

我們生活中的每一種消極現象，從最具體的到最普遍的，都源於違反自然規律。如果從很高的地方跳下來並受了傷，我們就會知道自己的做法違反了萬有引力定律。既然如此，我們現在必須停下來檢視自己，看一看我們在哪兒沒有遵循自然規律。我們必須找到正確的人生道路。這一切都取決於我們的意識：我們越深入地瞭解自然的體系及其內在的規律，遭受的磨難就會越少，而且進步就會越迅速。

在動物層面上，利他主義是生存的法則，動物本能地按照這個法則維繫著其種群的生存。而在人類層面上，我們自己必須主動與自然建立起這種關係。自然將這個使命留給了我們，以便我們能將自己提升到一個嶄新的、更高的生存狀態。這是人和其他生物之間的本質區別之所在。

在這本書中，我們將探討各類危機，分析其真正的根源和解決之道。

從我們被創造成自我主義者開始，我們就無法反抗我們的利己主義，因為它是我們的本性。因此，「竅門」在於找到一個變通的方法，能讓我們即便以利己主義為出發點，為自身利益考慮，也要改變對待他人和自然的態度，從而使自己與他人團結起來，成為人類這個統一整體的和諧部分。

自然將人類創造為社會性的生物也絕非偶然。如果我們深入觀察自己的行為，就會發現我們採取的任何一種行動，都是為了讓自己得到社會的認可。這是我們賴以生存的基礎。欠缺社會的認可，更糟糕地，如果反而被社會指責，將會致使我們遭受巨大的痛苦。

感受到羞辱是一個人可能體驗到的最糟糕的事。這就是為什麼我們傾向於遵從社會所崇尚的價值觀。在這種情況下，如果能成功地改變我們所生活的環境的價值觀，並引入利他主義的價值體系，如關心他人、共用和團結，那麼我們就能夠改變對待他人的態度。

倘若社會只依照個人為整個社會所做的貢獻，來評判其價值，那麼我們必定都會為社會著想，並為社會進步而不懈努力。如果我們取消因個人優秀而頒發的獎項，只讚賞那些處處為社會著想的人們；如果孩子們依照這些標準來評判他們的父母；如果朋友、親戚、同事都按我們和他人相處得怎樣來檢驗我們，那麼我們都想善待他人，以便我們能夠贏得社會的讚譽。

這樣一來，我們便會逐漸感覺到懷著利他主義或無私來對待他人，本身就是一種獨特的、高尚的價值，而且這種價值觀和行為會直接得到社會的認可。透過這樣去做，我們會發現，這種態度實際上就是完美無缺和無限快樂滿足的源泉。

縱然在今天的社會中，利己主義依然大行其道，但我們已經為開始去遵循利他主義的自然規律做了相當多的準備。教育和文化一直都建立在利他主義的原則上。在家庭和學校，我們都教育孩子要做富有同情心的善良友好之人。我們想讓自己的孩子善待他人，而且我們覺得這種對他人的態度是正確的行為方式，並且社會也保護這種行為。幾乎沒有人

會宣稱自己反對這些價值觀。

　　此外，多虧通信進步，今天我們能夠非常迅速地在世界各地傳播新的資訊和社會價值。這是一個至關重要的因素，它有助於我們充分意識到人類正面臨不斷加劇的危機，迫切需要找到全面解決危機的方法。

　　儘管當前人類面臨的問題可能促使我們不得不去做出變革，但它的影響遠不止這些。假如我們能夠樹立一種對待社會的正確態度，我們就會漸漸地被引導到一種全新的存在狀態，步入一個全新的發展階段，而它高於我們以前所瞭解的任何事物。這是一種更高的存在形式，它是崇高的，是一種感知到我們本身與自然和諧統一的存在方式，是一種統一與完美的感覺。

　　今天，在經歷了無數代的進化之後，我們已累積了足夠的經驗，開始瞭解自然的進化法則正在將我們帶向何處。

　　實際上，這些現象的加劇並沒有讓我們大驚失色，因為我們對此早已習以為常了。在過去，它們被視為誤入歧途，而如今我們對其已見怪不怪。由於我們缺乏應對這些困境的工具，因此不得不接受它們的存在，以避免它們所導致的痛苦。這就是已經在我們內部發展起來的一種本能的保護機制，但這並不意味著我們無法扭轉這種被動的局面，讓事情朝著更好的方向發展。讓我們來看一看這一危機到底在告訴我們什麼，藉助什麼我們能夠走出危機與混沌，步入完美與和諧。

讓我們用錢來澆滅這場危機吧！

因為錢沒有導致這場危機，所以金錢也不會修復
這次危機。

——麥可·萊特曼博士

I
金融危機：
真的只是簡單的
金融危機嗎？

幾乎所有人都將 2008 年美國次貸引發的危機稱做金融危機或經濟危機等等，並認為向市場投下數萬億美元、歐元、英磅、日圓、人民幣等等就能解決這場危機，但即使花光我們所有的儲蓄來刺激全球經濟也不能拯救我們，。因為錢沒有導致這場危機，所以金錢也不會修復這次危機，不但不能，反而會引發更大的危機。為什麼？因為危機的產生是有目的的，危機是提升我們到另一個更高狀態的跳板。那麼，危機的目的是什麼？危機想將我們引到哪裡呢？

1 在金融風暴中導航

2008 年金融海嘯首先襲擊美國，最後波及整個世界的金融風暴已經過去兩年多了。最糟糕的階段已經結束了嗎？或者，正如歐巴馬警告說的，最糟糕的還沒來到嗎？

我們可以不斷猜測下去，但這永遠也不會有什麼結果，可以確定的是，自歐巴馬入主白宮以來，這次自 1929 年大蕭條以來的最大金融危機已經過去一年半了，但還是看不到任何實際有效的解決方案。所以，也許是應該從不同的角度來看待這場危機的時候了！

讓我們回到最重要的事情上：產生這次危機的原因是什麼？多數分析師都將次級抵押貸款危機指責為我們這次金融災難的催化劑，但不要讓「次貸危機」這個詞語誤導了你。

次貸市場不是造成金融崩潰的原因，它只是這場危機浮現出來的地方。不過，它也可以很容易被諸如「環境危機」或「人道主義危機」，甚至「核武器擴散危機」等所取代。

真正導致這次滾雪球式的金融危機的不是任何形式的金融機構，而是貪婪、沒有節制的慾望和不負責任的機會主義，或簡單地說：是那個以自我為中心的人類的本性。貨幣系統率先被擊中的唯一原因是這一系統最能表現在人們的關係和相互聯繫上的腐敗本性。

不幸的是，這種本性是沒有辦法透過將巨額的納稅人的錢注入市場的方式來加以改變的。

到目前為止，上萬億美元花在了美國、英國、法國和其他地方，這既沒有增加借貸也沒有增加流動性。而這一切都如此輕率地做了，以致於現在沒有人可以讓那些獲得這次紓困計畫利益的公司和銀行承認他們到底從中獲得了多少利益。

用納奧米・克萊因的話說，這上萬億美元就像「從下水道被沖走了」一樣，滑過那些億萬富豪的手就消失了。

信任的危機

錢既沒有導致這次危機，錢也不會修復這次危機。為了應對來自金融和社會方面的挑戰，需要一種完全不同的紓困計畫——一個將我們自己從這種以自我為中心的囚籠中解脫出來的方法。

每個人都在使用這種表達方式，「股市暴跌」，但又有誰知道這句話的真正意義呢？畢竟，股票市場無非是一個預測與投機的集合體，一個將成功的賭注和預期立即轉化為股價和指數的複雜平台。

所以，並不是股票市場在崩潰；真正崩潰的是人與人之間的信任。信貸公司不再相信保險公司，保險公司不再信賴銀行，銀行對地產代理商不滿，而地產代理指責保險代理導致了普通人信心的下滑，而他們卻不得不像往常一樣，對這一切買單。如果所有這些還不夠的話，我們還可以將麥道夫的金融騙局加入，將任何在這個系統中僅存的一點信任都粉碎掉。

現在，每個人都在小心謹慎地將手中的牌拉得更靠近他們自己的胸前，將那些在舊日的好時光裡消費的金錢收藏起來——小心地放在地板磚的下面。這就是為什麼曾經看起來可以無止境地增長的資本已經變得枯竭，以及創造出那個被所謂的專家們稱為「流動性危機」的東西。

現在請聽清楚了：不管以上所有描寫的是什麼，這一切仍存在著希望。實際上，就像披頭四（Beatles）所表達的，「一切都在漸入佳境」。為什麼這麼說呢？因為那個似乎破碎的信任，實際上從來都沒有真正存在過。它一直都不過是一種錯覺，這一次只不過是一個真正的泡沫的破裂，幻覺的消失。

首先，我們需要瞭解到，這種每個人都只關心其個人利益的情形，也就是我們的利己主義才是將我們帶入這場危機的真正原因。而如果這個世界上根本不存在真正的信任的話，那最好現在就發現它，以免發現

得太晚就來不及了。也就是說，真相可能接受起來很苦澀，但還是越早發現真相越好。但這一切都不過是冰山露出的山尖而已。伴隨這場危機的真正獎勵則是，現在我們終於看清楚這個世界真實存在的狀態是什麼樣的了：一艘全人類都賴以生存在其中的全球性大船。

一種新的導航系統

「兩個人在一條船上，其中一個人拿起鑽頭開始在他自己的下面鑽洞。他的同伴對他說：你為什麼這樣做呢？他回答說：這關你什麼事呢？我不是在我自己的下面鑽洞嗎？另一人回答說：但你會使這條船進水，這會讓我倆都會因船沉沒而淹死！」

——卡巴拉學家，西蒙巴約海，*Midrash Rabbah*，*Levitivus 4：6*

在這條我們全都共用並賴以生存的全球船上，無論任何人認為可以在自己的座位下鑽一個洞，並忽略他人福祉的行為，都將是一種對形勢嚴重的錯誤估計。那些認為如果賭博失敗，只是他們的客戶會受到傷害的經紀人及投資者們，正在將致命的水帶給其他所有人。

而且每個人，我的意思是所有人，從柏林 Hypo 房地產投資銀行到紐約美國國際集團 AIG，從灣仔凌兆秀到泰國北部的兄弟鞋店。如果一個人掉入水中被淹，其他所有人都會伴隨著他一起被水淹沒。就像那艘曾經認為不可能沉沒的鐵達尼號一樣。

明白這一點對我們來講為什麼如此重要？因為我們生活在一個全新的時代，一個要求信任和相互關懷不只是停留在嘴巴上的時代。這些是目前這個新的現實的運行法則，一種不管是好還是壞我們都互相依存在一起的現實。

從今以後，除了做為一個大家庭一起運作之外，我們沒有別的選擇。只有這樣，我們才可以駕馭我們的這條全球大船駛向豐富和繁榮的避風港。

「我們已經到達一個整個世界都被認為是一個單一整體和一個單一社會的程度。在這個世界上的每一個人都從這個世界的所有其他人那裡獲取他的生活必需以維繫他的生命，因此，他也必須服務並關照這個他賴以生存的世界的福祉。」

——卡巴拉學家，巴拉蘇拉姆，《世界的和平》

ℒ 對金融危機的思考

　　將所有的怨氣撒在那些華爾街「錢袋」身上、怪罪他們將我們帶入金融危機這個泥淖是很容易的。但是，當怒氣消散，視線逐漸變得清晰，也就是該想一想我們從這裡要去往哪裡的時候了。

　　我們必須承認我們最近都看了太多有關金融危機的消息。它變得越來越刺激和令人迷惑，而且就在我們開始失去所有的同情時，金融危機帶來的衝擊就開始擊中家人與朋友的要害，我的上帝呀，但最令人迷惑不解的事情則是，絕大多數受到傷害的卻是我們這些奉公守法的好公民們。我們為什麼應該為那些貪婪的騙子們造成的這一切錯誤買單呢？我們應該找出那些肇事者，拿走他們所有的一切，散發給那些受害者，或許還應該在他們的臉上扣上一個餅以示懲戒。

　　但一旦這種復仇的想法帶來的快感開始消退，它就被另一種感覺所替換——擔心！雖然在過去，經濟在衰退後總是會反彈回來，誰又能保證這一次也一定會是那樣呢？似乎所有的賭注都被壓在了這個「不可避免」（正如看起來合情合理一樣）的解決方案上。但是如果人們萬一錯了呢？如果這一次經濟危機不是另一次普通的經濟週期的低潮和高潮呢？如果萬一這一次危機要求一種非同尋常的解決方案，那該怎麼辦呢？

他們看見了露在外面的釘子，但卻沒看見釘子的其餘部分

　　其實，很多著名的學者已經發現，這一場金融災難與以往不同：它是一次也是第一次真正的全球性的危機。但是當他們話音還未落，他們就開始尋求局部的解決方案了！那些偉大的經濟頭腦們都承認他們這一次完全低估了這種全球經濟的相互聯繫性：他們不能預見到，當肝臟壞死時，人會死亡；部分可以使整體崩潰，這就是為什麼他們被打得完全措手不及。但現在他們知道了。

　　但是，為什麼各國還是試圖進一步實施自己的措施以保存本國經濟呢？為什麼就沒有人站出來指出這麼明顯的事實呢？——如果我們是如此地相互依存，我們唯一的選擇是開始思考這個世界上每個人的幸福。除此之外，沒有別的選擇。

　　根據卡巴拉智慧，我們盡量避免這種做法是我們利己主義的本性使然。以自我為中心的人自然地被一種用最小的投入獲得最大的利益產出的程式所驅動，這一程式導致我們不能接受這一種解決方案，它對我們來講是一個盲點。這就是為什麼經濟學家們拒絕放棄他們那些過時的世界觀，這樣的話，問題依然存在。

　　這也是為什麼他們不能看到或接受這場危機「不只是另一場危機」這一基本事實——甚至不同於 1929 年的那場大蕭條。事實上這場危機是不同的，它正在引領我們進入一個全新的全球化時代，在這種全球化時代，為了生存，人類社會的所有成員都必須關心整個系統的福祉，就像人體中的所有細胞都要為整個身體服務一樣。任何一個人不將此問題考慮進來，並繼續只關心自己的話，都將成為有害於整個系統的因素，就像身體的癌細胞之於身體一樣。那個人（或細胞）將使我們所有人（身體）遭受痛苦。這次全球市場的崩潰就是一個人類已進入一個全新的全球化時代很有說服力的鮮明案例。

　　那麼，怎樣才能改變目前我們這種自私自利的行為？這正是卡巴拉智慧能夠為我們提供幫助的地方。

學習如何給予

　　卡巴拉學家們解釋說，自然中存在著一種基本的法則，它可以確保任何有機的整體系統的生存。根據這一法則，系統的每一部分都只能獲取足夠它生存所必需的東西，其餘的都要為整個系統的福祉而工作。由於現在整個世界已變成一個單一的有機整體，我們就必須學會如何遵從這一法則，這將維持我們的穩定和福祉，就像任何自然中的系統一樣。

　　因此，要擺脫這次危機，我們需要做的第一件事就是要在我們的世界觀上做一次重大的升級。我們必須學會我們全人類是多麼緊密地相互關聯和相互地負有責任——不只是在社會和經濟系統的層面上，更是在我們的思想、願望和意圖的層面上。

　　然後，我們會看到這整個世界都是一個大家庭，其中的每一個成員都必須關懷別人，而不只是為自己。一旦我們開始這種不同的思維方式，我們就將和那個自然的法則和諧一致，然後，像金融危機以及所有其他形式的危機都會立即消失，因為所有危機的根源都是同一個。

3 金融危機：診斷和治療

世界上還有誰沒被當前的金融危機觸及並影響到？大家都認同必須要採取某些行動：卡巴拉智慧能夠告訴我們這「某些行動」是什麼。

當退休夫婦看到他們的畢生積蓄消失在股市中；當年輕的家庭，在他們的住宅被取消抵押被贖回後，變得無家可歸時；美國消費者信心指數處於 1967 年評級制度建立以來的最低點。大企業、小企業都在裁員，因為對它們產品的需求量正在直線下降，而這又將進一步衝擊社會服務業和已經處在崩潰邊緣的經濟。

大家都認同必須要採取某些行動以解決這個問題，但沒有人知道這「某些行動」是什麼。來自歐亞的世界各國領導人於 2008 年 10 月在中國召開了高峰會，而且同年 11 月，20 國元首高峰會 G20 也在華盛頓舉行了，但這些高峰會是否能取得什麼具體有效的成果呢？

要解決一個問題，首先必須瞭解這個問題的起因，但即便是那些知識最淵博的經濟學專家對這次危機都感到無能為力。人們將危機歸咎於所有能夠找出來去怪罪的一切因素：貪婪、旁門左道的經濟、商業和政府部門的腐敗、生物燃料的生產、自由市場和對銀行管制的放鬆、石油價格、抵押貸款的惡性發放等等，不一而足。但不論你如何去指責和聲討，問題還在那裡，警報還未解除。

診斷問題的根源

根據卡巴拉智慧，**這些混亂源於我們都只是在針對病症的表象，而沒有針對其起因**。如果想找到市場崩潰的根本原因，那我們就必須先從整體上來檢驗一下社會的演變過程。

整個人類歷史，至今為止，人類都是做為一個個的個體來運作的，

只注重個人和親近的人，如家庭和部落的利益。人做為個人，為了個人的和那些跟他們親近的人或團體的利益，去利用世界上其他任何一切能利用的，以便為他自己帶來利益，一直以來都被認為是公平合理和天經地義的。

隨著時間的推移，滿足和支援一個人的需要的人的圈子也在不斷擴大，就這樣，部落變成了村莊，村莊變成了城市，城市變為州／省，最終形成國家。目前的這個世界，社會的各方面互相交織在一起，以致於最廣泛的政治和文化界限實際上已變得毫無意義。我們正在變成一個單一的稱為「人類」的統一有機體：其中每一部分都依賴於所有其他部分的健康和正常的運作。

而這正是當前這場危機的根源變得越來越明顯的地方。直到今天，每個人或社會團體都在透過利用這個體系中的其他部分來為自己所代表的團體（可能是個人、家庭、城市、國家等等）牟取利益，富人利用窮人；發達國家利用第三世界的資源；總之，弱肉強食的叢林生存法則大行其道。但是，現在當我們已經到達了今天這種變成一個單一的全球一體的階段時，還有誰存在於這個機體之外可以被我們利用和剝削呢？

在全球各地發生的各種事件很清晰地說明：我們傳統的發展和行為模式只能導致人類——這個我們每一個人都不過是其組成部分的共同機體的死亡。**看似我們在利用他人，實際上我們只不過是在消耗我們自己。**

治癒人類這個統一的機體

實際上對這個問題的解決方案早就給我們準備好了：也就是，我們必須理解並遵循那個普遍的，適用於統一機體，而不是適用於個體的自然法則。自然對此提供了明確的模式，我們可以去參照，無論我們在觀察自己的身體、生態系統還是銀河星系。在一個健康的機體中，每個部分都只獲取維繫其生存所必需的，而把其餘所有的都奉獻於整體的利益，沒有任何浪費也沒有任何過度消耗。因此，整個機體在和諧與均衡中存在著。

　　這正是我們應該在人類社會中表現出的行為模式，我們整個人類現在已通過全球化變成一個單一的完整機體，人類的各個組成機構——包括經濟——都必須建立在這種機體間分享和互惠的法則之上。

　　目前人類正站在一個十字路口，處理當前這場金融危機所採取的步驟將會決定我們的未來。當然，我們可以採用孤立主義和保護主義的政策來嘗試回到過去，有些國家似乎已經這麼做了或正在嘗試這麼去做。但是卡巴拉智慧警告我們，這種努力註定要失敗，並將給人類帶來更大的苦難，因為我們向全球化系統的自然發展趨勢是根本不可能逆轉的。**自然已經將這個統一機體的法則施加給了我們，我們無法打破這個規律，就像無法打破萬有引力法則一樣。**

　　我們的唯一選擇就是致力於理解和遵守這一系列新發現的自然法則——也就是那些有關全球化、溝通、互動和相互依存的法則。這樣，我們為了全人類所有人的生存，將會建立起一個互相關愛的世界。卡巴拉智慧告訴我們，在這個過程中，由於在我們之間採用了那種新型的健康的聯繫方式，我們將發現那種內在於我們並且圍繞在我們周圍的巨大的未開發的潛能。

4 小王子對金融危機的解讀

在全球危機的時刻，我們可以從《小王子》簡單的智慧中受益很多。

每個人都在試圖找出將我們帶入金融危機的原因，而且有很多人為此寫了長篇論文。但實際上，這個原因可以用三個單詞概括：E-G-O（自我），正像很多人都認知的那樣。換句話說，我們之所以被拖進這場危機，是因為我們的人際之間的關係不是建立在「愛鄰如己」的原則上，而是建立在「這對我有什麼好處？」的利己主義原則上。像所有的問題一樣，這場金融危機是由我們自我為中心的行為、思想和願望造成的。

最近，那些有影響力的金融家、分析師和記者也都認識了這次金融危機實際上是道德價值觀的危機。「我們不只是需要從金融危機中得到拯救」，托馬斯·弗里德曼在 12 月 16 日「紐約時報」的 Op-Ed 專欄上的文章寫到，「我們更需要一次道德救贖……我不想消滅那個驅使資本主義向前發展所必需的動物本能，但我同時也不想被它們吃掉。」他說得很對！當前這場危機說明，永不滿足的貪婪已經使人們產生了一種不負責任的病態的囤積心態，直到他們一直在堆積的「堆垛」最終自己倒塌將他們自己壓垮為止。

雖然，那些領先的金融家們正試圖從這場他們未預料到的危機中恢復過來，但事實卻證明，某些早就知道他們以自我為中心的經濟的前景會是這樣的金融家們卻也在一直推行著這種經濟手段……

下面這段小王子和商人（摘錄自安東尼·聖修伯里寫於半個多世紀前的《小王子》）之間的對話也許可以幫助大家找到危機之所以會發生的原因：

「你要 5 億顆星星做什麼？」

「沒什麼，我只是想擁有它們。」

「但你擁有這些星星對你有什麼好處嗎？」

「它使我感覺富有。」

「使你感覺富有又有什麼好處呢？」

「它使我可以購買更多的星星，如果又發現了什麼新的星星的話。」

「一個人怎樣才能擁有那些在天上的星星呢？」

「我管理它們，」這位商人回答說。「我可以一遍遍地數星星，重複數，不斷地數……」

小王子仍對這個回答感覺不滿意，「如果我擁有一條絲巾，」他說，「我可以把它放在我的脖子上，把它跟我一起帶走。如果我擁有一朵花，我可以將花剪下來，並把它隨身帶走。但你又不能將天上的星星摘下來。」

「是不能，但我可以把它們放在銀行裡。」

「這是什麼意思呢？」

「這意味著我可以將我擁有的星星數目寫在一個小紙條上。然後我把這張小紙條放在抽屜裡，然後將其鎖上。」

「看來大人確實是完全非同尋常啊！」小王子一邊自言自語地說道一邊繼續他的旅行。

5 發生了什麼？

隨著經濟危機延續下去，我們許多人都正目睹著自己的金融基礎在崩潰。那麼，我們是怎樣來到這裡的？又要到哪裡去呢？

大多數人都在經歷著一個相當困難的時刻。我們的金融體系真的崩潰了，我們的個人財產正在我們眼前消失。

世界的首腦們不知道該怎樣行動。這看上去似乎是支撐整個世界的根基突然滑走了一樣。像你我這樣的人只好搖著頭問道，「這個世界到底在發生什麼呢？」

我們是怎樣進入到這樣一種狀況的呢？汽油怎麼這麼貴，更不用提食物、保健和其他生存所必要的東西啦！我們能信任哪個政治家呢？我們應不應該抗議世界各地正在發生的戰爭？我們的政府還是不是那個先父們立國之初所創立的「民有，民治，民享（of the people, by the people, and for the people）」的政府呢？

程式缺陷

卡巴拉智慧解釋說，這個世界上發生的所有事情都起源於控制著我們的那個程式，這個程式的原理非常簡單：**怎樣以最小的努力獲得最大的快樂**。該程式就是解讀我們做任何事情背後動機的 E=mc2，它決定著我們的思想、渴望、優先考慮事項以及目標。

但這個程式裡有一個「缺陷」：一個永無止境的循環。也就是，我們不斷地尋找越來越大和越來越好的快樂，但我們卻從來得不到滿足，所以總是處於一個持續不斷的快樂追逐遊戲當中。整個人生就彷彿是在跑步機上的一次沒完沒了的賽跑，我們只是在無助地試圖以更多的食物、金錢、權力、尊重、知識等任何能夠找得到的東西來試圖滿足自己。

在對快樂追逐的這部永動機推動下，世界發展得是如此的迅速，以

致於我們跟都跟不上。我們的房子和車子不停地在變得越來越大；假日要遠離家鄉而且要更有異國情調；連買瓶燒烤醬也要花很長時間，因為無從選擇——選擇太多了！諷刺的是，我們人生大部分時間都花在了關心「東西」或是在追求下一個轉瞬即逝的快樂上了。

知道了這些之後，你難道還會對很多正在發生著的事情感到吃驚嗎？當企業的 CEO 們想得到的越來越多，直到其貪婪導致整個公司垮掉（而其他公司也隨同著一起倒下）？會計事務所幫助他們的客戶作假帳說謊話欺騙股民和公眾，是因為他們不想從大的客戶中失去收入來源？我們對這種事還感到吃驚嗎？或者對我們的政治家們只關心他們在自己任期內所謂的政績，因為他們想要再次當選這種現象感到吃驚嗎？

人類意識必須發生的轉變

卡巴拉智慧告訴我們，**當我們在這個世界只是考慮自己的生存利益時，我們唯一能期望得到的結果就是如今所目睹的這一切。如果我們不改變，這個世界還將經歷戰爭、經濟衰退以及所有那些在我們周圍所看到的危機和災難。**

雖然，我們天性上想要把腦袋埋在沙子裡，忽視危機的存在，但我們周圍的世界並不如我們所預期的那樣美好。看到不愉快的事情永遠都不會讓人舒服，但這一次危機卻是極其必要的。因為在我們看不清楚什麼是無效的方法之前，是無法找到那個正確的改正方法的。

這裡有個例子，說明這個世界目前是怎樣運行的。想像一下你自己的身體吧。假設，你的心臟決定不和你的腎臟分享血液，而你的腳不想你的身體站在它們之上。假設，你的肺拒絕分享氧氣。顯而易見，你的身體將不會存活很久。

這就是世界目前正在運轉的方式。每個國家，每一個個體都同樣地——只是在關注其自己的利益。每個州和城市都只在意本地居民的利益。政治家們只關心推進他們自己的行程，就像衛生保健工業、華爾街

以及我們所有的人（雖然我們都不喜歡聽到這一點）正在做的那樣。

今天，很顯然，我們不得不開始一起共同運作。然而，透過建立更多更好的互相之間的社會和商業合約卻無法改變任何事情。相反，我們必須要應對產生這些問題的根本原因：也就是改變我們內在控制著我們的自私自利、只考慮自己而置整個系統的生存於不顧的那個程式。

生活在這個時代，要求我們在意識上做出一種總體上的轉變——從分離的個體意識到一個單一的相互聯繫的「細胞」整體意識、共同集體意識的轉變。卡巴拉智慧解釋說，無論如何，我們不得不經歷人類在意識上的這一巨大轉變。但是，我們可以愉快和高興地實現這一切，而不讓目前的這場危機擴大到使我們無奈和絕望的地步。如果這麼去做的話，下一次當我們問「發生了什麼？」的時候，這個世界將會變得完全不同。

6 我們的經濟怎麼了？

近來由華爾街引發的金融危機令每一個人都大為震驚。如果我們要從這次經濟危機中走出來，那麼是從根源上徹底改變我們的體系的時候了。

這次事件波及美國和全球經濟，證明這一次事態十分嚴重──全球經濟深陷危機。如今，價值百萬的問題（或者我們應該說是價值億萬的問題）就是：「我們該如何建立一個真正持久可行而且穩定的全球經濟體系？」

卡巴拉智慧告訴我們，要想找出解決方案，我們不必一定是卓越的經濟學家。我們只要瞭解到大自然的計畫是將所有的部分都引領到一個完美的統一狀態，而在人類社會中，這就意味著每一個個體的活動都必須對整個社會有利。

這一行為最好的例子就是一個生命有機體。有機體內的細胞互相聯繫，並且共同為對有機體做出貢獻而運作。卡巴拉學家耶胡達・阿斯拉格（Yehuda Ashlag）在《建構未來的社會》（Building the Future Society）中寫到，「大自然賦予了每一個成員從社會中獲得自己所需，並透過自己的勞動造福社會的責任。」

所以，在經濟體系中，正如在其他任何社會體系一樣，這個遊戲的名稱就叫做互相保障。問題是，推動整個經濟和社會體系發展的人類行為的基礎，是以自我為中心的利己主義，而這個自我一直都只關注投資者和股票持有人的狹隘的私人利益，而不是公眾的共同利益。以犧牲他人為代價，追求財富、名譽以及權力對公司擁有者來講是他們的優先事項。

很明顯，這與大自然要將其各個部分團結在一起，使各個部分都能互惠互利的計畫是相違背的，因此，我們目前的經濟體系得不到大自然

的支援。事實上，我們在人類社會已經建立的那些體系與大自然的體系是完全對立的。

為了使經濟體系存活下去，它必須與大自然的模式一致。而為了達到這一目的，需要採取一系列的措施：

★應該利用現有所有媒體管道讓人們意識到，我們全人類所有人共同組成了一個多細胞的機體，在這個機體裡我們所有人是彼此聯繫的。在這一機體裡的每一個細胞（人）必須瞭解到，對於個體來說，最有利可圖的經濟模式是能給其他人帶來幸福的模式。

★公眾必須意識到危機產生的真正原因。人們必須瞭解到大自然為我們制訂了一個計畫，而現在正遭受的動盪不安是我們正在違背這一計畫的直接結果。

★決策人需要知道大自然整個體系是如何運作的，以及人類體系包括經濟體系中必要的改變會帶來什麼樣的影響。基於這一理論，為了達到我們的社會體系和大自然計畫之間的平衡，決策人應該貫徹實施相應的變革。只有當我們開始朝著這個方向思考並相應行動時，才能成功地將這個世界拉出如今深陷的泥淖，並將其帶領到安全的地方上去。

7 消費者效應

經濟的全球化意味著任何一個國內市場都和全球經濟不可分割。近來受中國市場變化引發的持續的美元貶值，清楚地證明了全球市場是多麼地互相依賴。我們必須發現在一個相互連接的統一的集成體系中正確行動的方法。而正好這個時候，這個完美的集成系統的母親——自然本身來幫我們這個忙，教我們如何找到並利用這個方法。

他們（幾乎）中了頭彩

麥倫·休斯（Myron Scholes）和羅伯特·莫頓（Robert Merton），擁有科學家們所想要的一切：諾貝爾經濟學獎，世界最富盛名的大學的終身教授和榮譽。但在 90 年代中葉，一個機會的出現使這一切都變得黯然失色。一個著名的資深經紀人慫恿他們把他們的天才付諸實踐以賺取大錢。

休斯和莫頓認為玩股票就像擲骰子那樣：你可以很容易評估每一次和所有發生的可能性。他們萬無一失的計畫就是透過統計資料分析精確地預測市場變化。

這兩位科學家召集了一群傑出的數學和經濟學教授。然後，與那位野心勃勃的經紀人一起，建立了一種私人對沖基金（一種在任何市場狀況下以獲利為目標的基金）。他們把這稱作長期資本管理公司縮寫為 LTCM。這個基金開發出了一種基於數學模式的投資策略，在華爾街附近的一個高檔社區中建立了它的總部，生意就這樣開始了。

在短短四年中，這支基金成為華爾街每個銀行和交易商都妒忌的對象。資深的股市高手們都難以相信自己的眼睛，因為這支基金獲得了驚人的 40% 年酬報率而沒有發生任何的損失和波動。看上去科學家們發現了一個神秘的可以在不可預測的市場中找出清晰的市場模式的公式。換

言之，他們找到了一種可以生出很多錢的方法。

即使是那些持懷疑態度的銀行家們也被這個集團震驚了。說實話，他們的印象是如此地深刻，以致於即使給這個基金提供一千億美元的信貸都無需擔保。這個基金和華爾街的幾乎每個銀行都有財政上的掛鉤並由此建立了一條錯綜複雜的利益鏈條，這條鏈條上的任何一個環節都可以影響整個鏈條。

LTCM 看起來是沒有什麼不可征服的，直到 1998 年 9 月的一個災難的夜晚，那一天那個泡泡突然破碎了。災難是由一個似乎無關痛癢的事件引發的——泰銖的貶值。這引發了亞洲和東歐證券市場的瘋狂拋售，這個雪球就這樣不斷滾動直至最終到達了長期資本管理公司。這個基金徹底崩潰了，這甚至導致了一場全世界經濟系統前所未有的危機。

看來市場正快速墮入一個沒有回頭路可走的無底深淵中。傳奇的美國聯邦儲備委員會前主席艾倫·格林斯潘（Alan Greenspan），採取了一個大膽的步驟——他迅疾地召集華爾街和歐洲各大銀行的首領們召開了一次緊急閉門會議。最後，只有經濟學家的祈禱和一個代價極其高昂的決定拯救了 LTCM，也將世界從深度的經濟危機中拯救了出來。

崩潰具有傳染性

目前的美元下跌看起來就像當年 LTCM 崩潰的情景重現。雖然美元已經在相當長的一段時間處於一個持續下降的趨勢，但最驚人的貶值是由中國在政策的一個變化引起的。中國務實地關注其自身的經濟利益，開始移離美元區並使其投資多元化。這個決定在世界各地造成了效應：沙烏地阿拉伯、韓國、委內瑞拉、蘇丹、伊朗和俄羅斯等都開始考慮移離美元區以保護本國的資產。

類似的趨勢在這次美國次貸危機中（給風險投資借款人提供的抵押貸款）也同樣發生了，此危機雖然在美國開始，但很快蔓延至世界各地。這一災難還遠遠沒有結束。這場災難迅速波及全球的股票市場、銀行、對沖基金和公司。歐洲、亞洲、加拿大和澳大利亞感受到了最大的衝擊

波。危機也影響到很多公司、製造商甚至高科技公司。

一次又一次，全球性經濟危機的陰影在不斷重複著。所有那些預測經濟發展趨勢的企圖都被證明是徒勞的。如今，價值數百萬億美元的問題是：我們如何才能建立起一個真正可行的和穩定的經濟系統？

將我們連接起來的系統

卡巴拉智慧對此的回答其實很簡單。而且，對你來講最好的消息可能是，你不需要是一個偉大的經濟學家就可以理解這到底是怎麼一回事。然而，你必須知道的是，我們以及我們所做的任何事情，包括經濟，都必須遵循一種全球系統賴以生存的規律——也就是自然的法則。

卡巴拉學家解釋說，大自然的總體計畫是把所有的組成部分，包括我們，全部都帶入一個完美的統一之中。在人類社會這個結構框架當中，這個整體性就表現為每個個體的運行都要使全人類這個整體受益。

這種行為最好的例子是一個生命體中的細胞：它們相互關聯並彼此給予，以整體能夠得益為行為指南。在這個完美的系統中，身體為細胞提供它所需要的一切，而細胞則完全奉獻自己以確保整個身體的健康。

「每個成員被自然責成從社會中接受他／她所需要的，也同時透過他／她的工作使整個社會受益。」

——卡巴拉學家 巴拉蘇拉姆（Baal HaSulam）《建設未來的社會》

在人類社會中，建立這些人為的系統是與那個自然的計畫完全相反的，而且這些系統是由那個佔據著人類行為中心位置的利己主義操控著。利己主義比整體的利益更加重視狹隘的、個人的利益，甚至（或尤其）是在犧牲他人的基礎上致力於追求個人的財富、榮譽和權力。

這一切都直接與經濟活動相關。在我們以利己主義為基礎的經濟系

統中，資本和股東的自身利益是公司最優先考慮的事項。即使是有企業對社會的捐獻，人們也禁不住會去懷疑：企業做出這樣的行為，也只不過是為了透過媒體宣揚自己，提升品牌美譽度，以引起更多的公眾關注，以便為企業帶來更大的利益。

全球化＋利己主義＝死路一條

在經過數千年的以利己主義為目標的發展之後，我們人類終於感到自己正處在一個既無解又無助的無可奈何的境地：我們越是想要從對方那裡獲取利益，就越發現我們之間的互相關聯，就像上述那個身體中的細胞一樣。

LTCM 的崩潰，當前的信貸危機以及現在的美元貶值，都不停地在證明我們的系統是多麼地相互關聯。一個地方性的小波動都可以使得全球市場起伏甚至崩潰。此外，我們做為消費者的每個行為都影響著很多其他系統。就像「蝴蝶效應」那樣，「消費者效應」也以同樣的方式發揮著作用。

當費城的麗蓓嘉在她附近的商場購物時，她也在顯著地影響著世界各地許多人的生活。她購買的商品能決定一個工廠是否可以繼續運作下去，家庭是否不得不搬家，甚至是否可將兒童從饑餓中拯救出來。當夏洛特·維爾的丹在家裡轉換著電視頻道，他正在影響整個廣告市場。遙控器的每一次點擊都能影響成千上萬人的就業和生活。

全球化使得我們的世界變得如此脆弱，以致於一個微小的衝擊就能令其毀滅。像在美國當地發生的借貸危機、一場自然災害、一次恐怖襲擊以及波斯灣的軍事緊張局勢，都在直接影響著國際商品市場的價格並危及全球經濟的穩定。

出路

　　令人驚訝的是，自然就像一位鐵面無私的法官，根據我們的發展

水準來懲罰著我們，而且根據我們所目睹的一切，人類愈發展，招致的痛苦就越大，也就越要承受更大的痛苦以生存下去。

——卡巴拉學家 巴拉蘇拉姆（Baal HaSulam）《和平》

　　卡巴拉智慧針對目前的狀況，在我們處於黑暗的深淵，就要絕望的時候，給我們點亮了一盞指路明燈，而且為我們提供了更加廣闊的從未想像過的光明前景。卡巴拉智慧解釋說，我們人類就像在一個沙箱內——即地球上——玩耍的小孩。而自然在逐步地演變著我們，就像父母教育他們自己的子女似的：我們長得越大，就越被期望發展得更好。

　　卡巴拉智慧解釋人類正經歷兩個平行的過程。一方面，自然推動我們團結並如同一個身體去運作。另一方面，人類的利己主義也在持續增長中，並使我們彼此越來越分離，即便這兩個過程同時發生也並不是一種巧合。

　　不管怎樣，人類必須轉變自己的利己主義，並開始像一個身體中的細胞一樣共同工作。卡巴拉學家建議我們自己去掌控這一過程，而不是在自然的強迫下，不得不做出這一改變。

　　卡巴拉學家解釋，透過改革教育系統，我們能讓人們理解到全人類就如同一個多細胞的身體，我們是完全相互連接在一起的。透過研究整個自然體系以及它的內在規律和法則，人們將認識在社會結構中要如何變化以達到與自然的平衡。

　　透過與自然法則協調採取一致的行動，我們將會在各個領域中都獲得成功，包括經濟。幸運的是，我們已經有了這門解釋自然的隱藏著的根本計畫的科學——卡巴拉智慧。

8 消費民族——一個不為人知的事實

　　消費品，它充斥著我們的壁櫥、我們的車庫、我們的生活。我們用擁有的物質財富來衡量我們成功與否，我們把大量的時間花費在購買這些消費品上。一部新拍的紀錄片《「東西」的故事》，展示了我們的整個生活是怎樣被這些「東西」所操縱著。而卡巴拉智慧則指明了我們對此該採取的行動。

　　安妮・倫納德是一個國際可持續發展和環境衛生問題的專家，她花了十年的時間來探索「東西」從最初的原材料到歸於廢物的過程。她的紀錄片《「東西」的故事》（www.storyofstuff.com）不僅有教育意義，而且饒有趣味，目前已經有兩百萬以上的人們觀看了這部紀錄片。

　　安妮對這個問題做了簡潔的陳述：「我們已經變成了一個消費的民族。我們的首要身分已變成是消費者，不是母親，不是教師，也不是農民——而是消費者。」但是她更深層的憂慮是美國宣導的這種消費狂潮會破壞我們與自然的和諧，毀壞人們的生活，而這一切都發生在公眾沒有絲毫察覺的情況下。對於她所揭露的事實，下面列舉一二：

◎僅僅在過去的三十年裡，地球上的自然資源已經被消耗掉了三分之一。

◎全球 75% 的漁業資源都處於超負荷漁獵狀態。

◎地球上 85% 的原始森林已經消失。

◎美國只有世界上 5% 的人口，卻消耗了世界上 30% 的資源，製造了世界上 30% 的生活垃圾。如果全球都以美國人的這種速度來消耗，我們至少需要三到五個星球。

◎每年，美國的工業要排出四十億磅的有毒化學物質。如今，超過十萬種合成化學物被用於商業生產。

◎日常消費品裡含有的有害化學物質會在我們的身體裡沉積下來。事實上，人類母乳中含有的有毒化學物，在其食物鏈中居於首位。

◎在美國，每人每天要製造 4.5 磅的垃圾，是三十年前的兩倍。

◎即使我們能夠回收 100% 的垃圾，也並不能使這種情況得以改觀，因為每一罐我們放置在路邊的垃圾，都會有等量的七十罐用以製造出這一罐垃圾。

然而這遠非這個故事的全部，安妮透露：「這絕不是巧合，一切都是被設計和有預謀的。」

為什麼購物成為了一種全民消遣？

透過廣泛的調查研究，安妮披露了一個最令人震驚的事實：如今的這種「用過即丟的社會」正是由美國政府為了重振「二戰」後的經濟而精心導演的。在那時候，零售分析師維克托・勒博曾提出一個野心勃勃的計畫：我們龐大的生產型經濟需要把消費做為我們的生活方式、把購物和消費轉變成一種習慣、在消費中尋求我們的精神滿足和自我滿足；我們需要以一種前所未有的速度來消費、損耗、更換和丟棄各種消費品。

這就是消費主義的雪球開始越滾越大的原因。在美國，人們每天被淹沒在三千多條廣告裡，這些廣告總是鼓動人們去買更多的「東西」；公司設計的是一些能夠迅速淘汰的產品；貨架上永遠堆著的是一些為求方便的一次性物品。其結果是什麼？

「我們購買、購買、再購買，以此來保持物品的流動，最終被它們牽著鼻子走。」安妮如此總結。我們的整個生活都被限制在工作、購物、為付清所購之物繼續工作的循環當中。囿於這種永無止境的循環，民意調查中會有「我們的國民幸福指數實際上正在下降」的這一現象，也就不足為奇。

難道這就是我們想要的生活方式和經濟增長方式？難道我們真的要屈服於這樣一個破壞人們生活、毀壞自然環境、使我們完全與自然失去平衡——到頭來卻並不能讓我們感到絲毫幸福——的系統？

卡巴拉對「消費慾望」的解釋

《「東西」的故事》以提出種種「綠色」發展策略來改善這種現狀終結了全篇。然而，安妮也意識到：「只有當我們看清事物之間的聯繫，當我們開始看到一幅更大的圖片時，事情才會真正開始改善。」

卡巴拉智慧恰好談論的就是如何去看到這些「聯繫」。它闡明了我們必須去探究隱藏在其背後的東西，並揭示出那個刺激我們消費慾望的驅動力和滋生這種慾望的系統，正是我們的本性——人類利己主義的本性的事實。

這就是勒博的消費策略能夠迅速受到大眾青睞的原因——它正中了我們利己主義的下懷。然而，他沒有考慮到，有一天我們終會意識到我們內心那個真正的、精神上的需求。那種期待用消費來實現「精神上的滿足」的想法，只能顯示出他對「精神滿足」真正含意的理解是多麼的愚昧和無知。

按照卡巴拉的觀點（或任何其他觀點），我們非常清楚，沒有任何消費品能夠帶給我們精神上的滿足——更簡單地說——永久的滿足。而只有與自然無私的關愛和給予的內在本質保持和諧一致時，我們才能夠感受到這種精神上的滿足。

但是，由於我們對這種本質並不知道，我們所感受到的也僅僅只是我們與自然缺乏和諧——人與人，或人與自然之間出現的許多問題暴露了這種不和諧。卡巴拉學家認為，和自然給予的本性保持和諧一致是一條、也是唯一的一條獲得真正的快樂之道。而且，這種本性的獲得也將會給予我們一種全新的感知能力，我們將會在一個截然不同的層次上來感受生命。

為了能夠達到這種狀態，有一件事情我們必須得首先予以改變——那就是我們利己主義的本性。

改變始於內心

卡巴拉向我們闡明：我們的個人生活方式和我們對待地球的這種方式是我們內在本性的一種直接結果。如果我們想要在外部去做一些改變，必須得擺脫利己主義對我們的選擇和價值觀的束縛，而卡巴拉則給我們提供了一個實現這個的途徑。

我們的目的比讓人們成為我們自己的消費系統的奴隸要崇高得多，它也不只是意味著一種更加「綠色的生活方式」或一種更好更有效的資源利用方式。

卡巴拉學家耶胡達‧阿斯拉格（Yehuda Ashlag）曾經在《自由》一文中寫道：「整個創造的目的就是透過形式等同來和創造者實現融合。」

說得淺顯一點，人類的目的就是為了使自己與自然界內在地相協調，使自己固有的利己主義和自然固有的利他主義相協調，然後感受現實那個完美的、永恆的層面。

一旦我們開始從內在改變自己，安妮所展望的那種「更綠色、更整合的經濟」才會成為現實。透過獲得自然的給予，當人們開始改變自己，這個地球體系也會相應地改變。但是，卡巴拉說，這種改變只能始於內在。

「如果我們不使我們的目標超越這種物質的存在，我們就不會有真正的物質的復活，因為精神和物質是不可能共存的。」

——卡巴拉學家耶胡達‧阿斯拉格（Yehuda Ashlag）《流放和救贖》

上帝：來，亞當，夏娃，送你們一個地球，好嗎？……

亞當與夏娃：上帝啊！幫我們換一個更好的球吧！……

II
生態災難和
氣候危機：
在向我們
啟示什麼？

人們早以習慣將自然災害看作是與我們人類，特別是我們個人無關，也是我們個人愛莫能助的事情。我們能做的似乎就只有在災難來臨時，一方面祈禱上蒼的憐憫，另一方面在災難面前表現出強烈的生存意志，表現出強烈的生存勇氣，體驗一下人性的光輝。但在災難過後，記憶逐漸消退，災難就被忘到九霄雲外。但是，現在災難的頻繁度和強度卻在逼迫著人們必須換一種思考角度了。似乎每一場災難，不論它發生在世界的任何角落，都會對我們的生活產生影響。災難真的和我們人類無關嗎？

9 我們和生態

「我們的地球正面臨一種真正的危急狀態。這是全人類在道德上和精神上面臨的挑戰。」美國前副總統高爾在接受諾貝爾和平獎的時候激勵人心地這麼說。

但是當帷幕在頒獎儀式閃爍的鎂光燈中徐徐降下，一個問題引發出來了：**「我們不斷增強的環境意識是否真的能把我們從這場全球性的生態危機中拯救出來？」**

要想真的控制或逆轉這場生態危機，我們必須透過檢驗自然及其系統，先瞭解這場危機的起因到底是什麼。

自然科學的物理、生物、化學和其他科學的研究人員發現：組成自然的所有部分都存在於一種持續恆定的平衡中。這些元素是如此緊密地相互聯繫並互相依存，以致於即使是最微小的細節被損害都可以使整個系統失去平衡，從而引發蝴蝶效應式的危機。

猴子們知道

自然平衡的秘訣是其所有組成部分之間相互的關心。這種彼此關心最明顯的例子是在動物界：從昆蟲到哺乳動物——它們清楚地表現出彼此照顧，比如螞蟻、蜜蜂、猴子和大象——一直到我們的身體中互相幫助對方獲得鐵化合物的最簡單的微生物。研究人員發現，植物種類之間也存在分享，甚至非生命的粒子都執行共同的行為，以維持由它們所組成的那個整體的運轉。

人類 VS 自然

與其他所有生物不同，唯獨人類在持續不斷地擾亂自然系統中存在

的那個完美的平衡。人們剝削利用自然，幸災樂禍，損人利己。確實，我們並不總是意識到自己的行為就是這樣。但在自然中，對自然法則的無知，卻不能使我們免於受到懲罰。

無論我們是否認識這一點，我們都是自然中不可或缺的一部分。因此，當我們自私自利地對待環境並試圖為了自己的利益利用它時，我們就使得整個系統失去了平衡。

做為回應，自然會自動重新調整其系統以重新恢復被破壞的平衡。它的這種反應是自動的，就像當地球核心的壓力增加到地球外殼再也不能承受的程度時，火山就會爆發那樣。

所有的礦物質、植物和動物受它們本能的驅使，都在本能地維持著與自然的平衡，只有人類，被創造為一種有著自由意志的動物，唯獨人類具有一個獨一無二的機會，可以透過自由選擇來與自然獲得平衡，或選擇為自己牟取利益而造成整個平衡的破壞。這正是人類在自然中被賦予的特殊角色。如果我們能夠選擇與自然達到平衡，我們就會上升到一個新的存在階段並體驗到自然的完美和永恆。目前的所有危機，包括生態危機，實際上都是這個平衡被打破，自然在重新恢復其平衡時造成的結果的外在顯現而已。

生態危機不過是一個深層危機的外在徵兆而已

我們所目睹的所有生態問題只不過是說明我們脫離了自然平衡的一種外在徵兆。為了應對生態危機，我們需要研究自然中的那個普遍的運行法則並在我們的社會中實施那個同樣的法則。

換言之，我們必須在人類的層面執行那個自然的普遍法則。這意味著遵守自然互相給予和互相照顧的原則。

這不是意味著所有人都要去關心其他人的需要嗎？是的，這聽起來確實很有一種烏托邦的味道。實際上，在當今世界，對人類而言，除了愛之外，任何其他事情都顯得很合乎情理：暴力、犯罪、吸毒、抑鬱、

自殺、貧窮和分離，這一切都習以為常地被認為是理所當然並很可能發生的。即便我們並不鼓勵這些行為，但我們已習慣將它們看作生活中不可或缺的「話題」了，不是嗎？

難道真的是這樣嗎？

不。其實，以上所有提到的那些弊病都是不自然的。

自然是毫無瑕疵的，並在完美與和諧中運轉著。世界上的所有問題都源自於我們和那個自然法則的不一致。因為我們沒有瞭解到自己也屬於自然的一部分，所以就以為我們對其他人自私自利的態度與類似生態危機這樣的問題毫不相干。但實際上，我們所做的每一件事都在影響著自然的各個層面，包括生態。

我們對環境和對其他人的漠視是密切關聯在一起的。因此，我們無法在忽視人與人之間的關係時，來改正我們和環境的關係。

美國前副總統高爾真誠地對世界呼籲，我們正在面對環境的挑戰這一行為無疑是重要的和值得喝采的。但為了意識到這一點，我們需要一種能揭示自然的完整藍圖和宏偉計畫的方法，只有這樣，我們才能知道為什麼以及如何才能找到和自然中所有元素（包括人與人彼此之間）的平衡。

卡巴拉學家在其著作中明確地闡明了這樣一種方法。他們描述了一條循序漸進的將我們引向真正積極的轉變之路。這一變化始於人們相互之間的關係的改正，並且會引導我們在生活的每個領域都真正取得和諧和完美。

10 災難——冰山才露一角

　　雖然北美剛剛過去的這個夏天並不炎熱，但那裡卻發生了洪災。而且不只是在北美，歐洲和亞洲的大部分地區似乎不是熾熱難耐，就是被淹沒在突如其來的洪水、土石流或者地震和火山爆發當中。就算有些地方沒有遭受從天而降的災難，也會有來自地下的災難：秘魯正從一場致命的地震中恢復過來，而日本最大的一間核能發電廠在一次地震引發的輻射物洩漏事件之後便關閉了。

　　正如許多科學家已經承認的那樣，這些災難只是災難冰山顯露出的一角而已，這座冰山本身有多龐大卻是無法估量的。**更大災難的發生，與其說是一個是否會發生的問題，不如說是什麼時間發生的問題**。正如環境學家詹姆斯·洛夫洛克（James Lovelock）將其書名定為《蓋亞的復仇》（在希臘神話中蓋亞代表大地）一樣，事情有可能變成我們的直覺正在逐漸感覺到的那樣嗎？

　　在經過多次沒有引起注意的警告之後，2005 年 8 月 29 日，卡崔娜颶風襲擊了美國路易斯安那州的東南海岸線，對紐奧良、比洛西克市以及其他相鄰的城鎮造成了嚴重的破壞，導致了將近兩千人死亡，造成的損失比歷史上任何一場風暴造成的損失都要大得多。今天，在那場致命的風暴過去了兩年之後，卡崔娜颶風造成的傷疤還未癒合，而那個受盡摧殘的曾經的快活之都離以往的安逸更遠了。

　　此外，一項針對卡崔娜颶風事件發生之後，兩年內在全球範圍內發生的自然災害的快速調查，揭示了這一類災難事件模式正逐漸變得劇烈而又頻繁。僅僅這個夏天降臨的災難就足以令所有神志正常的人顫抖不已。朝鮮的洪災導致成百上千的人死亡；秘魯的地震導致數以百計的人喪生；在中國爆發的季節性洪水中成千上萬的人失去了生命；義大利和希臘的森林大火燒毀了數千萬英畝的土地，包括許許多多的居民區也都

被燒成了灰燼。這些曾經風景如畫的村落在可預見的未來再也不適宜居住了。

在大海的另外一邊，美國中西部許多區域終日下著雨，綿綿不斷的雨水造成了河水暴漲，水位遠遠高於洪水警戒水位。成千上萬的美國人失去了家園，遷居異地。這個夏天發生了如此多的災難，以致於很難將它們全都記錄下來：加利福尼亞州的火災，將格里斯堡和堪薩斯州夷為平地的龍捲風只是其中的兩個例子。也許氣象術語中的「惡劣氣象警報」應該改成「敵對性氣候威脅」更加合適。

氣候話題正變得流行

就連好萊塢也已開始關注這一話題。兩部一鳴驚人的紀錄片——高爾的《不願面對的真相》（Al Gore's Inconvenient Truth）和由李奧納多·狄卡皮歐（Leonardo Di Caprio）負責旁述《第 11 小時》（11th Hour）——只是這一趨勢最突出的兩個代表。任何正規的報紙上都能找到有關環境的專欄，而與氣候有關的話題總能成為每日的頭條。似乎工業革命之後近 250 年，最終我們才開始承認氣候的重要性。要是在過去，我們大多數人都只會關心某些物種的生存，如今卻是所有物種的生存都處於危機之中，而且也包括人類這一物種。如果不徹底改變我們的思維和行為模式，大自然會迫使我們改變，而我們會為這一堂課交付極其昂貴的學費。

有關大自然的新看法

根據卡巴拉智慧，目前這次危機的起因根植於支配大自然的那些法則以及人類與這些法則的關係。正如科學現在已經瞭解到的，大自然要維持其自身持久的平衡，當這種平衡受到威脅和破壞的時候，大自然便會利用各種機制自動地重新獲得平衡。

這些法則中最根本的便是相互關聯和團結的法則。這一法則決定了

大自然中所有的組成部分不能只為了維持自己的利益而運作，而是要為了支撐整個體系而運作。換句話說，這在人類的眼中似乎很不可思議，在大自然中的每一種元素都在關心大自然中所有其他元素，而不是自己。這就是自然真實的運作方式。

　　與人類不同，大自然這種維持平衡的動力存在於大自然所有層面的天性之中，包括：靜止層面（非生物）、植物層面和動物層面，是它們與生俱來的特性。而人類是這項法則唯一的例外。因此，**在整個宇宙中，人類是整個自然中製造混亂導致平衡被破壞的唯一元素。所以，改正人類的本性也會自動改正大自然其他的部分，如果繼續破壞大自然的平衡，則必然會拖延並增加我們自己的麻煩。**卡巴拉智慧教導我們，我們唯一可以做的、能夠幫助自己和生存的這個世界的事情，便是在我們自己身上「做功課」，用「滿足自然整體的願望」來取代我們自我滿足的願望。

狗吃狗

　　時間在一天天過去，人類也已變得越來越自私自利，我們越來越疏遠他人，和大自然團結的法則相背離。人類不僅剝削動物、植物和資源，而且喜歡在摧毀他人的基礎上成就自己。這樣做使得我們一直以來都在違背大自然最根本的團結的法則。但是大自然不會改變，它的運行法則是永恆的。每一次違反大自然的法則都會觸發大自然執行其平衡機制，並產生不可避免的反作用。而我們越自私，刺激大自然重新恢復平衡的動力就越強。這就是我們會感覺大自然是在向我們復仇的原因。但實際上這不是復仇，自然只不過是在試圖修復我們對其造成的傷害而已。

　　大自然不會也不能向我們做出讓步。我們可以繼續把頭埋在沙子裡（置若罔聞），但是如果這樣做，我們很可能會發現，這個絕不妥協的大自然會真的將我們的頭徹底埋進沙子裡。如今，警鐘正在敲響，時間也已幾乎耗盡。我們仍然還有最後的機會將自己從死亡的威脅中拯救出來，但是要獲得成功，我們全人類都必須下定決心並共同努力。這將是我們第一次試圖表現得像大自然一樣，為了集體的系統的需要而協調行

動。

抉擇

正如我們先前提到過的，人類是大自然中唯一天生不具備環境維持平衡、和諧以及互惠互利的內在動力的物種。相反，我們為了滿足自己的需要，肆意攫取任何我們想要的東西。由於大自然已經預先制訂了這些規則，而且不以人的意志為轉移，因此除了「選擇團結一致和自願地互惠互利」之外，我們別無選擇。事實上，這其中包含著一個為人類保留著的利益：**只有人類擁有了解自然是如何運作以及為什麼這樣運作的能力，而不是盲目地遵循自然的法則。**

卡巴拉智慧提供了一套經得起時間考驗的自我轉變的方法。由於它的基礎是向我們隱藏著的大自然的內在法則，也就是自然規律本身。將近五千年來，卡巴拉學家們反複地測試了這一方法。雖然為了適應不同時期卡巴拉智慧學習者的需要，卡巴拉智慧在其術語方面發生了很多變化，然而其原理仍然和自然本身一樣從來沒有改變過，因為自然本身就是這些原理所描述的那樣。而且，雖然自然沒有給予我們與生俱來互惠互利的能力，但是它卻給我們提供了透過自己的自由意志去掌握這種能力的方法。何況，透過這樣去做，自然向那些「從自然學校畢業」的人提供的絕對回報是對自然的全知及獲得和自然一樣的全能，而它需要我們的只是我們去這樣做的意願，你願意嗎？

11 內在的颶風

是什麼令自然失去平衡？我們能做什麼去拯救這個星球？

一種不祥的趨勢

它又再次發生了。加勒比島嶼和美國經歷了三重打擊：先是颶風古斯塔夫，然後是漢娜和艾克。颶風古斯塔夫使人害怕，像颶風卡崔娜那樣巨大的破壞力和生命損失以及百萬人逃離紐奧良地區的家園會再次發生。幸運的是，風暴在著陸前開始減弱，避免了一場預期的災難。紐奧良那回脫險了，但海地卻沒有那麼幸運。四輪一連串的颶風，從八月中旬的颶風費伊開始，導致了島上基礎設施的災難性破壞。雖然眼前風暴中的死亡人數相對較低，但隨後的人道主義災難預計將有數以百計的人因疾病和饑餓喪生。

而現在，德克薩斯州的海岸正被艾克猛擊。加爾維斯頓被洪水淹沒，火災發生在消防員無法進入的地區，休士頓的數百萬人可能要遭遇持續幾個星期的停電。人們很容易把關注點放在發生在自己身上或自家附近的事件上，但自然的衝擊並沒有地域的限制。由於季風洪水所引起的主要河流的決堤，當數以萬噸的水向其下游的村莊噴瀉時，在印度數千人因洪水死亡了。2008 年 5 月，中國汶川遭受了八級地震的襲擊，造成七萬人死亡，數月後仍有兩萬人被報導失蹤。

在世界的另一邊，智利的沙伊頓火山在沉寂幾千年後開始爆發。附近城鎮被迫疏散，不然的話，碎屑岩和熔岩流將會快速地吞沒一切。無論我們在科學和技術上取得的進步多麼巨大，自然仍然在不斷地提醒我們，人類是多麼的無能和渺小。那麼，為了防止下一場災難的發生，我們有沒有什麼能做的呢？事實上，我們能做的有很多。而這需要從理解我們和自然的關係開始。

自然的不平衡

　　如果仔細觀察自然，我們將發現其所有組成部分之間存在著一種持續的平衡行為。自然中的所有元素相互聯繫和相互依存的程度是如此地緊密，以致於改變任何一個小小的細節就能使整個系統失去平衡。然而不管怎樣，整個系統都會快速調整以恢復其平衡。

　　在小的範圍內這顯得最為明顯。如果夏天你把一桶冰塊拿出來，冰會很快融化而周圍空氣的溫度也隨之降低下來。冷熱雙方互相協調對方直到達到平衡。同樣的現象也在大自然中的大範圍內發生，但是自然對極端的溫度和壓力的再平衡可能就會導致被我們稱為颶風、颱風、龍捲風的那些劇烈事件。這種平衡原則也適用於動物王國。生態系統中的每種元素，無論是動物還是植物，都為維持系統的平衡和協調而運作著。不要被你最近看到的自然紀錄片中那些動物之間為了生存互相獵殺的暴力場景所誤導。表面上，大自然看似很殘酷，但仔細研究之後，其所有的衝突和不協調，實際上，都是為了恢復其內在的平衡。Jane Goodall 博士，她是多年在密林中度過人生的一位著名的黑猩猩研究人員，在分享她的經驗時，證實了這點：「我感覺到了，自然中沒有一丁點的邪惡力量，只有純粹的愛。」

利己主義造成的不平衡

　　而人類是那個一直擾亂著自然這種完美平衡的機體中唯一的生物。我們為了自己的私利，忽視整個系統的平衡和福利。利己主義是我們允許自己互相利用對方的根源，甚至損人利己。其實，我們企圖甚至理所當然地把自然看作某種為了我們自身的利益可以隨便利用的物件。

　　我們並不總是能夠理解我們的行為和自然反應之間的聯繫，但「無知者無罪」這一原則在自然界並不成立，無知是無罪，但由於無知而採取了錯誤的行為，這個行為本身就會引來懲罰，也就是我們會受到懲罰的根源即在於我們錯誤地對待自然和其他人的思想和行為，所以，**一切**

都是我們在懲罰我們自己，而這就是天道。即使我們自以為是地認為自然災害都是天災，是自然的，與我們無關，我們也無力影響它，並透過精心打造各種堤防系統、利用各種高科技手段或建立早期預警系統，並天真地認為這樣就可以保障我們的安全，但自然一再向我們展示——所有這一切外在的預防措施都只會是徒勞的掙扎而已，人類並不能置身於自然的平衡法則之外。而且災難的發生其實是自然在向我們發出警告，我們的路走錯了，並且在迫使我們去尋找災難發生背後的原因，以及災難本身想引領我們到達哪裡。

與自然和諧起來

卡巴拉智慧告訴我們，人類是統一的自然系統的一部分。雖然我們沒有意識到這一點，但在我們自私地與他人以及環境建立聯繫時，就會令整個系統脫離平衡。反過來，自然不可避免地應用其「改正的」力量來重新使系統獲得平衡，我們越走向利己主義，自然採用的推動我們重新回到平衡狀態的方式就表現得越極端。最終，我們將不得不瞭解——只有自然才會贏得這場戰爭。

然而，在這裡我們有著一種選擇的自由。我們可以選擇與自然體系結盟，而不是對抗。因此，如果我們想要解決生態危機，我們就必須學習自然是怎樣運轉的，並學會怎樣在人類社會中貫徹其法則。為此，我們首先要利用各種資訊傳播系統來向公眾揭示這場生態危機產生的原因——即人類在一再變本加厲地違反自然的平衡原則。同時，我們應該建立盡量廣泛的意識，即大自然是一個多細胞的統一的機體，而且，其中的每一個細胞都互相聯繫並依賴於其他細胞。為了使人類變得與自然平衡，它也必須同樣地做為一個統一的、相互聯繫、相互依存的機體的一部分的方式來運作。如果我們理解到人類和自然是一個統一的整體，並致力於從分離到統一，從彼此仇恨到團結友愛，改變人與人之間彼此的關係，那麼我們將會把失去的平衡重新帶回給自然，並由此帶來真正的安全和和諧。

12 全球變暖──那又怎樣！？

現今，大眾都能得到豐富的資訊，每個人都清楚全球暖化和氣候的變化。但看樣子，知道和關切並不總是齊頭並進。

有一些大學設有專門研究氣候變化問題的部門，包括氣候學和環境研究。全世界的活躍團體正努力提高人們對全球氣候變化趨勢的意識；電視和網路新聞給觀眾展示了海洋氣候變化和正在迅速融化的冰川的衛星照片；大量的科學文稿、報刊文章以及國會聽證會都在致力於該問題。

即使大眾文化也加入到了這場運動中來，就像紀錄片《不願面對的真相》中有關美國前副總統高爾的活動，還有動畫片《冰原歷險記》──關於三個可愛的毛皮動物試圖在冰川大壩的崩裂中倖存下來。好萊塢明星李奧納多·狄卡皮歐更成為環境意識的代言人。

狄卡皮歐和一隻小北極熊在冰島東南斷裂冰川上的照片已刊登在《Vanity Fair》雜誌的封面；他在歐普拉秀上談論到此事，並在他的紀錄片《第11小時》警告說：「由於生態環境的危機，人類正在面臨滅絕。」其他踴躍加入此潮流的名人還包括莎莉·塞隆、娜塔莉·波曼、湯姆·漢克斯、蘇珊·莎朗登和莎瑪·希恩等等好萊塢明星。

知曉之後的結果

這類新聞正日益變得更加怵目驚心。就在我們眼前，我們可以目睹南極冰架倒塌並落入大海，也可以目睹災難性襲擊美國海岸的颶風的盛怒和肆虐。科學家之間對全球氣候變暖這件事上，無論是其原因還是其潛在的後果都沒有任何異議。《科學雜誌》上的一篇文章指出，在 928 篇關於氣候變化的論文中，沒有人不同意是人類的行為在改變著氣候這一無可非議的事實。

　　但是，除了所有這些之外，真正令人不安的卻是，**我們越瞭解全球暖化帶來的威脅，就似乎變得越不在乎**！德克薩斯 A&M 大學科學家最近進行的一項對 1100 位美國人的調查顯示：「一個人擁有關於全球暖化的資訊越多，他就越不覺得他自己對這個問題負有責任，並越不關心全球暖化問題」（《危險分析》，28 期，第一版，2008 年 2 月）。這就與我們所期望的徹底相反：研究顯示，媒體越積極地宣傳這個問題，居民所知越多，反而對此關心就越少！

對冷漠的解藥

　　也許我們的冷漠可以歸因於事實上沒有人能對即將發生的災難提供任何可行的解決辦法，抑或是因為我們感到過多的事實報導已壓得我們喘不過氣來，哪還有時間思考這些與我們「毫不相干」的問題。所以，我們乾脆選擇把問題暫時推到一邊，採用鴕鳥政策。但是，當這個問題真正開始影響我們個人，侵害我們的個人利益時，我們就不能忽視它了。比如，你和你的家庭遭受了颶風或地震的打擊。由於全球已連為一個單一的自然一體，任何人都可能會是下一個被打擊者──這樣一來，我們還有理由不關心嗎？

　　卡巴拉智慧對此的解釋很簡單：阻止我們對這個問題清醒有效的思考的是我們自己那個狡詐、狹隘、自私的自我。自我使我們看不見一個更廣闊的視野，也不允許我們評估整體情況的嚴重性。此外，我們的利己心矇蔽了一個事實：**是我們自己導致了這一切，而且也只有我們自己能夠改變這一切**，並且阻止我們去面對它。

　　這倒不是說我們不得不踏上那條「痛苦之路」──正如卡巴拉智慧所稱。如果我們發展出那個給予性的感知，一種利他主義的感知，我們之間和現實更廣闊的那個畫面之間關係的感知，並以符合自然所渴望的方式來改正自己的本性，我們將結束這個不斷加劇的人類與自然之間的不平衡。

　　因此，要改變氣候變化和全球變暖的危險趨勢，我們首先必須改變

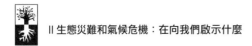

我們對待這個問題的漠然態度。這就是為什麼在世界各地傳播卡巴拉智慧是如此重要——它是一種能夠在我們內部開發出一種新的感知，從而使我們關心自然，並使我們真正改變的方法。

13 氣候危機：誰能拯救地球？

以失敗告終的哥本哈根氣候會議，不禁使整個世界開始疑惑：我們人類能解決環境危機嗎？——對此，自然自有其應對之道。

哥本哈根氣候會議沒能完成將人類賴以生存的地球從氣候暖化中拯救出來的使命，兩個星期的全球高峰會只不過留下了一個對緩解溫室效應毫無作用的脆弱協議，與會成員國代表們僅僅只是無奈地讓步做出「記錄下來」大眾的建議。在開幕那天會議主席辭職後，丹麥首相拉斯穆森被委以重任主持高峰會，他呼籲高峰會代表們積極行動起來：「世界各地的人民都在翹首期盼著我們能夠有所行動。」

然而，拉斯穆森的呼籲，不但遠遠沒能達到所期望的結果，它看起來甚至更像一場可悲的鬧劇——事實證明整個會議過程就是一場十足的鬧劇。從遙遠的德國和瑞典引進的、用來接送這些「有氣候意識」代表的 1200 輛豪華轎車的超高碳排放量，已經遭到了人們的批評，除此之外，這個被宣稱是「拯救環境最後的、最好的時機」的會議本身也遭到了大眾的質疑。

法國報紙《解放 Libération》將人們在挽救全球金融體系與氣候問題上做的努力做了一個對比：我們必須清醒地看到：「當涉及到挽救銀行系統時，人們的討論總是有效並堅決得多。」委內瑞拉總統烏戈・查韋斯簡潔地加以總結：「如果氣候是一個銀行的話，我們也許早已經去挽救它了。」

世界上歷史最悠久的科學研究機構，英國皇家學會聲稱，高峰會的失敗使世界更進一步地陷入了「人道主義危機」。如果這些被委以重任來拯救地球的人們沒能完成使命，如果生態危機仍一如既往地惡化下去，人們不禁要問：到底誰能夠拯救地球？

問題的本質

為了找到問題的答案，我們可以從自然中去觀察這個問題的真正本質。從一種宏觀的角度看，我們必須首先認識，自然不是地球上所有礦物、植物以及動物的簡單的總和，而是一種定義宇宙萬物千絲萬縷的聯繫的相互平衡的法則。在我們身體內的這個生物系統的集合體，就是對這種相互平衡的天然的聯繫法則的完美闡釋：數十萬億的細胞為了支撐這些細胞的集聚體——我們的身體而齊心協力。

自然必須保持這種相互協調的平衡狀態，除此之外別無選擇。自然界的所有生物都只從環境中獲取其所需，然後為了種群的整體利益而共同努力。為什麼人類是破壞這種平衡的唯一的物種呢？人類是地球上唯一對物質貪得無厭、向自然貪婪索取、企圖操縱自然的生物。結果，人類的慾望不再只滿足於食物、住所和家園，他們還想擁有財富、權力、名望和榮譽。

正是人類這些獨有的特性導致了其與自然、以及自然內部的失衡。如果我們把視線移向人類創造出的所有體系的背面，我們就會看到一種力量：自我（利己主義）。人類並沒有從整體的利益去考慮，而是被個人的利己主義所驅使著，從而導致了與自然的分離，也正是這種分離導致了我們人類自身和自然面臨的一連串問題。

回歸平衡之路

人類似乎不但沒有把自己看作自然的一部分，而是一直企圖凌駕於自然之上，然而，我們確實只是這個單一、相互連接的全球自然系統的一個組成部分。地球上的自然平衡被人們破壞後，會蔓延影響到整個系統，並破壞自然系統整體的和諧。這就是為什麼即使哥本哈根氣候會議獲得了成功，卻仍然拯救不了地球的原因。因為它沒有抓住問題的關鍵。與其費盡心機去應對問題產生的那些結果，例如試圖去減少溫室氣體的排放量等等，不如真正地從問題的根源上去著手解決問題。

　　拯救環境的途徑存在且僅存在於那個導致自然的平衡被破壞的層面上，也就是在人與人之間關係的層面上。概括地說，自然，就是指導存在的宇宙萬物具體聯繫之間的那個相互平衡的愛與利他的法則。但是人類卻在自私自利地支配著環境和其他生物。如果，我們能夠採取另外一種態度——考慮到整個人類整體和我們賴以生存的地球的利益，我們就不僅能夠拯救地球，也能夠拯救我們自己。

　　自然中的所有其他層面的存在都在遵循著這個自然法則，但只有我們人類擁有著真正聯繫起來的可能，也有著將這種聯繫擴展到整個自然界的需要，當我們陸續開始覺醒到這一認知，我們就能從我們的內在建立一種彼此互利共贏的關係，這樣就能夠恢復因我們而失去的自然的平衡，從而也給地球帶來和諧和安寧。

　　拯救地球的秘方其實就在我們自己的身上，在我們的內心和思想裡。當然，所有危機的背後都隱藏著一個驚人的創造的秘密。而危機之所以發生，就是為了迫使我們去尋找並打開那扇通往那個秘密的大門！

14 與自然對立

　　億萬年來自私自利的進化並沒有帶給我們持久的幸福，就連維持一個最低限度的美好未來也沒能實現。我們困惑不解，而這種困惑的狀態是建立在困擾著我們的危機和挑戰的基礎上。

　　大自然中的無生命層面、植物層面和動物層面都被其先天的本能驅動著。它們的行為不能被認為是好或者不好；它們只是簡單地遵循它們與生俱來的天性而已，也就是與大自然、彼此之間保持著和諧共處，互惠互利的關係。

　　但是，如果仔細觀察人的本性，我們會發現人類與大自然中的其他物種有著本質的不同。人類是唯一會以剝削他人以及凌駕於他人之上為樂的生物。只有人會因為自己獨一無二、與眾不同、超越他人而感到快樂。因此，人類的利己主義是與大自然的利他法則正好是相背離的，也正是這種背離破壞了大自然的平衡，從而引發了各種災難和危機。

　　但令人遺憾的是億萬年來這種自私自利的進化發展，並沒有給我們帶來持久的幸福，就連一個最低限度的美好未來的維持都沒能實現。我們感到越來越困惑不解，而這種困惑的狀態是建立在困擾著我們的危機和挑戰的基礎上的。此外，人類以犧牲他人為代價，尋求以自我為中心的快樂的這種嗜好，隨著時間的流逝也變得越來越強烈了。如今，人們正努力試著將自己的成功建立在他人和整個自然生態的毀滅之上。不包容、疏遠以及相互憎恨已經達到了一個全新的、可怕的高度，正在危及著人類這一整個物種的根本生存。

　　但是，當我們仔細觀察大自然的時候，我們看到所有的生物生來就遵循著一種利他主義的原則——關心他人。為了支撐整個機體，有機體內的細胞透過互惠互利地給予團結一起。每一個細胞都只吸收其生存所必需的能量，而將其餘的能量都傾注於有機體的其他部分和整體的福祉

上。在大自然的每一個層面上，個體的運作都以造福它自己是其中一部分並賴以生存的整體，並在整體受益的基礎上，維持著個體的存在並使個體發現自己在這個大家都賴以生存的整體中所扮演的真正的完整角色。要是沒有這種利他的行為，一個身體根本無法維持正常運作。事實上，生命本身也無法持續，個體和整體都會消亡。

現今，在研究過許多不同的領域之後，科學正在得出一個結論，整個人類連同自然事實上也是一個完整的有機體。問題是我們人類仍然沒有意識到這一點。我們必須知道目前存在的問題和面臨的全面危機並非巧合，我們從過去找到我們所熟知的任何方法都無法解決目前面臨的這些問題。除非我們開始按照自然的法則行事，即按照利他主義法則去行動，否則這些問題將會持續惡化下去。

兩個人在一條船上，其中一個人拿起鑽頭開始在他
自己的下面鑽洞。他的同伴對他說：你為什麼這樣
做呢？他回答說：這關你什麼事呢？我不是在我自
己的下面鑽洞嗎？另一人回答說：但你會使這條船
進水，這會讓我倆都會因船沉沒而淹死！

——卡巴拉學家，西蒙巴約海，Midrash Rabbah，Levitivus

III
全球化：
全球化＋利己主義
＝死路一條

不知不覺中，人類社會已從過去那種相對封閉的社會形態發展成為一個被全球化經濟和高速網路聯繫在一起的全球一體的社會。這種轉變是一種質的轉變，它為所有在這之後發生的事情定義了一種新的環境。所有過去那些曾經成功的解決問題的方法都變得不再適用於這種新的環境條件下出現的新問題。而最可怕的卻是人類還沒有為這種深刻的轉變做好心智上的準備！而這種準備不足將會被證明是災難性的！

15 全球化到底意味著什麼？

　　我們生活在一個全球化的世界，但很少有人明白「全球化」這個詞到底指的是什麼意思，或者更重要的是，它是怎樣影響我們的生活的。歡迎來到當今世界上最迫切需要的課堂中。

　　全球化這個單字剛剛加入到我們的辭典中，而且是一個在人們的大腦中還沒有明確成型的概念。那麼，全球化是什麼？對我們又能意味著什麼呢？

　　「全球化是本地或區域的現象轉變為全球化的一種過程。這可被描述為一種混合和同化的過程，其中世界上的人民成為一個統一的社會並開始一同運作。」

　　是維基百科提供的定義。

　　「全球化是一種人、企業和不同國家政府之間的相互作用和整合的過程，是一種被國際貿易和投資推進以及由資訊技術所協助的過程。這一過程在全世界範圍內影響了社會的環境、文化、政治系統、經濟發展和繁榮以及人類的物質福利。」

　　這是 www.globalization101.org 提供的定義。

　　「全球化是對我們彼此之間的關係達到的一種全新階段的揭示。」

　　卡巴拉則這麼定義全球化。

不是你所期待的

你也許認為分享資訊、快樂、憂愁以及分享責任應該對我們都有利，但當前的金融危機一清二楚地展示了全球化給我們帶來的僅僅是更多的「問題」。

為什麼會發生這樣的情況呢？卡巴拉解釋說，這是由於我們在反方向地運用這個統一的全球化集成系統：我們都在試圖為了利己主義的目的，互相支配和壓制對方，而不是共同合作。

全球化已將我們帶入一個令人惋惜的境地，而現在世界各國首腦們正在匆忙地盡力使用更加「公平」的政策來扭轉這種形勢，如「你幫我，我幫你」。

然而，即使我們遵循這種商業模式，即使我們不再互相欺騙並開始做「誠實的生意」，仍然會於事無補。全球化已經把我們帶入了一個就如同我們都是同一個生命機體中的細胞一樣的狀態。當我們變得如此互相聯繫在一起的時候，為了保護自己的利益而去做誠實的生意並建立一種我們自認為公平的全球政府或全球銀行系統都是毫無用處的，因為我們仍然在使用利己主義的算計程式去控制一切。

然而，這就是世界的政治和經濟首腦們——20國元首高峰會G20在金融危機發生後所做的：討論建立一種聯合的全球調控系統。不幸的是，這不會解決當前的經濟危機，因為我們違反了那個涵蓋一切的自然的愛和給予的法則。我們新建立的系統一定不能僅僅基於過去那種一直有效的所謂的公平的政策、協議和誠實；整個系統必須做為一個統一體系來執行新的運作模式，而且，在該系統中，我們必須像考慮自己的利益那樣，去考慮他人的利益。

卡巴拉警告我們，**如果我們還是試圖在那些曾經有效但現在已經過時的利己主義的原則上建立一套新的系統——即使是最公開和最誠實的，遵照「你的歸你，我的歸我」的遊戲規則，這個系統也無法運轉，而且還會帶來更大的危機。這無異於「穿新鞋，走老路，卻期望得到一個新**

的不同的結果」，而這將被證明是人類最後的瘋狂！

全球化世界的規則不一樣了

全球化意味著我們已經互相交織在一起，如同一個統一的、集成的系統。

因此，我們得意識到一切都是共有的，而倖存下去的唯一方法是每個人都要去關心所有其他人。僅僅把那些個體存在所必需的一切當作「個人的」，而其餘的一切應該算是全人類的財產——自然資源、產品、教育、衛生保健等等。危機會一直持續到我們開始這樣去行動，而且無論我們多麼努力地試圖透過我們自私的邏輯來管理事物，我們仍然要繼續遭受危機接踵而來的打擊。

卡巴拉解釋說，自然把我們當作一個完整的遵循各個部分相互聯繫的絕對法則的體系。沒有人能逃離此法則，就像我們不能避開萬有引力一樣。這正是古老的《聖經》所表達的根本原則——「像愛你自己一樣，愛你的鄰居。」

你或許會反對：「透過和其他人之間進行的公平交易，我不是已經在遵守這一原則了嗎？」那麼問題究竟出在何處呢？即使我們建立在不同國家之間相互合作的合情合理的系統（即遵循「我的歸我，你的歸你」這一原則），這仍將導致更嚴重的危機。為什麼呢？因為這樣，我們還是在試圖從這種互相聯繫中牟取利己主義的利益。這樣我們不但不會改正自己的利己主義，反而加劇了它。

因此，一種新的危機將會呈現並展示出我們試圖「繞過」自然所導致的後果。那種危機會比當前的危機表現得更加激烈、更加嚴重，以使我們知道什麼是不該做的。

一條更明智的途徑

那麼，在這種全球化的背景下，卡巴拉建議如何去做呢？卡巴拉闡

明了我們未來存在的形態應該是：全人類必須做為一個單一的統一的機體來運作，而且，我們應該立刻盡量將這種設想付諸實踐。

這並不意味著我們只能簡單地建立公平的分配機制。首先我們要把「我的歸我，你的歸你」的原則做為第一步，同時進行強化的教育，以傳授人類和平共處的法則。這將幫助人們發現我們的社會是一個統一的鼓勵採取相互協調的行為的機體。只有那樣我們才會走在正確的道路上，即轉變到改正利己主義之路上，而我們也將立即看見自己苦難的減輕。

20世紀偉大的卡巴拉學家巴拉蘇拉姆講述了這樣一個比喻：

「我們都在沙漠中迷失了方向，不知道要到哪裡去。直到耗盡了所有精力之後，我們才意識到，避免在沙漠中迷路是根本不可能的。而今天，我們在嘗試了各種利己主義的發展道路並發現它們都將我們帶入了死胡同之後，我們才終於發現了一條新的道路，並且看到在道路的終點處有一個充滿著所有豐富和美好的城堡。就在我們已經絕望準備放棄的時候，突然間，我們從那些在更高世界處可以看到這個世界裡發生的一切的人那裡接收到一張地圖。我們只要去認同並改變我們對待這個世界的態度，我們就會發現這整個世界，包括我們已經經歷和正在經歷的所有苦難，都是為了使我們能夠發現這條道路而創造的，而且突然間我們也發展出了達到此目標所需要的能量。」

於是，現今最實用的解決方法是去瞭解我們的世界，並學會怎樣像在「同一條船上」，在一個不可分割的一體系統中共存下去。在這條船上，所有人的拯救取決於每一個個體。由於我們已經生活在一個全球化的生態和一個全球化的人類社會中，我們必須要學會怎樣正確地使自己融入這個我們都必須去互相關心他人的系統中。

16 你有個新訊息

　　你可以像年輕人一樣匿名在網路聊天室裡那樣交流；你也可以在電腦螢幕上在一個虛擬用戶名後保持隱密，但這都不會維持太久。我們遲早會擺脫那個偽裝並為其他人在我們的內心裡（而不是我們的聊天室中）留出空間。

　　今天的年輕人已經不需要裝在信封中蓋著郵戳的長信。這些早就被電腦螢幕和鍵盤或者手機所替代。

　　孩子們從小就學會使用Yahoo、MSN以及Skype之類的即時通訊軟體。這種方式免費、易用和快捷。此外，快速的網路允許他們穿越時空的界限，並使他們的世界變得不受時空的限制，雖然他們仍然得依賴電腦或移動通信裝置。這一方面令他們成為實用主義的人，而另一方面，他們同時又像所使用的技術一樣，他們之間變得越來越相互疏遠。但他們不已經是這樣了嗎？是這種網路交流方式使我們之間產生隔閡，還是隔閡導致我們發展出了這種使我們日益疏遠的交流方式？只知道透過網路或無線交流方式的這一代今後會如何呢？

一切都是連接在一起的

　　小時候，我做夢也沒有想過科學幻想漫畫中描繪的那些新奇機器會在我有生之年變成了六歲兒童的日常通訊工具。在我們那個年代，當我想和朋友一起玩耍時，就不得不用一個叫做「腿」的老技術。也就是——走到朋友家裡跟他們聊天玩耍。通常，我先要和我朋友的媽媽們先說上幾句。

　　如今，透過移動通信設備，我能夠瞬間就可到工作單位報到或者透過微博聯繫上朋友們。而且和我朋友的媽媽相遇的機會也減少了。我女

兒和她的朋友大都是透過網路聊天來交流。她使用縮寫詞並透過表情符號來表達自己的感情。甚至對我們的孩子而言，朋友關係似乎也已變成了一種虛擬的關係。

畢竟是互相連接的

為了理解人與人之間這種互相連接的本質，我們必須知道其根源是什麼。

根據卡巴拉智慧，這個根源存在於一個沒有時間和空間的地方。卡巴拉學家告訴我們，在那裡我們都互相連接在一起，做為一個統一的靈魂，被稱做「亞當 Adam Harishon（第一個人）的靈魂」的形式存在著。這個靈魂就像一個由無數細胞組成的緊密的、互惠的身體。在其發展的某個特定時刻，這個靈魂破碎了，其各個部分（細胞）失去了那種相互團結的感覺，這個靈魂被分裂成很多相互分離的個體靈魂。

正是這種分離造成了我們之間的疏遠和相互憎恨，從那時起，我們就一直在無意識地尋找著我們曾經擁有的那種整體感的替代品。實際上，貫穿歷史在全世界人類製造的所有社會系統都是為了一個目的：恢復我們失去的那種相互聯繫和互惠給予的狀態。

人類的本性，也就是利己主義的自我是導致我們相互分離的關鍵因素。利己主義不僅造成破碎，它同樣增加著我們的疏遠。利己主義使我們想利用其他人，從而令我們依靠他人以滿足自己的需求。但利己主義同樣令我們希望自己能找到其他滿足我們自己的方法，那樣我們就能夠不再依賴其他人，甚至其他人可以乾脆消失。

我們的自我不能接受我們彼此相互連接這一事實，而且我們無力改變這點。這種「一體感」干擾並加壓於我們，因此我們抵制並拒絕我們相互聯繫的這個事實。當前的溝通方式就是對我們這種狀態的真實寫照——它們反映了我們彼此之間的疏遠，但同時又反映了我們之間的相互聯繫。

一方面，我們想要與大家在一起，另一方面，我們又想要躲在電腦螢幕和用戶名後保護自己。因此，儘管技術已經如此發達，現代通訊系統也不能真正將我們連接起來；它們令我們分離，但同時又保持聯繫。

我們雖然已變得越來越分離，但同時也感到一種更強烈的真正聯繫的渴望。這種聯繫無法透過電話、電腦或者任何其他通訊設施實現。這必須在我們的內心深處培養出來。我們遲早會發現我們需要在思想和願望（而非在短信）層面上來建立一套升級的「通訊」體系。這樣一來，我們將會發現我們曾經在亞當第一人的靈魂中的那種團結和統一，甚至重新恢復我們之間那個自然的、直接的和有益健康的結合。

卡巴拉連接人們

我們所處的這個時代在人類進化的歷史上非常特殊。亞當的靈魂不會一直處於這種破碎狀態。一旦其碎片（我們）瞭解到自己是分離的，我們就會瞭解到這正是導致我們所有痛苦的根源並開始努力透過重新連接來改正它。根據卡巴拉智慧，從 1995 年起，這個重新連接的階段開始了。

當前的全球危機是在向我們展示「我們彼此相互依賴」的第一個徵兆。但其實這不是危機，除非我們之間的相互依賴是我們的累贅。如果它不是不受歡迎的話，我們將會迫不及待地去幫助他人，並且不會把我們的這種狀態當作危機，而是做為恢復我們相互聯繫的一個機會。

當我們重新彼此結合，我們將會感覺到那個統一的亞當的共同的靈魂；我們將感知到我們的存在是包含一切的、超越時間和空間的，而且不受感官的限制。此外，我們將真實地體驗無限自由的快樂。但在此之前，我們還會繼續隱藏在螢幕後邊，並相信透過使用匿名，可以保護自己。下一個階段將會是摘下我們的面具並使我們在心裡真正團結在一起。

而暫時……你有一個新資訊。

17 網路虛擬世界：你連接上了嗎？

　　我們的生活變得越來越虛擬——從虛擬銀行到虛擬友誼。根據卡巴拉智慧，虛擬世界是步入精神世界的踏腳石，而在精神世界裡我們都是一個真正聯繫在一起的整體。

　　連接是一種我們都渴望的東西，它是一種歸屬和被愛的感覺。和他人的連接使家庭結合在一起並激勵世界各地的人們加入各種俱樂部、宗教和兄弟互助組織。無論社會將這些特定的活動看作積極的或是消極的，「歸屬」於某種組織的吸引毋庸置疑是非常強烈的。

　　然而同時，我們卻生存在一個人們比以往任何時候都孤立的世界裡。我們不再生活於每個人都知道其他人生活狀況的小鎮或村莊裡。我們生活在甚至不知道我們鄰居名字的城郊或大城市裡！與當地的雜貨店老闆、銀行家和零售商的關係已被自助服務機器和網路購物所替代，即使家庭結構也正在被打破。我們就是這樣彼此之間變得越來越疏遠。

拉伸（分離）至極限

　　卡巴拉智慧告訴我們，這兩個極端——對連接的願望和我們日益增長的分離——是不可分割地聯繫在一起的。對團結的願望源自於我們的精神根源，在那裡我們全都是統一團結在一個共同的機體中的。然而，在犧牲他人的基礎上接受快樂的那個願望——也就是我們的利己主義——卻不允許我們感到自己在這個機體中的存在。相反，我們人類感到我們自己的存在就如同數十億個個體分離地存在著。而這就是我們持續增長的利己主義令我們彼此之間越來越疏遠的原因。

　　自相矛盾的是，我們越是分離，對連接的需要就越強烈。這有點像在拉伸一條橡皮筋：你越拉伸它，它試圖回到原來形狀的張力就越大。

今天的人類已被「拉伸」到達了利己主義的最高峰和分離的極限。人們開始屈從於這種壓力和極限負荷——這從世界上正在氾濫的自殺、抑鬱症和家庭暴力等現象的盛行上都可以得到印證。

那麼，我們對此能夠做些什麼呢？唯一的解決途徑就是開始向我們之間相互連接的狀態回歸。無論是否意識到了這一點，人們已經在無意識地開始這樣去做：這在網路正在展現出越來越大的影響力和其越來越流行的服務模式——社交網路上都得到了證實。

技術和通信——將我們重新連接

說來也奇怪，使我們能夠自給自足從而導致我們之間相互分離的高科技，現在正為我們提供一種重新與他人相互連接的方法。社交網站已是目前網路上最紅的網站，甚至超過長期受歡迎的色情網站。

對於一個崇尚個性的世界，網路為人們提供了一種基於內在的共同的特點、興趣、願望和目標而又相互不構成威脅的新連接方式。人們可以與世界各地甚至可能永遠不會見面的人發展友誼！此外，它還避免了身體接觸所帶來的煩擾。我們不必在我們的日常生活中應付這些朋友，或者因為任何那些令人討厭的個性怪癖而分離。如果你不想跟某種人交往，你所要做的就是乾脆不打開他的郵件或者不接受他的邀請。

那麼，這種虛擬世界是如何使我們忽略外在印象的干擾並發展出和其他人之間的連接的呢？虛擬空間最大限度地掩蓋或減少了生理、外貌、種族和宗教之類的分離因素對連接的影響，從而讓我們可以在一個更深刻的、較少物質色彩的基礎上互相連接。這種連接，不是基於對他人的容貌等外在特點感興趣，而是基於他們之間共同的內在品格——思想、愛好和好惡，乃至他們獨特的、個人的觀念。

然而，事情遠非這麼簡單：正是這種與他人在更深層次上的互相連接的渴望，甚至去體驗理解他們最內在的感受的願望，激發了那些能使我們真正進入他人的感知中尖端技術的發展。

我們很快就會有機會透過其他人的眼睛（耳朵、手等）來體驗其他人的內在世界！瓦拉里・法索（Valeria Fuso），一位年輕的義大利設計師，發明了一種「經歷紀錄器」——一種使人們能夠線上交流感知和體驗的裝置。那個機器是一種配備了運動和溫度感測器、照片和攝影鏡頭和答錄機的「手套」。該裝置能在自動模式下工作，捕捉用戶每一刻的生活，甚至具有一種 Wi-Fi 無線同步並獨立連接到網路的配件選擇。

其他正在迅速發展的新技術包括網路語音協定（VoIP），那裡的一切都是透過語音完成的，包括指揮、通訊等等。對流動的人群來說，VoIP 很方便，它使得人們能在任何醒著的時候和虛擬社區進行連接。

在這些尖端技術幫助下，人們的溝通方式正在變得越來越虛擬化，甚至有了如此簡單虛擬連接的方式，我們已經不需要走出家門和其他人約會。何必要付每天都在上漲的汽油費，在交通堵塞中浪費那麼多寶貴時間呢？不是在自己的家裡坐在螢幕對面就可以「看見」任何人嗎？所有這些因素都使網路變成了人與人之間交流和聯繫的主要管道和方法。由於網路交流的虛擬本質，我們的外在屬性正在逐漸消失，而我們的「內在品格」和連接正在佔據舞台的中心。

從虛擬世界過渡到更高的精神世界

隨著時間的推移，我們發現所有外部的因素都變得越來越毫不相干，並開始尋求一種徹底的精神上的連接。然而，我們將很快發現，透過網路和其他高科技的虛擬連接並不足以到達那種我們尋求的完全的、精神的連接；我們將會發現一種更偉大的、精神的連接的必要性。

暫時，我們在虛擬世界的體驗正在幫助我們試驗那個超越物質領域的連接。但是我們不能只是單單在這個世界的虛擬領域中連接，我們還必須要學會怎樣在精神領域中團結——在精神領域我們全人類一起構成了一個單一的機體並真正做為一個統一的整體而存在。而且沒有任何一種比這更加偉大的連接方式，也沒有比透過這種連接能帶來的快樂和滿足更大的了。

18 哈利波特魔法之謎

　　在過去的十年裡，一個史無前例的文化現象湧現出來了，並且風靡全球。它的名字叫《哈利波特》。迄今為止，這一系列包括七本書，全世界已經賣出了三億兩千五百萬本。

　　哈利波特系列被翻譯成 65 種語言，其中有一些真正深奧的語言，例如拉丁語和祖魯語。系列中最後一本書在短短兩週內就賣了八百萬本，僅僅在美國，每小時都能售出數以萬計。你能想像到該書成功的程度嗎？做個比喻：唯一比哈利波特系列更暢銷的書籍是《聖經》。

怎麼會大驚小怪？

　　做為一個和藹可親、就讀於霍格華茲魔法學校的戴眼鏡的年輕人，哈利波特必須和邪惡的佛地魔對抗。但哈利的對抗並不是什麼獨特的現象。它代表了神秘主義對全球日益增長的吸引達到了一個頂點，因此年輕的波特才這麼地受歡迎。

　　隨著哈利風而興起的其他類似電影還有《駭客任務》及《魔戒》等等。我們可以舉出許多例子，但傳遞的意圖都很明顯——我們人類喜愛幻想。那麼，神秘主義究竟為何吸引我們？我們企圖在其中發現什麼在別處無法發現的東西呢？難道我們真正相信這種神奇的地方和魔法的存在，或者我們僅僅是在設法逃避枯燥乏味的現實呢？

朝向奇妙境界的旅程

　　我們內心深處隱藏著一種嚮往去發現現實的更深層次——即完整的、自由的，不受時間和空間限制的領域的衝動。就在我們意識的門檻下面，存在著去理解控制面前所看到這個世界的畫面的力量的強烈動機。

在某種程度上，魔幻小說能滿足這一需求，並提供了一個我們正在追求的更深層的現實的臨時替代品。此外，它們還指引我們進入到其他的、令人眼花繚亂的神秘的世界，而且告訴我們在其他的緯度存在著控制和改變我們這個世界的神奇力量。

童年是探尋生命意義的最佳時間。通常，我們都很天真地設法自己去澄清我們是誰，我們從何處來這些問題。當我們至親的人去世時，我們被迫使著去探尋生命與死亡的意義。

魔幻小說為那些我們難以回答的問題提供了神奇的答案。我們隨著主角漂泊在書中描寫的遙遠的目的地，無限的冒險在那裡發生，但我們總是能夠平安地返回到家園。問題是，隨著我們長大，生活開始變得越來越乏味黯淡，就像「波特」中描寫的那個沒有魔法血統的平淡無奇的「麻瓜」世界一樣。

隨著我們成長為「負責任」的成年人，我們開始忘記那些關於對生命意義的疑問，將之埋葬於成人世界的承諾當中。我們對魔法小說之所以表現出越來越大的興趣，就是因為 21 世紀日益複雜的生活，重新喚起了人們對更具吸引力的另外一種現實的渴求。

通向無限的火車站月台

還記得「波特」裡那個位於倫敦王十字車站的第九又四分之三月台嗎？在霍格華茲魔法學校的信件中，哈利波特被告知，他必須在那個月台踏上通往魔法世界的火車。但為了到達那個月台，哈利波特必須穿越一堵看起來異常堅實的牆，也就是在我們這個麻瓜世界和那個魔法世界之間的壁壘。沒有那個肥胖女人的幫助，他永遠也不會知道如何穿越它。

非常相似，20 世紀最偉大的卡巴拉學家 Baal Sulam 在他的信件中給他的弟子們講了一個關於第一次進入精神世界的故事。無獨有偶，他也用一堵牆在做比喻，但不同的是，並不需要直接透過它，你唯一需要去做的就是獲得一種正確的意圖，而那牆就會自動消失。取代那個指引波

特的肥胖女士的是卡巴拉著作和卡巴拉老師——他們指引我們怎樣獲得
那個正確的意圖。

魔咒是「愛」？

正如在魔法學校，在精神世界也有它的「貓頭鷹」——卡巴拉學家。
幾個世紀以來，他們在自己的著作中，一直在向人們發著邀請，邀請人
們進入精神世界，並將只有在我們進入到精神世界才能發現的豐富描述
在他們的著作中。然而到目前為止，大多數人仍然沒有去尋求這個入口：
或者是還未意識到卡巴拉智慧的存在，也沒有察覺到我們正在被邀請進
入那個神奇的精神世界，或者我們乾脆直接拒絕了這個邀請。

無論怎樣，卡巴拉智慧隨時都準備著迎接人們進入那神奇的智慧世
界。卡巴拉智慧可以教導我們如何戰勝我們在生活上遭遇的困難、挑戰
和困境，並幫助我們團結於彼此之間的愛中。卡巴拉著作能夠讓我們知
道生命和宇宙的創造和存在有著十分崇高的目的。

人類在《愛麗絲夢遊仙境》、《綠野仙蹤》、《納尼亞傳奇》以及《哈
利波特》等系列中，一直都在尋找的那個無與倫比的魔法世界實際上就
在轉角之處，並不存在於另一個世界裡，也不在下一輩子，它只是位於
另一種意圖中。真正的魔法就隱藏於我們自身之內，而控制和啟動那個
魔法的咒語就是「愛」。

19 電腦遊戲

虛擬世界變得比現實世界更加吸引人。卡巴拉智慧說這個現象是不可避免的。

隨著技術的進步，人類製造了各種越來越富有激情的方式來滿足自己。今天，我們都很熟悉那些被電腦遊戲迷住的孩子們的面容。就連那些平日裡最嬉鬧或注意力不能集中的孩子都對電腦遊戲著迷。

從第一個遊戲出現的那一天到現在，電腦遊戲業界就在持續地發展著。100 億的遊戲產業已經超過了電影工業，現在，電腦遊戲甚至是世界上最賺錢的一個行業。

1970 年，一個叫做 ATARI 的遊戲系統被設計出來。如果你在那時候還是小孩的話，你就能知道 ATARI 當時是多麼了不起。當時沒有比它更能吸引人的遊戲了。當 1983 年任天堂遊戲（NINTENDO）剛剛發行時，全世界的目光都被它深深地吸引住了，晚上全家一起玩桌球遊戲的鏡頭越來越少見。

電腦遊戲與網路一起肩併肩地同步發展著。用不了幾分鐘，人們只要在遊戲系統裡註冊一下，然後就能一塊打遊戲了。今天 MMO（大型多人線上遊戲）、MMORPG（大型多人線上角色扮演網路）給遊戲玩家提供了一個創造新人的機會，並且可以使他們沉溺於幻想的虛擬世界中。玩家們不但可以互相之間做買賣，打仗，而且還能談戀愛。有些遊戲，例如 EverQuest 或「魔獸世界」（World of Warcraft），玩起來感覺十分真實，甚至令許多人認為在遊戲中獲得的成功超過其在真實生活中取得的成就。

卡巴拉智慧能幫我們理解電腦遊戲為什麼會這麼流行。雖然世界上每個人都很獨特，都不一樣，但我們卻都是按照一個同樣的利己主義程式來運轉的。在 MMORPG 大型多人線上角色扮演網路虛擬世界裡，除了肚

腹之外，能滿足人的所有願望，包括家庭、性、權力、名譽、財富與知識。在那裡，自我能超越實際生活中的各種限制，這樣一來，玩家就能變成超人。而且，在虛擬世界裡得到的滿足並不需要人們實際上去完成同樣的目標。不管追求什麼樣的樂趣，只要坐在電腦對面按下滑鼠，你都能得到。

如此看來，電腦遊戲帶來的樂趣是不需要付出努力就能獲得的。但卡巴拉智慧告訴我們：玩電腦遊戲獲得的樂趣到最後也會慢慢消失的，就像 ATARI 遊戲對現在的孩子已沒有什麼誘惑力一樣。當這股風潮過去，電腦遊戲的玩家們又不得不去追求其他形式的快樂。那時他們必須做出選擇：要麼繼續在幻想的虛擬世界裡追求新的幻想，要麼用卡巴拉智慧去找到那個真正真實並永恆的滿足。

20 比虛擬世界更好的世界？

在這裡你可以找到任何東西，或至少是人的頭腦能想到的東西。一個完整的３Ｄ動畫虛擬生活世界就在你的手掌之中。你所需要的只是一個滑鼠、一個顯示器，加上豐富的想像力。這種「虛擬」的趨勢想要探求的到底是什麼？隱藏在這種對虛擬世界的激情背後的是什麼呢？

他坐在舒適的椅子上，在鍵盤上鍵入網址並準備去到那個小鎮待一晚。他設法進入到了一個俱樂部——一個與你所知道的任何俱樂部都不同的俱樂部。那裡沒有水泥牆壁、霓虹燈或舞蹈地板。這個俱樂部只存在於一個虛擬空間裡。

然而，人們的行為卻和你在任何一個西方世界的實際俱樂部中看到的一樣：他們聽著響亮刺耳的現代搖滾音樂，在擁擠的地板上肩並肩地瘋狂起舞，並且在吧台上享受著各種酒精飲料。而且這一次，他們都是在世界不同的角落，坐在他們的電腦螢幕之前。螢幕上閃爍著３Ｄ虛擬人物——他們都是由用戶們自行設計、穿戴、命名的。而隱藏在每個虛擬人物背後的，都是現實中位於地球某個地方的真實的人。

就在這個時刻，螢幕顯示出從米蘭來的一個建築師、一位來自南達科他的中年律師和另一位來自紐約的行銷經理（喔，至少這些是他們所說的他們是誰）。這時，丹尼加入了他們——當然，也是一個假名字（他的真名是被加密並安全地保存在伺服器上的）。讓我們尾隨他來一次虛擬世界的旅行吧，他在虛擬的酒吧，花了十虛擬美元買了一杯虛擬的啤酒。參加者們都用神秘的代號名字互相介紹並互動著：黑色童話，光王子，李奧納多‧達文西……但這沒有什麼好奇怪的——在虛擬世界中，你可以是隨便哪個你想成為的人。他們當中的四個人在以前的「會面」中已經知道對方是誰了，但他們只知道對方每一個人選擇告訴別人的事情。

就以這種同樣的方式，丹尼開始了他的第二人生，也往往是典型的

秘密生活中的另一個晚上……

生活在 19 英吋螢幕內

「丹尼」今年 33 歲，已婚，並有著兩個天真可愛的孩子。他和他的家人住在美國加利福尼亞州的帕洛阿爾托的一座雙層公寓裡。四年前，他從大學電子工程科系畢業，並很快成為一個在去年成功進入股票交易市場的高科技公司的高級經理。

像我們中的很多人一樣，丹尼是一個常規的網路用戶——他早上透過流覽新聞頭條獲取新聞、在正午查看一下他的各項投資情況，並像任何專業人員一樣珍惜時間，每月線上支付各種帳單。到目前為止，隨著時光的流逝：世俗、高效且很正常，一切都很順利。

大約一年前，當他第一次進入虛擬世界，丹尼的生活發生了變化。突然間，他體驗到了一種他從未體驗過的非常不同的經驗。

他平淡的生活突然被一種他曾長期渴望的東西充滿並變得興奮起來，他立即被這個新的世界所吸引。從那時開始，他一直是這個被稱為「第二人生」的虛擬世界的一個忠實的定期參與者，連同其他 700 萬用戶一起在一個新的超越時間和空間而存在的虛擬世界裡生活。

虛擬世界的魅力

那麼，是什麼能將 700 萬人吸引進入一個虛擬的世界裡，使他們可以在那裡開始一種全新的、不同的生活呢？

根據卡巴拉智慧，「第二人生」現象和所有其他虛擬服務的出現都並非巧合。他們都是一個正在人類不知不覺中發生的變化的外在表現。這是我們的存在已發展到了一個越來越獨立於物質層次的存在過程的一部分。換句話說，人類正在為它的下一個層面的存在做著準備——一種精神層面的存在。

如果仔細觀察這一過程，你將會看到這種虛擬現實對我們的吸引早

在目前流行的「第二人生」趨勢之前就開始了。

隨著現代技術的突飛猛進，絕大多數行業開始依賴於它去連接資訊——而資訊的本質就是虛擬的。這種虛擬商品——資訊——已變得對我們至關重要。那些超級的大公司依賴它，並投下巨資加密安全保護它，並最終將其以天文數字出售。

另一個使得虛擬現實生活方式變成我們生活的一個重要組成部分的因素，是我們日益增長的全球化。例如，我們可以在網路上儲存照片和影片，並與在洛杉磯的夏琳姑媽和在倫敦的弗蘭克叔叔同時分享。

利用網路通信，我們能夠很容易廉價地克服各大洲之間在時間和距離上的差異。這就好像我們正在開始超越這個物質現實世界的界限。

考慮到這一正在發展著的虛擬化的進程，你會覺得 700 萬人（就在這一刻這個數字正在變得越來越大）在他們實際的物質生活之外，正開始一種完全的虛擬生活是很自然的。

逃向虛擬世界

但是，卡巴拉智慧解釋說，導致這一過程產生還有其他的因素：也就是我們在其他緯度尋求庇護的嘗試，這當然源於我們「真實」的生活正在變得越來越困難和使人心力交瘁，我們渴望逃避到另外一個世界這一事實。

在任何一個地方和領域，人類都正在經歷著不斷升級的危機，突出地表現在毒品氾濫、抑鬱症流行、教育系統崩潰、家庭解體、社會差距不斷擴大，生態災難越來越極端和頻繁等等，這個列表可以一直列下去。

因為人們正在逐漸失去在這個物質層面會好轉的希望，人們就開始尋求另一個維度，一種使我們能夠暫時忘記我們世俗世界所有煩惱的地方。因此，我們發現我們自己正在構築越來越多的、能夠既讓我們快速從現實逃離、又能讓我們興奮和寧靜的各類框架——所有在我們日常的物質生活中找不到的一切。

下一步

那麼接下來呢？我們都將進入到這個虛擬的世界中嗎？喝虛擬啤酒，虛擬地和丹尼以及他那些虛擬的哥兒們出去嗎？恐怕不行。「第二人生」只不過是人類的下一種存在狀態的一種前奏而已。

正如前面已經提到過的，目前這種虛擬世界對人們的吸引力不是偶然產生的。卡巴拉智慧解釋說，它是我們根深蒂固的要實現我們在精神世界存在的內在衝動──一個完美的、永恆的、無限的存在層面──的一種表達。

根據卡巴拉智慧，這一潛在的慾望已經在人類當中進化發展了數千年。然而，雖然在過去，我們可以滿足於在物質世界中有限的物質經驗，但是，今天對精神的渴望，已經在越來越多的人心中浮現出來，並渴望它的實現。任何物質世界所能提供的，再也不能滿足我們。

因此，虛擬世界對我們的吸引實際上象徵著人類在進化進程中的一個很大的進步。它在人類的精神準備中發揮了重要的作用。事實上，我們所有虛擬的交易都是正在準備我們和物質分離，與我們物質的身分脫離，並超越時間、空間和運動的侷限性。這甚至在我們不知道它的情況下就發生著；只是透過發送電子郵件──今天最常見的這一活動，我們就消除了我們之間存在的時空距離，並和世界的另一端連接在一起。

但是，這種虛擬世界只不過是一種前奏而已。卡巴拉學家們解釋說，隨著對精神世界的渴望在我們內在繼續展開，我們會越來越多地感覺我們簡直不能生存於這個物質層面上。

最終，甚至我們的這種虛擬之旅對我們來說也將不足夠──我們將不得不學習如何真正進入精神世界並生活在裡面。幸運的是，已經有了這樣做的方法。卡巴拉智慧為此已經耐心地等待了幾千年，等待著任何一個已做好準備的人使用它。

卡巴拉學家們解釋說，一旦我們開始踏上精神的旅程，我們就會發

現一道比任何高解析度還要豐富的光「照耀」著我們。而且這種「光」不會在電腦螢幕上短暫閃爍忽隱忽現，在你回到「現實生活」中來時，就又消失的無影無蹤。它將是一種真正的存在——一種充滿著無限、永恆和完美之光的存在。

21 Facebook——大家到底在上面忙碌著什麼？

對 Facebook 的癡迷說明了一種我們每一個人身上根深蒂固的願望——一種想和每個人連接在一起的願望。但是，這個最大的虛擬社區真的能實現我們所尋求的那個新的和改良的社交世界嗎？

對 Facebook 的報導已有很多很多：它是世界上最成功的社交網站，在世界各地有數以億計的人已在使用它，它是一個官方價值超過 150 億美元的公司，微軟支付 2 億 4 千萬美元只得到其 1.6% 的股份等等。

但是在這些炫目的數字、巨大的成功和所有的溢美之詞之下，存在一個不那麼容易回答的問題：為什麼？為什麼人們願意透過在社交網站上使用即時資訊、SMS、視訊和照片進行社交活動，而不是走出去實際上和人們互相見面去交流呢？

曇花一現還是社會趨勢？

Facebook 絕對是在網路上的社交。每個人都在添加朋友、玩新的應用程式、共用視訊，以及上傳圖片。許多網路用戶都坦誠地承認他們沉迷於網路，每天都要在那裡花上幾個小時。

但是，卻很少有人明白這是為什麼。想一想：為什麼會花這麼多時間，而這卻不會在現實世界中為您提供任何好處呢？這是因為 Facebook 為滿足我們擴大社交圈子的需要提供了一個平台嗎？還是它可以提供一種「隱身」約會服務呢？或者，它也許是發展業務關係的一個跳板呢？

所有這些問題中沒有一個可以被清晰地回答。但有一點是肯定的：Facebook 不過是另一種容易從日常現實生活逃避的方式。它讓我們逃到一個現成的、虛擬的世界裡——一個在那裡你可以擁有成百上千個朋友，一個遊戲的世界，一個沒有社會摩擦（反正，至少現在沒有）的世界。

整整一天，您都可以在那裡發送和接收禮物、玩遊戲、調情、流覽私人的照片……

但現在出現的問題卻是：難道 Facebook 實際上變成了現實世界中社交的一個替代品了嗎？我們在現實生活中的彼此交往真的這麼難嗎？

自我希望獲得所有，而靈魂希望團結統一

正如發生著的情況那樣，我們人類是一種社會性的生物。正因如此，我們喜歡透過展現我們是多麼漂亮、聰明和機敏，當然，也透過我們是如何受歡迎等來撫慰我們的自我（EGO）。我們喜歡看見也喜歡被看見，而像 Facebook 這樣的社交網站正好給了我們這樣去做的最佳機會：我們可以看見整個世界，也可以讓整個世界看見我們，我們可以將最佳的「我」展現在前面，遠比實際的我偉大得多。

我們用我們自己拍得最帥氣的照片呈現自己，贏得大量的稱讚並贏取大量的關注——這一切可能都是為了想要掩飾一種深層次的需要——一種我們都渴望被卡巴拉智慧稱做為「團結」的需要。

我們將相互聯繫

像 Facebook 一樣，卡巴拉智慧也跟人與人之間的連接有很大的關係。卡巴拉學家解釋說，在存在的最深層面，我們全人類都連接在一個單一的、共同的靈魂上——一種由無數個別靈魂組成的一個巨大的存在。在那個層面上，我們全都做為一個整體系統的一部分存在著，彼此之間不間斷地相互連接，無縫隙地交織在一起。

但是，在我們進化過程的某個時刻，我們失去了對那個普遍的靈魂的感知，並且不再感覺到我們之間的這種相互聯繫。這種感知的喪失給我們留下了一種空虛的感覺，一種在我們之間缺少著某種東西的感覺。從那時起，我們一直在尋找某種多少能夠替代和彌補這種我們曾經感知到的完整和統一的感覺的方式。

事實上，正是那種我們曾經在那個共同靈魂中連接的潛意識的「記憶」激發著我們數以百萬的人們源源不斷地湧入像 Facebook 這樣的社交網站裡。在這裡我們可以超越時間、空間或任何其他方面的差異，相互聯繫。但是，這只是一種對我們真正的、精神的連接的脆弱模仿而已，而且它也不能滿足我們對那種真正的團結統一的渴望。

透過連接的失去獲得連接

那個阻止我們對共同的靈魂的感知，並使我們相互感到疏遠的東西，就是我們人類的那個不斷增長的叫做利己主義的自我。雖然利己主義在整個人類歷史上都在增長著，但近年來它已達到其頂峰。而且，伴隨著這個創紀錄的利己主義，是前所未有的技術進步，但它同時也阻止我們相互團結。因此，我們開始感覺到那個在我們心中深深的空虛，一種想要在我們之間恢復某種相互連接的渴望。

但是，直到我們這樣做之前，那個自我將繼續迫使我們感到我們一定要比其他人更偉大、比其他人更好。它迫使我們相互利用，甚至為了我們個人的利益傷害別人。但最重要的是，它使我們看不到，在所有這些分離的背後，我們實際上都是內在地相互連接在一起的。

自我讓我們討厭和其他人連接的思想。我們感到這種「相互依賴」或「團結互助」的理念不舒服，對我們是一種沉重的負擔，甚至反感。這就是為什麼我們拒絕那個將我們綁定在一起的聯繫。

但就在我們試圖否認它的同時，在我們生活的每一個領域中出現的危機，全球化進程的加速，甚至劇烈的自然災難性事件本身，都正在迫使我們達成這種一致的共識：事實上，我們都是相互聯繫、相互依存的。

今天，我們被夾在兩種趨勢中間：一方面，我們希望能與每一個人在一起，但在另一方面，我們又不想相互靠得太近。所以，像 Facebook 這樣的社交網路正好為我們提供了完美的解決方案：我們可以只躲在電腦螢幕背後，就可以和成千上萬的人交往而又保持「和他們在身體層面

的分離」。

但是，我們龐大的技術卻不能真的將我們連接在一起，而只能讓我們感覺連接的同時又相互分離。然而，這種隨著時間的推移不斷深化的分離的感覺，卻揭示了一種對那種連接的真正需要──一種不能透過電纜或虛擬媒介做到的連接。

為了滿足這種連接的真正需要，我們將不得不「升級」我們的社交網絡──從一種基於光纖的網路到一種基於我們內心的網路。

無限的頻寬

我們所處的這個時代在人類發展歷史上是一個獨特的階段。我們比以往任何時候都更加接近要重新發現我們內在的團結，並從而實現我們存在的目的的時刻。卡巴拉智慧正是那個可以精確地恢復在我們彼此之間存在著的統一的方法──一種在自然更深的層次上，在每一個人的內心中存在著的團結統一。

但是，要想重新發現那個團結，必須在我們感知現實的方式上做出一種根本性的改變。這意味著必須將我們的利己主義轉變為一種無條件的愛和給予的品格。透過這樣做，我們將會體驗一種嶄新的、精神的現實。

那時，我們就不會需要隱藏在我們的電腦螢幕背後，嘗試探索那種相互之間的聯繫。相反，會在我們之間感覺到一種水晶般透明的團結的感覺，而這一次，是一種透過我們的心的連接獲得的真正團結。

Generation I——賈伯斯和 Apple 真正成功的秘密！

在我們這個「我」的時代，每個人都是獨一無二的。但是，真正的藝術卻是知道如何變得獨一無二。

回到上世紀 80 年代，道格拉斯・科普蘭德使用的表達新一代人的「X世代（Generation X）」變成了一種流行的表達方式。這很快變成一個熱門話題，而且圍繞著這個概念形成了一種試圖解讀新一代人的特點的POP 流行文化。超越簡單的好奇，新一代的興趣被那些為數以百萬計的年輕用戶市場尋找正確的行銷策略的大公司插上了翅膀。

今天，我們呈現的是「我」世代——Generation I，一種特點為只關注自己的一代人。iPod、iTunes、iPhone、iLife、iPhoto、iDVD、iWeb 以及 iMovie 等等所有這些以「i」我起頭的商標，顯示了蘋果公司（Apple Inc.）以及它卓越的前 CEO 史蒂芬・賈伯斯（2011 年 10 月 5 日逝世），已經準確地把握住了這個「I（自我為中心）」，正是我們這個時代的潮流趨勢，而且更重要的是，他們為這一代生活為了「I」，並呼吸著「I」的新人類提供的產品及市場包裝方式，將消費者的「I」擺在它的行銷策略的中心的做法無疑是正中靶心。

從一個更長遠的角度來看，就會很容易看清楚 iPod 和其他所有的「i-玩意」只不過是一個目前正在發生著的一個更廣泛過程的例證而已。人們正在變得越來越自戀，這也可以在流行的每日脫口秀節目上清楚地看到。而且，這個「I」潮流，不只是佔據著大眾媒體和大公司的策略的制高點，它也出現在其他生活領域的各方面。

為什麼會這樣呢？我們這一代人的特點，這種如此強烈的獨特性的感覺是從哪裡來的呢？而在這裡是否存在著一個我們可以用於產生積極轉變的跳板呢？

那個火花

「這種奇異性（Singlarity）的品格是直接從創造者那裡延伸到我們這裡的，而創造者是這個世界單一的，並且是所有創造物的根源。」

——卡巴拉學家，耶胡達 · 阿斯拉格（巴拉蘇拉姆）《世界的和平》

在巴拉蘇拉姆的《世界的和平》一文中，解釋了這種奇異性的感覺存在於每一個以及所有人的心中。這是因為人類源自他們的創造者，而且，正像創造者是一、唯一和統一的，我們也都感覺我們自己是唯一的和獨一無二的——我們將之稱作奇異性（Singlarity）。

但我們並不總是感覺如此。最初，在我們被創造的那個時刻，我們大家都是一個被稱為「共同靈魂」的實體的一部分。這個「共同靈魂」是創造者唯一的創造物，並且是透過愛和創造者不可分割地黏合在一起的統一的存在。但隨著這個「共同靈魂」開始進化發展，它破碎分裂成許多單個的靈魂，也就是「穿入」物質肉身的那個初始靈魂的火花。

我們的現實就是如此形成的，每個人都帶著那個「共同靈魂」的一個獨特的、個人的「火花」。這個「火花」激發我們重新建立我們與它的根源的團結，也就是和創造者的合一。但是在我們意識到這一願望，並開始瞭解如何正確地去實現它之前，我們只會將它感知為一種日益增長的唯一性的品格。

「因為人的靈魂是從創造者那兒擴展出來的——而創造者是一、唯一和統一的，而且宇宙萬物都是他的創造，因此，做為從他那兒衍生出來的人類，也會感覺這個世界上存在的所有創造物都應該受到他的管轄並且認為它們存在的目的也都是為了他自己的利益……人與人之間的所有差異只在於他們的選擇：有些人選擇利用他人實現自己的低級趣味；另一些人——則透過獲得控制權力利用他人為己謀利；而第三種人——

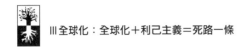
則透過獲得榮譽滿足自己。」

　　——卡巴拉學家，耶胡達‧阿斯拉格（巴拉蘇拉姆）《世界的和平》

　　巴拉蘇拉姆解釋說，問題出在我們利用我們奇異性的品格的方式，也就是為了自己的私利，而不顧這樣做會影響到其他人的這種方式。經常的情況是，我們都會很巧妙地利用他人。實際上，這種對我們具有最崇高的品格的利己主義使用方式是我們這個世界上所有邪惡產生的根源。

　　「雖然我們已澄清了其崇高的根源：這種品格是直接從創造者那裡延伸到我們這裡的……不過，因為這種奇異性（Singlarity）的感覺被侷限在我們狹隘的利己主義的自我當中，它的行為就變成了破壞和毀滅，以致於它是這個世界上發生的所有的毀滅的根源。」

　　——卡巴拉學家，耶胡達‧阿斯拉格（巴拉蘇拉姆）《世界的和平》

站在十字路口

　　那麼，有沒有方法可以改變我們這種自私自利的、破壞性的使用這種奇異性的品格呢？巴拉蘇拉姆說，有。

　　他解釋說，創造者將會把我們帶到一個十字路口，在那裡，讓我們自己選擇要走哪一條路。一方面，我們可以將我們這種奇異性的品格引導到給予和關心他人。透過這樣做，我們在以一種和創造者相同的方式使用這種品格，從而消除了導致我們和他分離的那種差異。

　　然而，由於不知道他的存在，我們絕大多數人都選擇了另一種利用方式：為了我們自己的利益使用這個奇異性的品格。換句話說，我們渴望比其他人更偉大，而這樣做，我們更加疏遠了我們的關係。巴拉蘇拉姆採用下面這個比喻來說明這種情況的嚴重程度：

我們的身體由數十億個細胞組成，每個細胞都自動運作，實現著它自己唯一的目的。雖然它們也都是「為了自己的目的」的個體的細胞，但它們都團結在一個共同的目標之下——為整個機體的健康運作提供生命和能量。每個細胞都有其自身的利益，但它們更看重共同的目標——這就是為什麼身體能保持存活的原因。然而，只要一個細胞停止為了整個身體的利益去工作，並且開始只為自己的利益工作，它將開始一個稱為「癌」的鏈條式反應。最早的癌細胞用其「自私自利」的傾向感染其他細胞，從而導致整個身體的解體。而這就是我們現代的社會問題的根源之所在：這種「自我利益」的疾病正在整個人類的集體機體中蔓延，甚至就在我們講這些話的時刻。

解決之道

「的確，這枚唯一性的硬幣有兩個面，如果我們從和這個世界的唯一者——也就是和創造者——形式等同的角度來看，它只有以『給予他人』的方式工作，因為創造者只有給予的形式，絲毫不存在任何接受的形式……因此，從他那兒延伸到我們的唯一性也必須只是以『給予他人』的形式工作，無論如何不應該有任何的自我接受的形式存在。」

——卡巴拉學家，耶胡達‧阿斯拉格（巴拉蘇拉姆）《世界的和平》

我們不需要為了成為整體人類機體的「健康細胞」而抑制我們這種奇異性的內在品格，事實上，即使我們可以嘗試去這樣做，我們也不能這樣做。我們所需要做的僅僅是學習如何正確使用這種奇異性品格的方法。這意味著改變我們行為的意圖，從「自私自利」變成「給予他人」。

透過這樣做，一個人將變得類似於創造者，因為創造者是純粹的給予。一個人開始在精神的階梯上攀升，逐漸回到一個人的根源。而且，一個人攀升得越高，他獲得創造者給予的品格就越多，直到和創造者變得完全一樣。

因此，這種唯一性的品格實際上是我們每個人都擁有的最美好的東西：當我們在它上面賦予一種愛和給予他人的意圖時，我們就可以上升到一種存在的全新層面——也就是創造者的層面。

當一個人變成像創造者一樣時，他就實現了個人的靈魂在那個共同靈魂中所扮演的角色，也就是實現了他生命的意義，並與創造者成為一、唯一和統一。

蘋果之所以成功，他的掌門人賈伯斯之所以成為不朽的傳奇，正是在於賈伯斯抓住了人類所處的「Ｉ」一代的時代脈搏，順應了人類尤其是年輕一代人崇尚自我、展現自我的時代潮流。

23 Google 唯一搜尋不到的東西

Google 搜尋引擎似乎能幫你在這個世界上搜尋到任何你想要的東西。但是對於搜尋那個對我們來講最重要的事情方面，它能給你帶來什麼結果呢？

Google 的夢世界

在矽谷森林的縱深處，矗立著一座叫做 Googleplex 的迷人王國。要穿過圍繞著這個王國的那些厚牆是很困難的，但是，據說它是一個現代的天堂。那裡有健身房、美食餐廳、游泳池、SPA、影像走廊以及年度滑雪假期等等。所有這些都是提供給這個 Google 王國的主人們的設施和獎品。一個夢想實現的地方？幾乎是了！

對於那些不知道 Googleplex 的人們，Googleplex 是一個巨型企業的總部，以它高效的搜尋引擎和最近開發出來的各類網路服務內容而聞名於世。它交易的商品名字是資訊，一種我們這個時代最珍貴的資產，它給這個公司帶來 250 億美元的年收入。毫無疑問，Google 是商業世界成功的典範，一顆現代高科技工業皇冠上的耀眼鑽石。

虛擬成功的秘密

Google 成功的秘密相當簡單：在一個白色頁面螢幕上的一個小方框。它是一道通往另一個世界的大門，一個進入虛擬世界無限空間的公開邀請。在任何一個時間，都有成千上萬的問題透過那個小方框，然後進入到它位於加利福尼亞風景秀美的 Google 總部的心臟。Google 搜尋分隊將它巨大的手臂涵蓋延伸到虛擬世界的任何角落，為任何疑問尋找著答案，即使是那些最神秘的東西。

只要你問，Google 這個魔法師就會回答。在方框內填寫你要尋找

的東西，甚至在點擊「手氣不錯」之前，你要的答案已呈現在你面前。Google 為我們提供了一種解答我們所有的疑問和慾望的方式，不是嗎？

我們到底在搜尋什麼？

Google 的高科技魔法的威力實在是驚人，但在這種連接下的另一端到底正在發生著什麼呢？這麼多人在瘋狂搜尋的又到底是什麼，以致於這種搜尋的渴望能夠驅使這樣一頭猛獸前進得這麼快？

在表面上看，答案可能多到這個世界有多少人就會有多少種答案。某些人為了搜尋「事物」——從 DVD 一直到價值數百萬美元的別墅。任何你能想到的東西，你都會找到某人正在試圖將它賣給你。

另外一些人想與有著共同愛好的人建立某種聯繫。快速搜尋「Google 團隊」你會發現有超過 150 萬個社團在等待著你的加入，而這只不過是說英語的社團的數目而已！沒有人再需要感覺孤獨，總會有其他人和你一樣有著相同的夢想、問題和興趣。

還有一些人利用 Google 來滿足他們對知識的渴求。利用 Google，你可以在任何時間與任何一個領域的專家即時取得聯繫。

但是在所有這些搜尋的背後都有著某種共同性的東西，它是什麼呢？每一個將某種東西鍵入 Google 搜尋引擎的人都在試圖填補一種需要，一種缺失某種東西的感覺。不論看上去多麼微不足道，每一次搜尋都開始於一個想要被滿足的簡單慾望。

然而，儘管 Google 似乎能夠提供無限的滿足，我們還是在不停地提出越來越多的問題，並產生越來越強烈的慾望，落入它的意願的魔口，為什麼我們就是永遠不滿足於那些它已經給予我們的答案呢？

卡巴拉——精神搜尋引擎

我們之所以永不滿足是因為那種能夠使我們持久的滿足，不可能從那些你在這個世界上能夠搜尋到的東西中獲得！我們能夠被真正滿足的

那個唯一的願望是找到我們生命的意義和宇宙創造的奧秘，而這卻是Google 沒有辦法為我們找到的東西。雖然，當你鍵入「什麼是我生命的意義？」時，你可以得到超過 5000 萬次點擊流量。但是，Google 卻無論如何不能給我們提供一個真正的答案。

為了能夠找到這個超越一切的最重要的問題的答案，我們需要另外一種搜索引擎，一種能夠帶領我們超越這個世界的有限的存在，進入一個嶄新的、精神的現實緯度的引擎。

卡巴拉智慧告訴我們真正的滿足只能在我們內心找到，而它正好可以為我們提供找到它的那個「引擎」。它提供的方法使我們能夠在我們內部搜尋並找到我們生命的根源並與之連接上。當點擊它時，我們將會知道我們到底是誰，為什麼我們在一生中的大部分時間裡都在尋找快樂和滿足，並且最終這種尋求會將我們引向這一切的終極──我生命的意義！

No,
to a profit Economy
與以利潤為中心的經濟說拜拜

Yes,
to a Human Economy
開始以發展人性為導向的經濟

IV
幸福的危機：
為什麼我們
就是不滿足？

驅動人類歷史向前發展的背後的發動機就
是人類對幸福的不斷追求。如果說在過去，
我們都相信將來會有一個幸福明天的話，
那麼，在危機重重的今天，相信明天會比
今天更幸福的人卻越來越少。如果一定要
回答「我們為什麼就是找不到真正的幸
福？」這個問題，回答將是「在你因為找
不到真正的幸福而變得絕望而改變你接受
幸福的方式之前，你是不可能找到真正的
幸福的。」在這之前，幸福只會像是掛在
拉磨轉圈的毛驢前面的那根胡蘿蔔……

24 破解幸福的密碼

在卡巴拉，即關於幸福的科學裡，幸福已不再是神秘的東西。這個難以捉摸的概念可以被分解為若干組成部分，並且能夠讓人心領神會。就像 E=mc2 公式一樣，維持幸福也有一個公式。

「迅速想一想：什麼東西會使你的的確確感到幸福呢？」

這是 2007 年《新聞週刊》五月號專門針對幸福主題的標題文章。國際頂級的心理學家、社會學家、生物學家和經濟學家都試圖去回答這一永恆的問題：「幸福的秘密是什麼？」或者更精確地說，「什麼東西會使我們幸福？」

美元的另一面永遠更綠

「也許是金錢？」研究者問。「假如我有錢，」典型的幸福白日夢者斷言說，「我就可以擁有自己想要的任何東西，或者做自己想做的任何事情：環遊世界、隨興購物、獨立、對自己的生活負責……簡而言之，金錢肯定會使我幸福，難道不是嗎？」

令人驚訝的是，很多最近的研究卻顯示，一旦我們擁有足夠的東西滿足了基本的需求，金錢就不再能夠使我們更加幸福。一項著名的研究顯示，即使是彩券中獎者，他們在中彩的那一刻感到非常、非常地激動，但這種極度的快樂很快就會消失。過了一段時間，他們的心情就會恢復到和中獎之前完全一樣。

其實，一旦我們擁有比滿足基本需求更多的金錢，我們享受金錢的能力就會被這樣的問題蒙上一層陰影，「和左鄰右舍相比，我比他們更富有嗎？」因為無論我們賺多少，鄰居家的美元似乎永遠比我的美元看起來更綠一些。

幸福經濟學

有更多的自由支配時間會怎麼樣？假如我們工作的時間更少、休閒的時間更多，我們會獲得我們渴望已久的幸福嗎？

幸福研究者同樣直截了當地摒棄了這個假設。在英格蘭萊賈斯特大學心理學院最近出版的《世界的幸福地圖》上，勤勞的美利堅合眾國的幸福指數排在第 23 位，而熱衷度假的法蘭西則落在了第 62 位。幸福研究者們廢除了關於通向幸福之路的各種最常見的理論。他們得出結論：從長遠來看，成功的職業、幸福的婚姻，甚至健康的身體都不會使我們更幸福。

那什麼會使我們幸福呢？這正是讓研究者們啞言無言的問題。由於種種原因，與為真正的幸福提供實用可行的公式相比，確定那些使我們不幸福的那些因素要更容易一些。

「幸福無處不在──在暢銷書名單上，在決策者的腦子裡，擺在經濟學家的前面和中心──但它依然難以捉摸。」《新聞週刊》的高級經濟學撰稿人拉娜 • 弗魯哈如此定論。

那我們怎樣捕捉那轉瞬即逝的幸福呢？

幸福的機理結構

要解開幸福的密碼，必須從認清我們自己到底是誰以及我們的本性是什麼入手。這是很簡單的東西：我們自己的本質就是一種對幸福的渴望。換言之，我們都願意接受快樂、享受愉悅，或者如卡巴拉所說的，我們本身就是「接受的願望」。

「……從始至終，這個接受快樂的願望就構成了宇宙萬物的全部實質。……所有類型的創造物及其變種只是那個『接受的願望』的比率，或者是被改變了的『接受的願望』值的大小的外在表現而已。」

——卡巴拉學家，耶胡達‧阿斯拉格《卡巴拉智慧序言》

這個你可能聽起來耳熟。但我們的本性，即這個接受的願望，比我們所想的要更加複雜和狡猾。它並不僅是一直在促使我們去發現幸福的持久的願望。

這個接受的願望其實是我們做任何一件事情的動機，小至我們採取的最小行動，甚至包括我們進行的每一次思考。

這個接受的願望每時每刻都在尋找滿足，並維持我們不達到滿足誓不罷休。它還時常決定我們的感受：如果我們滿足它，我們就感到幸福，我們就感到愉快，生活就變得像一首歌；如果我們不能滿足它，我們就變得失望、憤怒、情緒低落，甚至產生暴力和自殺傾向。

或許你也能猜到這一點。但這個事實往往被我們所忽視——它也是破解幸福密碼的鑰匙——即一旦我們這個「接受的願望」得到滿足之時，我們所感受到的快樂也同時消失了。

偉大的愛爾蘭作家奧斯卡‧王爾德在寫下這段文字時，當然懂得這個道理，他寫道：

「這個世界只有兩種悲劇。一種是得不到自己想要的，另一種是得到自己想要的。後一種悲劇最最糟糕；後一種悲劇才是真正的悲劇。」

——奧斯卡‧王爾德

卡巴拉如此解釋這個過程的機理結構：最初，我們想得到某種東西，並為獲得它付出努力。在我們得到自己熱切渴望之物的那一刻，我們感到最愉快、歡樂和欣喜。或者用卡巴拉語言來說，渴望和渴望被實現之間的首次交會就是獲得的快樂的頂峰。

到現在為止，一切都還好——但這個過程還未完結。也同樣就在我們得到自己原先想得到之物的那一刻開始，渴望開始減弱。換言之，我

們慢慢地不再希望得到自己已經獲得的東西。結果我們的愉快也隨之開始減退……直到完全消逝。

例如，你知道真正饑餓的時候是什麼樣子：你能吃得下一大塊牛排，這塊牛排大得像一座小山似的（對素食者而言：可以把它想像為一大塊豆腐）。但當你開始吃的時候會發生什麼事情呢？

第一口是純粹的狂喜，第二口是好極了，緊接一口是還不錯，又一口是……還湊合，還來一口就一般了。而再來一口卻是：「不吃了，我要吐了……」

任何事物都會有這樣一個過程，不僅僅是食物。我們可能花費數年時間來夢想得到一輛豪華跑車，而當我們終於得到它的那一刻，我們欣喜若狂——好吧，至少能維持數月或數天幸福感。但很快我們就發現自己變得越來越享受不到它的快樂，直到它不再給我們帶來任何快樂的感覺為止。之後每當我們看到這輛跑車，我們感覺到的唯一東西是今後十年我們需要償還巨額貸款的那份沉重。

研究幸福的先鋒、南加利福尼亞大學的經濟學教授理查‧伊斯特林把這種現象稱為「快樂的適應（hedonic adaptation）」，也就是說，「我們得到一輛新車，然後我們習慣了它。我們得到新衣服，然後我們又習慣了它……我們對自己得到的快樂非常快速地進行調整並適應……」

但這還不能是故事的結尾，對吧？畢竟，正當我們描述這種現象的時候，我們還都渴望獲得持久的快樂。那麼，是不是自然把我們放進了一個永遠不可能獲得真正幸福的惡性循環之中了呢？幸福會不會是永遠不能實現的童話和聖誕老人式的故事呢？

幸福的（秘密）公式

好在卡巴拉解釋說，自然一點也不殘酷；其實，它唯一的渴望就是給我們帶來我們所尋求的幸福。如果我們並不打算實現自己對幸福的渴望的話，那麼，我們從一開始就不會擁有這個願望。自然的目的就是讓

我們獨立地獲得完全徹底的幸福感——不是「有一點」幸福或「大部分時間是幸福的」之類的幸福，而是一種絕對的、完全的和永恆的幸福。

而我們實際上比自己所想的更接近它。其實，對幸福研究的最新動向，以及我們對自己永遠得不到滿足的本性的不斷深入的這種認識，實際上確實已經使我們朝著幸福走得更近。我們開始認知到：

幸福與我們賺多少錢或者我們的婚姻如何美好沒有任何關係——事實上，它與我們試圖獲得的任何其他類型的快樂都沒有關係。我們正在揭露一個根本的事實，即我們只能用一種完全不同的接受快樂的法則去感覺幸福。

關於這一點，卡巴拉從根源上幫助我們解決幸福的問題。我們已經闡明自己為什麼從來沒有感覺到任何事物所帶來的持久快樂：因為就在快樂滿足渴望的那個同一時刻，渴望被滿足抵消了。而由於我們的渴望被抵消，我們也不再享受那個快樂。

因此卡巴拉解釋說，幸福的秘密就在於給這一過程加上另一個要素，即「意圖」這一要素。這裡的意思是，我們還是一如既往地保持自己需要的那個願望，只是在自己的這個渴望之上附加一個不同的意圖：我們將它向外引導，就好像我們是在給予別人。換言之，這個意向將我們的渴望變成一個通向快樂的「通道」。這樣，我們所感受到的快樂就不會停止。它將始終貫穿我們的渴望，聽從我們的意向。而我們的渴望將能夠保持源源不斷的接受，快樂就會持久，永不熄滅。

這就是獲得無窮快樂或者說持久幸福的公式。當一個人應用這個公式的時候，他實際上是在經歷一個深刻的轉變並開始感受不同類型的快樂。卡巴拉將它們稱為「精神的快樂」，準確地說這種快樂是永恆的、無限的。總之，對幸福我們可以小結如下：

◎什麼是幸福？

幸福是當我們滿足我們的「接受的願望」時感覺到的東西。

◎為什麼它會轉瞬即逝？

因為滿足願望時的快樂中和了我們的願望，而如果沒有願望，就感覺不到快樂。

◎什麼是感覺無限幸福的公式？

在我們的「接受的願望」之上加上一個「給予的意圖」，這樣快樂就可以永不停止地流經我們的願望。願望不會消失，快樂也就能持久。

真正的幸福就在你伸手就可觸及的地方，等待著我們去學習如何去感覺它，如何在我們的願望之上加上一個意圖，學習卡巴拉時，我們就會自然獲得這種新的精神的意圖，並自然開始獲得想要我們接受快樂的完美的方式。這就是為什麼「卡巴拉」在希伯來語是「接受」的意思——它實際上是教我們如何去接受真正快樂的智慧。

25 超越滿足的原則

在人的一生中，我們很少會有這樣的時刻：感到有一種特殊的力量圍繞著我們，它親切地環抱著我們，它彌漫著整個世界。這種感覺給予我們從未有過的強烈的愉快的情緒。在感受過這種力量後，這個世界上的每一個人都會願意付出任何代價去感受它。

關於如何去接受的智慧

但事實是我們感知快樂的能力遠大於此。卡巴拉智慧，一種教我們如何去感受終極快樂的智慧指出，即使這種感知好像已經是快樂的頂峰，但它與一個人在達成精神世界之時所產生的感受相比，只能是微不足道。

確實，這種精神快樂的感覺是如此強烈和令人愉快，以致於沒有人能夠在現在的情況下領會它。這就像你突然贏了幾兆的彩券一樣，你的心會因為這強烈的感覺就像要爆炸了一樣。

然而，只要我們感知的能力是有限的，你能感知到的快樂也只能是有限的。卡巴拉智慧教導我們如何去發展、增大它們，以便達到一個全新的感知的高度。這樣我們才能感受到永恆、完美和無限。

為了增強我們的敏感度和我們感受、體驗快樂的能力，我們需要學習如何以一種全新的方法去感知快樂，這樣我們才能感到快樂一直在不斷增加並增強，而不是在不斷減少直至消失。

為什麼在這個世界我們的快樂不能持久？

我們甚至都沒有意識到，我們都只是在自私自利地接受快樂，這就是為什麼感覺到的快樂總是曇花一現的原因。任何時候，我們為某些開心事情感到快樂的時候，快樂只會維持很短時間，然後就消失得無影無蹤。有時候只是幾分鐘，有時候是幾個小時，有時候可能是幾週——如

果是件大事的話。就好像有了一間新的房子，或者一次開心的旅行。但是，無論如何我們感受到的快樂還是會終結、漸漸消失。

問題是，我們試圖直接去滿足自己，但這種直接滿足的方式會立刻中和我們對它的渴望。無論我們如何努力去獲得某種東西，不管是食物、飲料、情慾、名聲或其他任何東西，只要我們一得到它，快樂立刻就會減退。有時候，我們是如此強烈地想要某些東西，以致於花上幾年的時間來追求它，而一旦我們得到了，快樂還是會消失。

為什麼會這樣呢？為了買一間新房子而存了數年的錢，但最後當你買到的時候，幾週或者幾個月以後，你就不會再感到新奇和快樂了。這是因為買到新房的時候，你想得到它的那個願望實現了，快樂就結束了。

卡巴拉智慧教導我們如何透過建立一種永恆的願望來脫離這種困境。這樣我們就可以從所有事情當中感受到快樂，而且我們的快樂會不斷地增大和增強。而現在，我們就像一個夢想吃下一大桶冰淇淋的孩子一樣，事實上我們連三份都吃不了。

獲得持久快樂的秘密就是知道怎樣去和它「調情」

卡巴拉智慧揭示了一種非常意料不到的能持久快樂的方法：所有我們需要做的就是去「隱藏」我們的願望，這個過程就像是在「調情」一樣。想像一下女人是怎樣將自己遮掩起來，然後慢慢地再顯露她自己的。這是一場「美麗和快樂在遮遮掩掩中產生」的遊戲。這種誘惑隱藏促成我們去發現快樂。

同樣地，當我們所追求的持久的快樂是向我們隱藏著的時候，我們需要獲得一種想要去揭示它的渴望。當我們發現這種快樂時，讓它持久的方法就是把它的揭示在我們利己的願望中隱藏起來。如果我們將快樂向自己的利己主義遮掩、隱藏起來，那我們就會超越我們的利己主義的願望並發現一種巨大的精神的快樂。而這就是獲得持久滿足的方法。

卡巴拉智慧是一種保護我們所獲得的快樂持久的方法，它確保我們

的滿足感不會消失。因此，我們會獲得一種生命永恆和完美的感覺。

我們會感到生活沒有意義、有缺陷、不免一死的唯一原因正是因為我們在願望和滿足願望的快樂之間缺失了一層遮掩物。難怪從事電工技術工作的人們知道怎樣利用這種原則。他們不會將兩條電線直接相連，因為這樣會導致電線正負極相接觸而短路。他們改為在兩條電線之間放置一個電阻，這樣做就可以產生有益的效果。然而，一旦涉及我們自己的人生時，我們卻忽視了這個原則，於是，雖然拼命尋找快樂，但收穫的卻總是空虛。

世界上最偉大的智慧就在於知道怎樣才能藉助一個「蓋子」掩蓋和保護這個世界上最大的快樂。這樣，這種隱藏會一直吸引著我們。這就是我們如何才能揭示永恆、完美的精神的世界，以及獲得其中所有快樂的奧秘。

「心裡之點」是一種在人類利己主義的願望中存在的對精神世界的渴望，而且一個人單靠自己無法實現它。當人類的物質願望進化到達其最終的階段時，對精神世界的渴望就會開始甦醒，這個願望就被稱為「心裡之點」。它超越了這個世界上所有物質的快樂——食物、性、家庭、財富、健康、權力和知識等。它是一種對更高世界的願望，這就是「心裡之點」。這個願望也被稱為「以色列」。

這個「心裡之點」就像「精神願望」的胚胎一樣，是一種達到更高領域的願望的種子。當這個「心裡之點」甦醒之後，一個人的精神進化就開始了。

26 一切為了快樂

我們都嚮往享受，或者如卡巴拉學家所說的，接受快樂。對一些人來說，得到一塊美味的牛排是最大的快樂，對另一些人，是贏得跳棋比賽或者其最愛的運動團隊獲得了勝利。你也許想要中頭彩，而你的朋友減去了最近增加的五公斤體重後，就能感到快樂。雖然人們享受著不同的事物，但他們都在試圖獲得一種形式上可能不同但本質卻相同的東西——快樂。

令人迷惑的快樂

這個「快樂的主題」有一個問題：假如我們真誠地審視一下人生，就會發現，我們迄今為止所做的一切只不過是留下了一些記憶。我們追尋快樂，但一旦我們擁有了它們，快樂就會從我們的指縫中瞬間溜走。

在幼稚園時，我們想要進入小學。我們認為小學是個完全充滿樂趣的地方，在那裡大孩子們「度過愉快的時光」並接觸到新的激動人心的事物。可是一旦進入小學，我們又迫不及待地嚮往中學。在中學，新的目標是大學，在大學，目標是成功的職業生涯。下一個階段對我們來講總顯得更好、更吸引人。難道真的是這樣嗎？

另一個主題是：一旦得到了我們所想要的，滿足就在指縫中滑走，留下我們就像沙漠中流浪口渴而幻想一杯水的人一樣。就算找到了水，可憐的我們也只能享受到那第一小口，而喝得越多，快樂感就越少。最後，我們甚至忘記曾經口渴過。總之，我們畢生都在追逐快樂，但快樂對我們來講卻永遠像一個幻影。我們即使捕捉到了它，剎那間，它就又再次溜走了。

願望的五個層次

卡巴拉學家發現，根據願望進化發展所處的不同階段，按照強度和複雜性排列，我們的願望的形式可分為如下五個階段：

階段一，也是最基本的願望——表現為生存的願望，包括食物、健康、性和家庭。

階段二，表現為對財富的渴望，我們認為這能夠維持著我們的生存和更好的生活品質。

階段三，則表現為對榮譽和權勢的渴求，那樣我們就能如同控制自己一樣控制其他人。

階段四，則產生出對知識的渴求，我們相信擁有知識能維持幸福。

階段五，只有在這一階段我們才明白，有某種超越我們意識的、並且控制著我們生活的某種更高力量，而且開始瞭解到，我們需要連接到那個「某種」事物，某種更高的力量。

對食物和性的需要被稱為生理的慾望，動物也具有這種慾望。假設人獨自生活，他／她仍然需要食物、健康和性的滿足。而對財富、榮譽和權勢的願望，被認為是「人性的願望」，社會性的願望。這些願望是由於我們參與到社會中而發展出來的，而且也只有透過和他人的聯繫，才能滿足它們。然而，當第五階段的願望被喚醒時，我們卻根本不知道怎樣才能去滿足它。卡巴拉學家將這個超越我們這個世界的願望稱為「心裡之點」。也叫做「以色列」。

心裡之點

卡巴拉學家把人的願望的總和統稱為「心」，而將更高精神領域的那個願望，稱為「心裡之點」。這個願望令我們感到人生枯燥乏味，並逼迫去尋找人生的目的。那些「心裡之點」被喚醒的人突然從內心中向自己提問，「我人生的意義是什麼？」而任何一個與這個物質世界相關的答案都無法解答它。

你可以向有「心裡之點」的人提供很多金錢、榮譽、權勢和知識，

然而，他還是會依舊感到茫然失意。這個願望來自於超越這個物質世界的一個更高的世界，因此，它的滿足也要從那個世界裡才能獲得。卡巴拉智慧解釋了我們怎樣才能滿足這一願望。今天，我們開始目睹越來越多的人的「心裡之點」被喚醒。這就是卡巴拉智慧在當前開始變得越來越流行的原因——人們轉向卡巴拉智慧，是為了尋求到怎樣才能滿足最近在他們之中被喚醒的那個願望。

填補空虛

一個「心裡之點」被喚醒的人渴求得到精神的快樂，卡巴拉學家將之描述為一種「完全的、永恆的充滿和滿足」。如上所述，我們可以滿足人類物質的各種需求，可是，一旦對精神世界的那個願望被喚醒，我們卻再也不知道如何去滿足它。此外，越來越多的人開始感到迷惑和沮喪，因為他們未能意識到他們對精神世界的願望已經被喚醒了，甚至不清楚這就是他們所有不滿和抑鬱沮喪的原因。對實現這個精神世界的願望的無能為力引發了所有那些無助、絕望、沮喪和無意義的感覺。這也是毒品、酗酒、網路遊戲以及其他逃離現實方法氾濫並持續增長的原因。

小時候很多人問自己，「我是為什麼而活著呢？」但隨著時間流逝，人們在各種世俗願望的追逐和誘惑的淹沒下偏離了對該問題的求索，或者說太忙了，而根本沒有時間探求這個問題，只是隨著社會的潮流隨波逐流，而這導致我們對找到這個問題真正答案的需求枯萎了。

儘管如此，這個「心裡之點」總有一天會被喚醒，並且通常是伴隨著痛苦和危機。那些堅持尋找這個答案的人開始走向卡巴拉，因為只有在那裡他們才能找到滿足精神願望的方法，從而滿足那個「心裡之點」的需要。滿足精神的願望賦予一個人一種超越這個物質世界存在的感覺，於是一個精神上連接的人能體驗到生命是永恆和完整的。這種感覺是十分強烈的：即使一個人的肉體死亡時，他／她並不會感到生命的停止，因為那個人已經與那個存在最高的滿足——「精神世界」——連接上了。

27 如何感染「幸福」

人類數千年來一直在追求幸福，但是至今我們絕大多數人仍然是深感迷惑。那麼，什麼可以給我們帶來長久渴望的幸福、快樂、安居樂業，並幫助我們幸福永駐呢？

來自哈佛大學、加州大學聖地牙哥分校的專家們剛剛發布了一份對幸福的 20 年研究的結果，揭示出幸福是……啊哦，有傳染性的。是的──就像你可以從你的朋友那裡傳染感冒一樣，你也能傳染上「幸福」！

在一篇叫做《幸福效應》的文章中，《時代》雜誌總結了這一已引起轟動的開創性研究：「克里斯塔基斯和福勒對近 5000 人與他們共用的 5 萬多個社會聯繫的情緒狀態進行了研究探討。……研究結果使他們得出那個引人入勝的發現，幸福是如何可以傳染的：如果一個被研究者的朋友是幸福的話，這個被研究的對象就有 15% 的可能性也是快樂的；如果那位朋友的朋友是快樂的話，那個被研究者將有 10% 的可能性也是快樂的。即使被研究者的朋友的朋友的朋友──一個與被研究的對象完全無關的人是幸福的話，這個被研究的對象的幸福的可能性都仍有 5.6% 的提升。」

事實證明，卡巴拉學家們已經知道並利用了這種「幸福效應」幾千年。但卡巴拉不只限於對統計數字的分析：它指出我們具有一種用幸福使彼此相互「傳染」（或使之充滿活力）從而使在世界上的每一個人都達到 100% 幸福的能力！

但是，您可能會很正確地反駁道，「我們如何才能感染對方使彼此感到幸福，如果我們大多數人連幸福究竟是什麼都不知道，而且也感知不到多大的幸福呢？」這不是藉口，因為卡巴拉學家們使用了另一種科學現在正在開始瞭解的技術：只是強迫自己微笑（假裝的），不僅將會使你自己立即感到更快樂，而且別人也會認為你是真正地微笑。這反過

來，會讓他們感覺更幸福、更快樂，而這種喜悅又會透過其他人返回到你身上。如果我們每個人都參與這個「由假變真」的遊戲的話，用不了多久，這個幸福的流行病就會蔓延到世界的每一個角落！

某種比幸福更偉大的東西？

但卡巴拉智慧並沒有止步於此。它告訴我們，這種用感覺和情緒「感染」彼此的技術有著更大的潛力。這是對的：甚至大於能夠為世界上所有的人提供可持續的幸福。它實際上可以讓我們提升到一個感知的新的水準，一個超越時間和空間，並超越我們短暫的物質存在的水準。事實上，這正是卡巴拉涉及的全部內容──幫助我們揭示我們存在的更高維度。這個維度被稱為「更高的世界」──一個從任何角度來看都是無限的、永恆的、完美的世界，一個我們都像一家人一樣互相關心互相愛護的現實。

就像我們想實現可持續的幸福，這在開始看起來遙不可及，然而我們達成更高世界是可能的，也就是獲得真正的永恆、全人類都是統一以及完善的感覺是可能的。如何做到呢？很明顯，我們是從一種根本感覺不到這些東西或者甚至連它存在與否都不知道的狀態出發，但是，雖然我們仍然不能感覺到它，或甚至不能意識到它有多偉大，我們可以透過還是可以用一種非常重要和值得爭取獲得這種更高的感知的感覺來開始感染（激勵）彼此。我們人為地上升（或假裝上升）到一個超越我們當前的這種感知，在我們中間培養這種新的精神的感知。

當我們在玩這個「精神的感知」的遊戲時，就像一個人工的微笑最終會使我們和別人都快樂起來一樣，一種新的精神的感知也會開始在我們內部產生。

掌控自然的規律

除了教我們如何掌握自然法則和使用自然法則以外，卡巴拉還為我

們提供了他們是如何工作的、精確的、科學的解釋。它告訴我們變化的主要因素（無論我們是在談論情緒還是精神的感知）是我們達到一種更好的狀態或一個更高發展水準的願望。這種願望會喚起一種叫做「更高之光」的東西——一種來自那個我們渴望的更高世界的未來狀態的能量。

例如，當孩子們想要變成大人時，他們就模仿大人，而這就是他們如何長大的方式。在不知不覺中，他們將得到更高的能量——說它更高，是因為它來自發展的未來的程度。這種能量在他們身上發生，是因為他們希望我們到達下一個級別。與在更高世界一樣，這一原則在我們的這個世界也同樣有效。（「更高的」意味著一種已存在我們內在的更先進的潛在狀態，我們發展將到達的下一個狀態，而不是「某種在某個地方可以找到的東西」。它就像一個成人的狀態早就已經潛在地存在於一個兒童身上一樣。）

這是我們從發展的一個狀態提升到下一個狀態的唯一方式。我們在觀察植物或動物生長的動力學時，我們也能看到同樣的原則：對當前狀態的否定和下一個狀態的渴望正是變化和增長的動力。

因此，卡巴拉教我們自然的真正力量，而且更重要的是，教我們如何使用它們來實現真正幸福。但超出常規幸福概念的是，我們可以達到一種無限的、永恆的快樂狀態，甚至當我們「死亡」（肉體死亡）時，我們也會感覺到在我們每一個人內部都存在的那種永恆的快樂。而這，才是真正的幸福！

28 肥胖：缺少精神食糧？

如今每個人都在計算他們吸取的卡路里 —— 但肥胖的問題只會繼續增加。卡巴拉智慧解釋說，這個流行病是現代人類沒有得到其「精神食糧」的另一個徵兆。

肥胖和超重在逐年增長並不是什麼秘密。根據美國國家衛生統計中心的統計，過去 20 年中美國的肥胖人數在驚人地增長，2003 年，66% 的美國成年人不是肥胖就是超重。

「連小孩的體重也在增加，」《生命科學》報導。「1963 年 10 歲男孩的平均重量是 74.2 磅；2002 年將近 85 磅。在女孩中，這一數字從 77.4 磅上升到 88 磅。」世界衛生組織預計到 2015 年，大約 23 億成年人將超重，超過 7 億人將成為極肥胖的人。

肥胖流行病不僅損害人的自尊、幸福和健康，而且還要花費大量金錢。根據美國公共衛生署署長防止和減少超重肥胖的行動號召，2000 年美國投入在肥胖上的開銷超過 1,170 億。這些錢花費在從節食到治療肥胖所引起的疾病上，這還沒有將由於雇員的肥胖引發的相關疾病引起的數十億商業損失計算在內。

實際上，肥胖的影響隨處可見。美國有線新聞網 CNN 特別於 2010 年 11 月 14 日透露，航空公司正在計畫附加一種「肥胖稅」，因為旅客的超重意味著航空公司要支出更多的燃料費用，並減少苗條客戶的座位空間。一些外科醫生由於危險性太高而拒絕給超重的人進行手術，甚至迪士尼樂園也受到影響 —— 它已關閉和「修復」了一些遊樂設施，因為太多超重的遊客使它們無法正常運作（《有線網路》報導）。

但所有問題中最糟糕的也許是對健康狀況的擔憂。疾病控制和預防中心表示，一個人超重得越多，他／她的健康問題就可能越多。澳大利

亞營養學家 John Tickell 陳述，II 型糖尿病是和肥胖有關的疾病，而且它是世界上增長最快的疾病。其他與肥胖相關的疾病包括高血壓、冠心病、中風和癌症。

內心真正的饑渴

不可否認，一些人超重是因為遺傳基因等因素，但營養學家 John Tickell 指出，這只佔超重人數的 20%。其他 80% 肥胖和超重的人們僅僅是因為他們吃得過多——一個過去 20 年中驚人發展的趨勢。

為什麼呢？Tickell 認為，「這一切都基於態度；這一切都在人的腦海中。」這才是決定一個人是肥胖還是苗條，以及吃得健康與否的原因。

醫學健康網提出了類似的觀點，表示吃得過多的原因可能是：「沮喪、絕望、憤怒、無聊以及與饑餓毫無關係的很多其他原因。」換言之，「人們的感覺影響他們的飲食習慣，導致他們吃得過多。」卡巴拉智慧甚至更深入地縮小範圍捕捉到那個罪魁禍首——原因就在於我們無法滿足自己增長的利己主義而感到內心空虛。我們被迫用各種其他方式彌補這一內在的空虛，填充對滿足的缺失感，而其替代品之一就是食物。

換言之，如今在全世界蔓延的肥胖流行病就是一個現代人類所感到空虛的徵兆之一。

滿足——不是補償

現今，人類利己主義的滋長已令很多人感到越來越不滿足，無論我們做什麼，無論我們擁有多少物質、財富、地位等，我們還是一直「想要得到某種東西」，仍然感到內心的空虛。這種持續的空虛讓我們尋找著補償，而對一些人而言，這種補償就是不停地吃、吃、吃。

但無論我們消耗多少食物，我們內心的空虛仍然不能被滿足，而卡巴拉智慧解釋說，這只不過是因為我們所真正渴望的其實是某種非物質

的東西。不知不覺地，一個精神的願望在所有人內心中浮現出來，而且在 21 世紀，這個願望比以往任何時候都更強烈、更饑渴，要求被滿足。而這個滿足只能是精神的，或換句話說，是某種「精神食糧」。

因此，卡巴拉智慧為我們提供的解決方案，並不是讓人開始節食以治療肥胖。相反，它治療問題的根源，為我們揭示怎樣滿足那個精神願望——即我們最深切最根本的匱乏。當我們最終揭示了那個真正的缺乏，「我想要什麼……但我根本不知道具體是什麼——也許是一瓶啤酒」，這之類的想法將會消失得無影無蹤。那些在精神世界發展的人開始在一個完全不同的層面來思考問題。開始像經歷一種持續不斷的奇遇一樣地經歷人生，在人生的每一時刻，都能感到內在的能量和滿足。

當前，這種加速增長的肥胖和超重的程度只不過是在證明，人們渴望他們沒有得到的那種精神滿足。如果我們瞭解到這一點，並學會如何真正滿足自己，我們將不再需要其他任何外在的「附加替代品」。

29 **有關健康的萬應靈藥**

　　據世界衛生組織報導，在過去30年內出現了近40種新疾病，而且近5年就發生了超過1100種流行傳染病，精神病更成為一種瘟疫。根據卡巴拉智慧，導致這些疾病背後的根源是——人類的利己主義。

　　「這些疾病的狀況是如此地不穩定……以致於新的疾病已達到了史無前例的逐年遞增的比例。」世界衛生組織總幹事在最近的世界健康報告中寫道：「在一種異常的不祥的趨勢中，支柱產品抗菌劑（即用於抵抗有害微生物的物質）未能跟上替代藥品的發展。……這對世界已經構成巨大的威脅……人類已變得越來越脆弱。」

　　這篇標題為《更安全的未來》的報告包含了對當前狀況的樂觀看法。然而，快速審視一下就顯示我們的未來離安全還非常遙遠。這篇長篇的報告披露出很多正在影響以及未來會影響人類的疾病。那麼現代醫學對此能做出什麼解釋呢？又有什麼應對良方呢？當然，這些新聞幾乎無法使人安定。

　　伴隨著現有疾病的增長，比如糖尿病、心臟疾病和抑鬱症，報告同樣警告說：「那種假定再也不會發生另一個像愛滋病那樣子的疾病、另一個伊波拉病毒（Ebola）、另一個非典型肺炎（SARS）的想法，是極其幼稚和掉以輕心的。」

為什麼這會發生在我們身上？

　　看上去，醫生們覺得很難為這些問題提供一個清晰而直接的回答。無論怎樣，根據這份報告的作者所說，有一件事是肯定的：正是人類自身的行為使得自己的公眾健康處於危險之中。

　　無論這聽起來多麼驚人，但卡巴拉學家也描繪了有關21世紀可能影

響人類的疾病。像當今的醫生一樣，他們斷言，人類在自己正在遭受的這些苦難中承擔了主要的責任，而且他們還同時對我們今天面臨的健康威脅提供了可行的解決方案。

但你會問：卡巴拉學家難道懂得醫學嗎？

現代醫學界定義疾病是一種平衡穩態（即我們身體的動態平衡）的過程的破壞。當一個細胞或者一個器官的功能不正常，身體中的平衡就被破壞，於是我們開始生病。為了戰勝疾病，身體會盡一切努力恢復其所有系統的平衡。

但是，卡巴拉學家說明，平衡起來的過程不僅僅只發生在身體內部。與現代科學類似，卡巴拉智慧解釋說，在所有自然界中都包含持續的平衡穩態過程。在早期的卡巴拉著作中，卡巴拉學家把自然描述成一個封閉的完整系統，其中所有的部分都完美協調地合作著。這種神奇的平衡是由自然中不同部分之間相互給予的關愛所維持。

Guntar Blubel 教授（諾貝爾生理學及醫學獎項獲得者，他以對細胞增殖的研究而聞名）說道，根據科學所發現的，「那個相互給予的法則是自然界每個體系生存的關鍵。一個活著的身體中的細胞，是最好的論證樣本。細胞透過為了給予整體而相互聯繫起來。每個細胞只獲得它生存所必需的一切並用它所有的力量照看整個身體。」

良好的健康＝與自然的良好關係

如同我們身體內的細胞，自然中每個層面中的每一個個別的元素，都在做著支持它所賴以生存的整體的行為，並這樣展現其完整性。當個別的個體破壞這個自然的平衡時，所有自然的體系會瞬間調整以調節壓力並恢復被破壞的平衡。

比如，隨著地核內部的壓力增長，地球的外層不再能承受內在壓力，就會發生火山噴發。根據卡巴拉智慧，**如今這些新的疾病的爆發，不過是人類與自然之間關係的不平衡滋長的各種症狀。**

我們總是忘卻，正如所有礦物、植物和動物一樣，人類同樣是大自然這個完整體系的一部分。因此，運用在大自然這個完整體系的規則同樣適用於我們，找出那些規則正好可以讓我們發現問題的原因以及解決方案。

「治未病」的萬應靈藥

每個人都知道，人類社會的利己主義在持續地增長。每個人都在相互利用對方，對別人的痛苦幸災樂禍，並且透過毀滅他人建立自己的「成功」。伴隨著這種自私自利的態度，人類偏離了自然規律，離自然越來越遠，系統性地破壞了那個平衡與相互給予的法則，因而，人類本身不斷遭受來自大自然恢復平衡的回應，造成這些痛苦。

非此即彼，大自然總是在平衡它所發現的不平衡因素。在現代社會如此盛行的自私自利的態度就像一個迴旋器：它掉轉頭來以更多的疾病和其他我們難以解釋的令人不安的現象回擊我們，懲罰著我們錯誤的行為。即便向健康體系投入大量的資源和技術，我們也還只是在隔靴搔癢。現在是治療產生問題的根源——即人類的利己主義的時候了，而不是試圖在表面上去對抗每一個新出現的症狀。

然而，這並不意味著明天我們就應該告別我們的醫生。相反，即使我們需要繼續去診所看病，我們也必須開始著手在其根源上治療問題，也就是改正人類的利己主義。

卡巴拉智慧向我們展示如何才能開拓一種新的感知以發現我們是同一個單一的大自然系統的一部分。如果我們能因而恢復自己跟大自然的平衡，大多數的疾病就會直接消失，因為其真正的根源已不復存在。因此，卡巴拉學家說，改正我們的利己主義才是真正「治未病」的萬應靈藥。

30 毒品為什麼成為不可避免的趨勢

　　人類幾千年以來就知道毒品。但是過去它們從來沒有被過量使用。為什麼呢？毒品氾濫的增長正在成為全世界關注的戰略問題。政治家對此並不怎麼感興趣，因為他們所需要的—是統治人或事。因此，他們盡一切可能隱瞞這個現象，甚至在競選期間，也不優先考慮它。這是因為他們對此感到無能為力，並把它當作一個不可能完成的任務。當然，如果我們不僅關注當前發生的是什麼，也同樣去識別一種趨勢，我們肯定會得出結論，人類做為宇宙中唯一有智慧和自由意志的那個部分，正在進入毀滅自己的那個階段。

　　在現代社會，毒品問題在無數會議上被仔細地研究、描述和探討。它在聯合國議程上，並且在政府公開或封閉的辯論中被討論。

　　從生產角度來看，毒品應該是極其廉價的商品。所有人都很容易得到。那麼為何不這樣做呢？地球上有許多人處在閒散、無事可做、墮落、無家可歸和疾病狀態。健康預算支出超過了國防開支。癮君子，當他們能夠得到滿足日常劑量的毒品時，就不會誘發對社會任何嚴重的威脅。相對於其他任何一個普通的失業市民的狀況，他們只需要極少的關照。吸毒者存在並沉浸於自己的幻覺世界裡，從社會問題中分離，無法造成嚴重傷害。

　　問題是一個人處於被麻醉的麻木狀態時，其人性的發展被終止，而這與自然的根本法則不相容。自然永遠不會容忍人類從有意識地實現其人生意義的過程中脫離，也就永遠不會允許不受控制地濫用毒品，這就是為什麼人們對毒品這麼反感的潛意識原因。

　　人類幾千年前就知道毒品。然而，過去它們從來沒有被過量地使用。因為在古代，人們沒有感受到這樣一種脫離現實，逃避人生的迫切需求。那時人們可以接受周圍世界所看到的東西中並獲得快樂。他所有的渴望

無論是多還是少，都能夠在這個世界被實現。他知道他的目標，並且每次都做了決定是否值得為了得到它，而做出努力。他總是選擇是否追求一定的目標，並表現出這樣或那樣的決心。他從來沒有被留在一個需要答案的狀態中。

人們辛苦地工作，經歷著難以置信的磨難，被賣身為奴，但無論如何，他都仍然可以看見他渴望、期望得到的目標。人們顯然很清楚，透過某種交換或者一定的努力，就能夠獲得他想要的一切。然而，假如那個夢想是不切實際的，他寧願去忘記而不去想它，如果因為身體（這個接受的願望）不願意吃這個苦，他會把那個願望從他的視線和想法中排除掉，正如古諺所說：「老百姓不會想要不自量力去娶公主。」

即使一個目標很遙遠，人們為了達到它，也願意勞苦很多年。他不需要毒品做為一種脫離現實的方法，因為他期待著未來可以獲得的那種滿足。

人們從什麼時候開始轉向毒品？這發生於當人們不能在這個世界上滿足其願望的時候。因為沒有其他選擇，他情願將自己從缺乏和挫折中逃避出來而轉入毒品。但凡他還能看到獲得快樂的某些源頭，他永遠不會這麼做。

我們知道人們的願望從一代到另一代在不斷增長和發展：從生理的需要和滿足：對食、性、住宅和家庭（即使人獨立於社會之外生活時都有這些慾望），直到對財富、尊敬、名望、權力以及知識的渴望。

每個人都以不同的組合包含著這些願望，但在歷史進程中，這些願望不但在數量而且在品格上也在發展著。人類的進展只不過是由每個人的願望的進化發展決定的。

這說明當所有這些人性的願望停止增長時，一種新的願望、對一些模糊不清和不能解釋的事情的渴求開始浮現出來。人們甚至不能描述這一願望是什麼；他就是嚮往某種事情，雖然他自己都不知道它究竟是什麼或者能不能在這個世界找到它。

　　但是現在人們一旦不知道怎樣設法滿足自己的願望，有些人就選擇了逃避，而吸毒的根源就在於逃避，既然在現實中得不到滿足，那就到一個想像的虛幻世界中得到滿足。

　　很多人把這種狀態稱為抑鬱症，這已經導致無數人離婚。人們感到需要去改變其生活中的一些事，並相信一個新的婚姻能夠解決這個問題。一般來說，這樣做他會發現他所做的一切也完全是徒勞的，而且會陷入一種更深的失望和孤獨當中。

　　許多人把這個對某種未知事物的新的渴望解釋為一種精神性的、對另一個世界的渴求。越來越多的人感覺到這個並加入到吸毒的隊伍中，也有很多人因而成為心理諮詢師的客戶。

　　從長遠來看，人們逐漸發現這個新的渴望其實是一種對精神世界的願望。人們開始到處奔波尋求達到精神根源的方法。他們到印度和其他東方國家尋找導師；書店裡充斥著各種各樣關於精神方法和探尋的書籍。

　　人們所有的願望的總和稱為「心」。那種對於新產生的未知的沒有源頭可以滿足的願望被稱為是「心裡之點」。

　　科學近來也證實了「更高世界」的存在。越來越多傑出的科學家，在他們對物質和能量的研究過程中，得出存在著一些其他現實的結論。通常，他們是核子物理學家、生物學家……等等，就是那些在其領域中鑽研到物質內部的人。

　　人類早就擁有達到那個更高世界的方法，這個方法稱為卡巴拉智慧。卡巴拉智慧是一種滿足那個未知的精神世界願望的方法。我們應該體驗這個方法，而不是拒絕它。當你對於抑鬱、離婚、人與人之間的冷漠，以及更嚴重的吸毒——這些日益增長的問題都感到無可奈何時，看一看卡巴拉智慧，相信你能找到答案，而且………

　　這種情況只會更糟，人們將繼續購買毒品。它們的生產將會可怕地增長，毒品交易將隨處可見、帶毒的植物將在大農場生長；毒品將在家庭工廠中被生產。

　　無論如何，這將達到一種政治家、經濟學家和其他力量都無法控制的程度。因為人們不再從金錢、名譽和權力那裡得到滿足。那時這個問題將上升到戰略的高度。

　　當人們發現卡巴拉智慧，他就開始意識到在那裡有解決方法、有答案。當然，這可能還需要五到十年的努力（這段時間需要為了本身實現卡巴拉智慧所說的一切並達到精神世界），但解決方法的確在那裡。這樣一來，人們就不再需要毒品，因為他已經生活在對未來美好的期望中。人生的目的應當揭示於他，透過它而不是毒品，給他一次機會去滿足自己。為了用它來代替毒品，應該向人們揭示一個人人都願意去實現的目標——給人們一個可以找到真正滿足自己的機會。

31 現代的年輕人怎麼了？

越來越多的青少年屈從於毒品、抑鬱和恐怖暴力行為。年輕一代所面對的危機是由什麼帶來的呢？卡巴拉解釋說，年輕人的願望正處在一場危機當中，因為他們再也不能用我們試圖給予他們的一切來滿足他們的那些願望。

當我坐下來看新聞，巨大的標題再次衝擊我。一個少年走進擁擠的假日購物大廈開槍殺死了八個人。是什麼導致一個有著光明未來的年輕人做出這種殘忍的行為？同時，一個好朋友的侄女在吞下了整瓶安眠藥企圖自殺後躺在醫院裡靠機器維繫著生命。在青少年中，抑鬱症已經達到類似流行病的程度。

我們的年輕一代究竟怎麼了？難道他們過早去感到痛苦絕望和不可救藥？這世界中存在的絕望在很多國家是可以理解的——即在那些令人難以置信的艱苦、貧困、饑餓和暴力都好似家常便飯的國家。但這是美國——這些孩子很多來自富裕、有愛心、擁有金錢能買到一切的家庭。在另一端，我們看到越來越多的人卻還停留在童年時代——即便已二十多歲、三十多歲以及更大的年齡。他們可能把自己的風火輪玩具車抵價換取實際的物品而且參與更昂貴的「遊戲」，但他們仍然是世界上不想承擔任何責任的成年小孩。此外，我們還目睹在不同領域中的其他情形，比如美國家庭的破碎比例持續攀升，破產申請的數量連創紀錄，企業想要招聘有責任心的、成熟的職員越來越難等等。

雖然沒有人會拒絕承認，年輕人和成年人都面臨著一場社會危機，但似乎沒有人知道為什麼。脫口秀節目主持人透過闡述這些問題和會見「專家」已經成為了百萬富翁。政治家推動其提議的社會改革計畫，社區透過越來越多的法律以努力控制各種事件的發生，但這些都是對問題下意識的反應。為了達到真正的改變，我們必須找出問題的根源。

卡巴拉智慧找出社會不和諧的根源，繼而解決問題，展現出光明的前景，它幫助我們在我們正在見證的所有不愉快的現象背後揭示出那一個共同的線索。

識別問題的根源

為了識別造成我們的年輕人這些行為背後的原因，我們首先要檢驗我們的本性，並觀察它是怎麼進化演變的。根據卡巴拉智慧，我們所有行為背後的驅動力來源於一個嚮往得到快樂的願望。換句話說，一個人所做的每種行為，無論多麼小，都是由一個渴望快樂的願望所促使的。

然而，還有更多有關這個願望的事情：這個接受快樂的願望在人類中持續發展，並且迫使我們不斷地尋找新的快樂形式。這些演變起始於我們最基本的願望：那些我們生存必須要滿足的——身體帶來的自然的願望，比如對食物、性、住所的願望。換言之，多年前，有頓美餐和頭頂上能有個遮風擋雨已是極大的福氣。

在人類發展的晚期，新的願望浮現出來了——也就是那些社會性的願望。這些願望的出現源於人們在社會中的相互作用。此類願望包括對財富、名望和權勢的追逐。

數千年來我們在這些社會性的願望中發展，實現它們中每個可能的組合以及各方面。從這個角度而言，電影明星、體育偶像或政治人物都「代表」了人類中所發展的那些社會性願望。

但是今天，正如卡巴拉學家所解釋的，一個新的願望在人性中開始浮現出來，一個我們既不能透過身體也不能透過和其他人之間的互相作用來滿足的願望。我們仍然很難定義這個願望是什麼，甚至我們其實並不懂得怎樣去滿足它——這是一個意識到我們存在的目的願望。

理所當然，每一代人中，總是有那麼幾個人對「我為什麼在這裡？」這類問題感到疑惑不解，但現在卻是歷史上第一次這個問題在大片人群中開始覺醒並要求答案的時代。

不滿的代價

那麼這和我們年輕一代面臨的這個危機有著怎樣的關聯呢？由於他們處在願望發展的頂峰，所以天性地感覺到金錢、名譽和權勢都不能給他們帶來真正的幸福。這並不意味著目前的孩子們對任何事物都不感興趣；相反，他們有著一個更加巨大的願望：只不過他們不知道怎樣去滿足它。

這很簡單：如果在生日的那一天我特別想要一隻小狗，你卻送給我一套新衣服，我就不會有多高興。即使這新衣服我穿上去看起來很好看，但它不符合我內心的那個願望。對我們年輕人，每一個願望均是這樣。他們以迅急的速度從一個願望躍到另一個，卻始終發現自己無法得到滿足。

到他們十幾歲時，很多孩子對父母為他們展示的怎樣去得到快樂的能力不抱期望並感到懷疑。他們並不理解為什麼要努力去達到大人們為他們設定的目標。另一方面，他們也不知道應該為什麼而努力。我們會認為現代的孩子懶惰，但是他們缺乏動機實際上是一種絕望的表現。在極端的情況下，他們的絕望是如此地痛苦以致於他們會感覺生命本身顯得毫無意義而自殺，這似乎是唯一的解決辦法。

現在越來越多的青少年普遍採納一種「人生苦短，享受第一」的人生態度，只要能容易獲得，就把時間花在追逐各種刺激愉悅上。結果是他們成了「永遠的孩子」，一旦需要真正付出努力時，他們就會退縮，他們不能維持正常家庭或工作關係。這些孩子也容易受到毒品、酒精和暴富的誘惑，因為所有這一切都垂手可得、強烈愉悅，而又不需要付出任何實際的努力和代價。

另外一些十幾歲的孩子們則將他們的空虛感表現為憤怒，抨擊父母和社會，因為他們不能提供他們有關人生的意義的答案。有時這種憤怒爆發成為駭人聽聞的青少年暴力事件，比如那個商場槍擊事件。

滿足青少年的需要

年輕一代在理解和滿足自己的願望方面的無力和無助是他們所有問題的根源。沒有前面幾代人的指導，青少年們將在黑暗中摸索，因為他們都在想方設法滿足他們內心那個無名的願望。

《駭客任務》、《魔戒》和《哈利波特》的風靡反映了孩子們對某些我們在這個世界找不到的事物的渴望。新世紀宗教、神秘主義和東方哲學在年輕人中的興盛，同樣表現出年輕人越來越需要找到他們生命的意義。

為了幫助我們的孩子，我們必須讓他們知道他們所感到的空虛和困惑是有原因的。我們需要告訴他們如何適應這個人類發展的特定階段——讓他們知道他們代表著那個接受的願望演變的最後一個階段。而我們應該為他們提供一個發展和滿足那個願望的途徑。

卡巴拉能幫助我們透過給予年輕人一個對他們存在的目的切實可行的指導。一旦我們的孩子們知道了他們的人生目的，他們將積極追隨它。冷漠、憤怒、抑鬱和絕望將轉化為熱情和力量，就像他們的父母和祖父母們曾經追求那個「美國夢」時表現的一樣——對金錢、榮譽和名利的渴求。

我們的孩子們將能夠達到那個無限快樂的狀態，但我們必須為他們的旅程提供工具和指導。這樣一來，我們將使他們從苦難中解脫出來，使他們能夠找到真正的幸福，並加快每個人向著存在和生命真正目標前進的步伐。

32 我們如何才能停止將醫療事業商業化？

現代醫療保險系統錯在了什麼地方？

用於將美國從經濟危機中解救出來，提振美國經濟的資金的 35% 被投放到了醫療領域，因為它是被金融危機衝擊得最厲害的領域。保險費率已經上升，但人們的收入卻沒有相應增長，所以越來越多的人不再能負擔得起看醫生或購買醫藥的費用。那些失業的人們的狀態更糟糕，他們甚至完全喪失了健康保險。

政府正在試圖挽救這種狀況，但是，不幸的是，首先，它正在採用導致了醫療工業進入到這次危機的那個同樣的措施：將資金投向了人們的自我——利己主義。而正是我們的自我導致了這場危機，怎麼會這樣呢？

人的自我，也就是他們想獲得越來越多金錢的慾望，在人的自我看來，已經變得比醫生和病人之間的健康關係更重要。現代醫療工業是由經濟利潤原則驅動的：它不是建立在如何有效地幫助病患，而是建立在能夠帶給相關產業鏈條上的利益各方多少利潤基礎上的。

醫生從他們病患的疾病種類、程度和實施的醫療過程中賺取金錢，因而，治療好病人的動機就變得很脆弱；而病人呢，反過來則在尋求醫生錯誤行醫、起訴醫生的機會中牟取金錢補償。由於整個醫療系統是圍繞著金錢運轉而不是圍繞著關愛病人和他們的健康運轉的，在醫生和病人之間沒有信任可言。

醫療系統曾經不都是這樣

大約在 4000 年前，古代的中國，每天清晨，一個醫生（治療師）會尋訪經過村莊裡的每一戶人家。在每個家庭大門的進口處都會擺放著一

個瓦罐，正常情況下，每個瓦罐裡都會放著給這個醫生的一枚銅幣，這表示這個家庭的每一個成員都很健康。如果這個瓦罐是空的，在裡面沒有銅幣，則表示這個房子裡的某個人生病了，這個醫師就會進入到這戶人家對病人實施力所能及的最好救治，而且，治療所需的各種草藥、針頭和醫療所需都是由那些放進瓦罐裡的銅幣來支付的。

在他的空閒時間，這個醫師會經常走訪每個村民的家以確保他們的飲食和生活方式是健康的。在那個時候，健康保險與今天的概念是完全相反的。人們付錢是為了保持健康，而那個病人在治療階段則不需要付錢給醫生。

這種體系在今天會可行嗎？

很明顯，我們不得不停止這種將醫療系統變成一個商業利益系統的做法。今天，醫生的收入取決於他擁有的病人的數量、他為病人施行的醫療救治品種的數量和價格，以及醫院是否住滿了病患等等。這種系統是建立在醫生希望病人病得越久越好，能給他帶來的經濟利益越高越好！然而，難道醫生最首要的關注點不應該是病人的健康嗎？

然而，我們真的能回到古時候那個「樂善好施」的系統嗎？不，我們不能回到那時，因為在那時，人類利己主義的自我比現在小得多。

而且，現在的問題已是全球性的，不是局部的。在這種情況下，創造一個健康的醫療系統的唯一方式是透過創造一個全球性的整體的解決方案，這個解決方案需要專門針對人類利己主義的自我。

只有整個社會只為了健康付錢，而不是為疾病付錢，醫生們才會有在第一時間考慮預防疾病發生的動機，人們的健康狀況才會改善，而相應的健康維護開銷才會降低。

金錢應該從醫生與病人的關係中移走。一個醫生如果造成了醫療事故，他應該受到行政上的懲罰，而非金錢上的懲罰。病人也不應該透過法庭要求金錢賠償。取而代之的是，他應該獲得的唯一補償是治療。

在拉丁語中，「doctor 醫生」意思是「老師」。所以，醫生應該是教導人們如何正確生活而不得病，從而保持健康的人！這個定義與我們現在建立在利己主義基礎上的醫療系統是多麼的不同啊！

V

婚姻和家庭危機：為什麼愛總是帶來傷害？

「當一個人墜入情網時，總是以欺騙自己開始，而以欺騙他人終止。這就是世人所說的浪漫。」

——奧斯卡·王爾德

王爾德或許道出了大部分的婚姻為什麼不幸福，以及現在為什麼離婚變得越普遍的直接原因——欺騙。但是為什麼會是這樣呢？這是因為我們現在經歷的所謂的愛根本就不是真正的愛，我們認為我們在愛別人，實際上，我們只是在愛我們自己！就像你愛魚，是因為你喜歡吃牠時，魚給你帶來的快感！

33 破譯愛的密碼

又一個情人節到了，到處都充滿了紅色、紅花、紅心，甚至連泰迪熊都是紅色的。給你們來點更新鮮的，卡巴拉為愛的概念開啟了一個全新的視角，揭開圍繞著愛的神秘面紗。

有趣的是，沒有一個人真正知道情人節的來歷。它的複雜的歷史夾雜著希臘神話、羅馬帝國的巨變、基督教教會的被接納，甚至帶著一些非常悲慘的事件和歷史曲折的古代異教慶祝活動的痕跡。但最重要的是，無論我們喜歡與否，它是西方世界每年向人們對那個永恆的主題——「愛」——的一次提醒。

你已經知道的愛

對某些人來說，這一天是與我們的夥伴幸福的機會，買玫瑰花和巧克力送給對方，在浪漫的電影面前依偎纏綿。對另外一些人來說，這一天卻伴隨著永無止境的痛苦、伴隨著使人極度疲勞的嘗試，力圖避開那些「令人討厭的伴侶」，但不管走到哪裡，我們都無法避免那些紅心向我們發出「威脅」和嘲諷，那些紅心好像在說，「愛不過就是為了嘲弄你而發明的東西」。

無論你屬於哪一個陣營，我們所有人都至少經歷過一次那種深深的、絕望的愛的感覺。愛情是盲目的，當我們熱戀時，我們在我們的愛人那裡看不到任何瑕疵，我們維護著他們所做的一切，並且只看到他或她最好的一面。但是，我們大多數人也都知道這個愛的泡泡總有一天會破滅，當我們回味時，我們不禁會問：「難道我感覺到的那個愛是幻覺嗎？為什麼現在我不能感覺和熱戀的時候一樣好呢？」

真正的愛是什麼呢？

值得慶幸的是，卡巴拉智慧對愛的這種困境做出了一種全新的解釋。第一，卡巴拉學家解釋說，當我們體驗「這個叫愛的東西」時，我們感覺幸福是有它的理由的：因為在那時，我們對另一個人的感覺正好與自然的內在品格相一致。

透過感覺到愛，我們獲得連接到那個給予現實中所有存在部分活力並將他們結合在一起的積極的品格。卡巴拉將那種品格叫做「愛」或「給予」，並解釋說它是現實中將所有元素團結統一在一起的因素：包括礦物、植物和動物等各個存在層面，以及所有人的內心世界的經驗。大自然的所有部分都分享著這種博愛的品格——只有人類除外。換句話說，人類是唯一不會自動實施這種品格的存在物，而所有其他層面的存在物，包括靜止層面、植物層面和動物層面的創造物，他們的行為都是天生自然地遵從這種品格。我們人類是唯一的例外，我們按照我們的喜好自由行動：愛或恨、給予或索取等等。

我們站在愛的對立面

事實是，我們往往會傾向於採取和大自然普遍的品格相反的方式行動，而這正是我們所有的負面感覺產生的根源。出於某種原因，我們通常認為，只有透過做有利於我們自己的事情時，我們才會感覺美好，甚至不惜以犧牲別人為代價。我們只專注於「我、我、我」，「如何我才能感覺更好？」和「如何去做，我才能獲得更多的金錢、名譽、權力，你可在這裡填上任何你渴望得到的東西？」等等，而且很多人都知道，通往這種「幸福」的道路是由競爭、嫉妒、孤獨和痛苦鋪就的。

很明顯，這是和我們認為當我們在戀愛時的感覺是相反的，當我們戀愛時，我們所有的想法都是朝向對方的，而且所有我們關心的也只是有關那個人的。當我們戀愛時，唯一在我們腦海中出現的就是：「我能做些什麼才能使他／她感覺更好呢？」

如果將我們的視線從日常的現實中離開一小會兒，從一個更廣泛的角度來審視一下自己的話，我們將很容易看到我們感覺最幸福的時刻，正好是當我們與那種愛的品格和諧一致的時候。再強調一下，這是因為我們將我們的「內在頻率」調整到了和那個彌漫在整個宇宙中的普遍存在的愛和給予的品格的頻率相一致時自然產生的結果。

而這並不是只有卡巴拉智慧才指出的東西。如果你隨便去問一個生物學家或植物學家，他們將會同意，所有的生命有機體，所有的生命和發展，都基於這一「愛」的法則。這是因為一個生物體的所有組成部分都以一種互相「給予」的法則相互作用，他們不斷給予對方。所有的每一個及細胞都是為了照顧整個身體的基本功能和福祉而行動，以維持整個機體的活力。

我們的身體本身也遵從這種自然的法則，這是因為我們的身體是在動物層面上發揮著其功能的。只有在我們相互作用的人類水準，也就是我們之間的相互關係上——在我們的思想和感覺上——我們才開始轉向另一個方向。我們內在的人類層次是我們感覺到我們的「I（我）」、我們的身分認同以及我們對自身的持續關注。由於我們的這一部分只是關心我們個人的利益和收穫，它通常會忽視這整個世界都是一個單一的、完整的、相互聯繫和相互依存的完整機體這一事實。

換句話說，我們沒有意識到：另一個人的快樂和痛苦，與我們自己的感受是不可分割的，我們自己的福祉也直接依賴於其他人的福祉這一事實。卡巴拉可以幫助我們重新聚焦，並在「放大鏡下」看看究竟正在發生著什麼，然後，我們將看到這種自然的、普遍的、絕對的愛的法則，遠遠沒有在我們人類的層面上被遵從。

我們透過與自然和諧感到無限的愛

如果我們改變這種傾向，並開始根據自然的給予的法則去對待每個人，那麼我們就會總是感覺到那種「愛」帶來的美妙感覺，而不僅僅只是轉瞬即逝的片刻。這是因為一旦我們瞭解到我們全部都是相互連接在

一起的，就像我們身體中的所有細胞一樣，我們將做為不可或缺的元素參與到這個大自然整體的生命湧流當中。我們將與大自然的其他部分融合在一起，而我們對待我們周圍一切的態度將會變成是純粹的愛。

這種在人類層面與大自然的和諧將會給我們帶來一種被卡巴拉稱作「無限」的東西——無限的愛、喜悅與和平。這種感覺之所以稱為「無限」，是因為當我們感覺到它時，我們之間由於利己主義自我造成的界限就完全消失了，這樣會使我們確實感到其他人好像就是我們自己的一部分。

因此，一種愛和給予的關係並不只是一種態度上的改變，而是我們在生活的品格和我們感知範圍的一種根本上的升級。所以，讓我們不要在這個情人節，將太多的時間花在生那些「令人討厭的伴侶」的氣身上，或者在納悶為什麼我們和前妻、前夫就是合不來。相反，讓它變成是當我們把我們的注意力從恨轉變為愛，從接受轉換為給予時，我們就能體驗那種無限的愛的一種提醒。

34 愛、愛、愛

在 1969 年，披頭四（the Beatles）合唱團大聲地唱道，我們所需要的只是愛，他們是對的……卡巴拉說，現實中存在著的唯一力量和唯一法則，就是這種愛的力量（或法則）。

在 20 世紀 60 年代，愛是那場著名運動的名字。烏茲塔克（Woodstock）、毛髮（Hair）以及「要愛，不要戰爭」的觀點塑造了我們生活的模型。但如果連那個現實的法則都同意，愛是那個遊戲的名字的話，那麼為什麼那個將我們吸引到烏茲塔克的理想最後不能持久呢？我們承諾的那個愛又在哪裡呢？

愛是生命

在我們發現愛去到哪裡了之前，我們需要理解為什麼卡巴拉智慧指出，在整個現實中，有一且只有愛存在著。請想像一下，一名母親抱著她新生的嬰兒的樣子，她將他抱在懷裡，她的目光向下看著他，微笑著，嬰兒餓了時餵他，將他包裹在毛毯中以使他保持溫暖的情景。在她所有的這些行為背後只存在著一種激發生命能量的力量：她對她的孩子的愛。這就是愛的法則。

這看起來很明顯的例子說明了為什麼愛是可以創造生命的唯一力量。有什麼其他的力量可以維持父母會照顧他們的後代，從而確保物種的延續呢？又有什麼其他的力量可以確保那個生存著的物種能夠維持並蓬勃發展下去呢？顯然，沒有愛，就沒有生命。這就是為什麼卡巴拉智慧說，創造者、大自然與愛是同義詞。

還有另一種卡巴拉學家對愛的表達方式，「創造者就是愛」。因為他是至善的，他創造了想要獲得他給予的所有豐富的創造物。

根據卡巴拉智慧的主要著作，《光輝之書》（The Book of Zohar），現實產生於創造者想要使創造物受益的思想。《光輝之書》解釋了創造者的本質是至善的；因此，他的意願也是至善的，也因此，他的思想也是至善的。

而且，因為他想要做的都是好的，他創造了一個在為了獲得他想要給予好處的願望之基礎上運行著的世界。這就是為什麼支撐整個現實的運作的力量就是創造者的愛的原因。

母親的愛

這使我們又回到我們的問題：我們被承諾的愛在哪裡呢？它的利益又在哪裡呢？因為創造者構成了我們的現實，我們就是那些希望獲得他想要給予的利益的創造物。在母親——嬰兒的例子中說明愛不存在於嬰兒那裡（創造物），而是在母親那裡（創造者）。她是那個真正享受著對嬰兒的愛的人，而那個嬰兒只是一個享受她對他的愛的存在而已。

而就像嬰兒可以很可愛一樣，做為一個嬰兒卻不是生命的目的。嬰兒不會永遠是嬰兒，而是會長大，長大為成人，並且要培養他們自己去愛的能力。因此，他們會變得像他們的創造者（父母親）一樣。

同樣，創造者創造我們的目的就是想要我們變得像他一樣。卡巴拉用於表達變得像創造者一樣的辭彙是 Dvekut（黏附）。Dvekut 並不意味著兩樣東西彼此「黏合」在一起，而是在它們相等的同時，它們又是獨立的存在。

因此，為了享受到我們的創造者所擁有的愛，我們需要「長大成人」，並變成一個像他一樣的「精神成人」。

很多碎片，一個靈魂

就像我們在上文所述的，在整個現實中，只有創造者的愛存在著。這份愛創造了我們——那些預定要接受他的愛的接受者。卡巴拉學家給

這個創造物的名稱是「亞當的靈魂（第一人）」。或簡短地，我們把它稱為「亞當」。

亞當不是簡單地將很多靈魂（創造物）放在一起；亞當是一個集體的靈魂，分裂成了數十億個碎片。正如雖然我們的身體中有上兆個細胞，但所有的細胞都做為一個身體運作著一樣，亞當的靈魂是由數十億個靈魂碎片組成，所有的靈魂碎片都做為一個精神的實體運作著。

如果我們身體中的細胞和諧地工作，我們就是健康的；如果他們彼此反對著彼此的工作，我們就變得生病了。同樣地，當我們的靈魂，亞當的靈魂的碎片，共同努力，我們的靈魂——整個全人類——在精神上就是健康的。

亞當的靈魂分裂為這麼多的靈魂碎片並不是偶然的，而是一種由創造者預先設想的行為。這個分裂是一種使我們能成功地變得像他一樣的必要的步驟。

就像孩子們需要在他們周圍的其他兒童中發展其社會技能和成長一樣，我們的靈魂，為了發展成為像創造者一樣也同樣需要其他的靈魂。

這些靈魂不是真的和我們分開；它們是同一個靈魂（機體）的不同的部分。而只是，我們將這些靈魂感覺為不同的和獨立的靈魂，為的是允許我們相對於他們做為單獨的存在，從而可以創造一個「靈魂的社會」，就像我們人類社會一樣。而且正像孩子們一起玩耍學習如何成為大人一樣，我們和「其他」的靈魂進行溝通，並和亞當共同靈魂的所有部分和諧地工作。這就是我們的靈魂如何變得成熟的方式。

直接和創造者連接

然而，在我們的靈魂發展與我們社交技能發展之間存在著一個根本的區別。孩子們有可見的、可以效仿和學習的榜樣。但是，我們「精神的父母」卻處於一種隱藏狀態。因為我們不能看到或聽到他，我們也就不能效仿他。

　　要想成為精神的成人，我們需要採用和我們學校常規的課程稍有不同的方法，在那裡大家一起學習。正如我們的身體中的每個細胞都有著不同的功能一樣，亞當靈魂的每塊碎片都代表著接受快樂的那個總體願望的不同的各方面。有些部分被創造的想要富有、某些想要有權勢、有些想變得知識淵博，還有一些則想要變成創造者，或者變得至少像他一樣。

　　亞伯拉罕就是想變得像創造者一樣的人。他發現想要變得像他一樣，就意味著獲得他的品格——也就是給予的品格。當亞伯拉罕變得像創造者一樣時，他開始傳播這個有關創造者的知識，只要他能到達的地方。事實上，我們叫他「先祖」就是因為他與我們精神的父親的親密關係，以及他想要將我們每一個人都帶向他的那個渴望。

　　在卡巴拉，那些變得想要像創造者的靈魂被稱為以色列（Ysrael）。Ysrael 是兩個字的組合：Yashar（直接）和 El（上帝）。因此，以色列是指那些他們的願望想直接和創造者相連接，以實現他的本性的那些人。

亞伯拉罕的遺產

　　那些早期的先祖們以任何可行的方式教導著人們，因為他們從自己的經驗知道這是他們可以給他們同行的人最好的東西，這也是他們的精神遺產。12 世紀偉大的卡巴拉學家 Rambam（Maimonides），在他的著作《大能的手》（The Mighty Hand）中，精彩地描述了亞伯拉罕是如何從一個城市到另一個城市，從一個國家到另一個國家，將這個智慧和知識傳播給所有願意聽的人。這就是他如何創立第一個卡巴拉團隊的方式。

　　亞伯拉罕的團隊最終成長為一個民族，以它的願望命名——就是以色列（Israel）。自從首次做為第一個卡巴拉團隊出現以來，這個民族在世界的角色就沒有改變過。那種傳播達成創造者的方法的精神遺產也保持不變。16 世紀偉大的卡巴拉學家，神聖的 Ari，在他的著作《Shaar Ha Psukim》「Parashat Shemot」中精彩地將其表達為：「亞當（Adam）第一人包含了所有的靈魂，並包含著所有的世界。當他犯了原罪後，所

有的靈魂……被分裂為七十個民族。而以色列應該流亡在各民族當中，為的是收集散落在那些荊棘中神聖靈魂的玫瑰。」

對愛的渴望

人們都說「有錢能使鬼推磨」，錢使整個世界運轉著。奇怪的是，希伯來語的錢 Kesef，源自 Kisufim（渴望）一詞。20 世紀偉大的卡巴拉學家，巴拉蘇拉姆（Baal HaSulam），抓住了這種相似性，並解釋說錢確實就是代表渴望，但渴望的卻不是錢本身。這種渴望實際上是對創造者的愛的渴望。然後，巴拉蘇拉姆繼續解釋說，當我們與創造者「Dvekut（黏附）」在一起時，也就是當我們變得和他一樣時，我們才能獲得創造者的愛。

想要感知到他的愛，我們需要做的一切就是採用一種正確的方法。然後，他對我們的愛，就會在我們心中，在我們彼此之間被感受到，並返回到創造者。Kook 導師（以色列的首席拉比）在一次與作家阿扎爾（AZAR，1911 年）的對話中，豪情地表達了這種愛：「我希望將全人類都能放到一個單一的身體中，這樣我就可以擁抱他們全部。」

35 男女和其間的蛇

　　幾千年來，亞當和夏娃的故事挑戰著所有人的想像力。現在是發現這個故事隱含著的真諦的時候了。那狡猾的蛇究竟是什麼？這一切又是怎樣和今天已達百分之五十以上的美國夫婦走上離婚之路的事實相關聯的？

　　他們倆是歷史上最受關注的一對情侶。她是那個不忠實的、毫無顧忌的妻子，引誘她的丈夫做了被上帝禁止做的事情。而他是「人類的父親」，一個道德的犧牲者，他未能克制他不順從的妻子，並被她引誘而導致犯了罪（sin）。

　　或者，你可能會喜歡現代版的亞當夏娃的故事。她優雅、有節制、純淨，對她所導致的一切充滿了痛苦的悔恨。他粗魯、輕率、具有報復心，因為在災難性的那一天，他未能抵抗住一個女人的誘惑。

　　在這裡，我們不是在談論另一對明星夫婦走在時髦的離婚路上。女士們、先生們，我們給你們揭示的是亞當、夏娃和蛇的故事——歷史上第一個浪漫的三角關係背後隱藏著的秘密。

伊甸園

　　「最近美國的離婚統計數字看上去對持久的婚姻並不持樂觀態度。離婚率目前已達到了百分之五十，使得數以百萬計的離異的美國人的確不知道在自己的家庭、房產和財產分割上應該怎麼去做。」《線上律師資源》聲明說。瞭解亞當和夏娃的故事能夠幫助我們在兩性之間出現的裂痕上，得到迫切需要的「光」。但要這麼做，我們必須深入到這個著名的故事中，去瞭解這個故事背後真正隱藏的含意。首先，我們必須瞭解到，像所有聖經故事那樣，這個迷人的故事也是用一種特別的隱喻性

的語言寫出來的。每一個詞都隱喻著在現實的更高層面裡所發生的、自然地被隱藏著不為我們所掌握的那些過程。如果我們能夠學會破解那種語言，我們就會發現我們自己的精神根源並且進而瞭解男女的真正角色到底是什麼。因此，讓我們從頭開始。

在最開始

根據卡巴拉智慧，在現實中存在著一個操控一切的包羅萬象的力量，即「創造者」。這個力量的品格是完全的、無條件的愛和給予，並且他的目標只有一個——給予他的創造物絕對的快樂。為了實現他這個給予的願望，他創造了一個將接受到他要給予的全部的豐富的創造物或稱作靈魂。這一靈魂稱為「Adam Ha Rishon」（「亞當第一人」），或者簡單地稱作「Adam」（「亞當」）——人。

而這正好是那個伊甸園的故事所描述的。這揭示了亞當——即靈魂，那個存在著的唯一的創造物——如何無憂無慮地在伊甸園內嬉戲，直到創造者決定為了加速亞當的進化發展而要做些什麼：

「上帝說，『那人獨居不好，我要為他造一個幫助者做他配偶』。」（《創世紀》，2：18）

如前所述，亞當指的不是一個有形的肉體的人，而是一個精神實體，就像「伊甸園」不是某個物理地方，而是代表一個精神層面的現實。其實，那是一種存在的最好狀態，那麼創造者為什麼要干預這種完美的無憂無慮的存在呢？那是因為那個靈魂在那時只有一個微小的還未發展成熟的願望，而創造者不能把它所有的豐富內涵給予當時還未成熟的亞當，因為他接受的願望，也就是這個要用於盛裝上帝給予的豐富的容器（靈魂）還太小。所以，為了使這個靈魂成長並成熟，創造者決定要把它放到一條「成熟之路」上。

一個整體的兩個部分

為了使靈魂達到一個可以充滿無限的永恆的快樂的狀態，首先，這個靈魂要學習分辨理解接受和給予的含意分別是什麼。出於這個原因，創造者把它分成了兩個一半：「男性的一半」（代表給予的品格）和「女性的一半」（代表接受的品格）。因而，只有找出他們彼此之間正確的關係之後，這個靈魂的兩個部分——亞當和夏娃——才能創造出一個完整、完美的、能夠盛裝創造者想要給予的全部豐富的容器，也就是靈魂。

知識善惡樹

那麼，「偷嚐禁果」跟這有什麼關係呢？卡巴拉智慧解釋道，「吃」指的是接受創造者給予的快樂。而知識善惡樹象徵著創造者想要給予的那個完全的快樂，然而，由於那時靈魂（容器）還太小，還盛裝不下上帝想要給予的全部豐富內涵，因此，它被稱為「禁果」。

那時包括了亞當和夏娃兩個部分的靈魂尚未完成其發展成熟的全部過程。於是，透過偷吃「禁果」（接受創造者給予的所有的快樂），就會由於接受到的快樂過於強大，而導致靈魂的破碎，並失去了與創造者——給予的品格的聯繫。換言之，這個靈魂降落到了一個和創造者徹底分離的狀態，並完全地被我們的利己主義——這個物質世界所控制。

起初，亞當和夏娃是成功地遠離著「禁果」的——直到創造者再一次干預進來。這是因為靈魂必須要下降到這個物質世界的層面（也就是與創造者完全分離的狀態）才能實現其完全的發展，而創造者想要「加速」這一進程。這一次他招來了那個最狡猾的幫助者——「蛇」——來完成這項任務。

那條著名的蛇

那條蛇並不是我們所熟知的爬蟲類動物家族的蛇。「蛇」指的是駐留在我們所有人以及每一個人心中的利己主義傾向。在伊甸園的故事中，那蛇（利己主義）哄騙夏娃（靈魂的接受的願望）去鼓勵亞當（靈魂的

給予的願望，像創造者）去品嚐那個禁果（即接受創造者的全部的快樂），即使亞當和夏娃對此還沒有準備好。結果，偷吃的結果導致了他們倆和創造者的徹底分離。品嚐禁果獲得的快樂是如此地強烈，以致於這個靈魂徹底地忘記了創造者的存在以及創造者是這個快樂的來源這一事實。

結果，亞當和夏娃與創造者的關係顛倒了。他們「從伊甸園被驅逐了出來」——也就是指他們失去了和精神世界的聯繫並降落到了這個被稱為「我們的世界」的物質層面。

今天，這個故事仍未完結

亞當和夏娃代表著我們靈魂精神的根源。雖然在精神世界中，我們是一個單一的、統一的整體，但在這個物質世界裡，我們卻是分離的，無法相互理解彼此。

那麼，我們能做些什麼呢？首先，卡巴拉智慧解釋說，夫妻應該首先意識到在他們之間存在著的這條狡猾的蛇。他們應該理解到自我，也就是利己主義是夫妻關係中所有問題的唯一起因。通常，那蛇是如此狡猾地控制著我們，以致我們根本沒有意識到蛇的存在，更別提發現蛇是造成夫妻彼此疏遠的根源了。

其次，夫婦應該瞭解到婚姻關係的精神根源遠遠超出人類發明的這種婚姻的現實層面。婚姻是同一個靈魂的兩個組成部分重新連接為一個完整的一體的精神過程的一部分。理解這個就易於使夫婦間展開合作，實現這個神聖的目標。然而，如果僅僅試圖在這個世界的現實水準上為了我們那些世俗的目標來縮小彼此之間的差距，我們還是不會獲得成功。

如果我們想要維持彼此之間的關係，必須用真正的精神含意來充滿它。而這只有在夫妻雙方都意識到那個共同的精神的目標時才能實現。

這就是卡巴拉學家所指的「男人、女人以及其間神聖的存在」的真正含意（《巴比倫塔木德》）。那個靈魂的兩個分離部分之間的精神團結才能創造和諧，而在那個團結中創造者也同時被揭示出來。

36 亞當夏娃的故事到底隱藏著什麼秘密？

我們的利己主義就是那條阻止我們去真正愛別人的狡猾的蛇。

其實在亞當、夏娃和蛇的故事背後的意義非常簡單。蛇代表著亞當和夏娃、男和女之間顯露出的個人利己主義。這就是故事的整個含意。

舉例說，假設一對快樂而年輕的男女沉浸在愛河中。他們擁抱、接吻、歡笑、看電影、去沙灘。然後結婚，生活在一起，一切都那麼美好，就像在伊甸園一樣。

突然——蛇（利己主義）來了，他們突然爭吵起來了。然後他們都開始打著自己的小算盤利用對方，比如「我怎樣才能讓他（她）成為我所需要的樣子呢？」這一切都發生在我們每一個人身上，因為蛇（我們內心的利己主義）阻止我們去愛其他人，所以我們的愛情從一開始就是自私的。在這些境況下，我們在日常生活中只有盡量放棄以自我為中心，才能夠接近真正的愛情。但是，這仍然不能解決根源的問題，不能夠使我們經歷真正的、無條件的愛。而卡巴拉智慧提供了另一個解決方案：在根源上改正我們的靈魂或者改正把我們從伴侶身邊分開的蛇。

為了做到這一點，伴侶雙方必須要瞭解到他們的生活之所以這樣，是因為這一切的背後隱藏著一個宏偉的、超越這個世界的目標。只有到那時他們才會理解到，只有在生活中有了一個共同探索這條精神之路，實現創造目標和生命目的的伴侶，才能夠達成這個目標。這就是經文中說的：「男人、女人以及其間神聖的存在」的含意。這意味著為了到達神聖的存在、精神領域，我們必須正確地透過創造者互相連接在一起。

只有那時，亞當和夏娃才會使彼此變得完整，而不是互相利用對方。蛇也不會再將他們分離，蛇的存在就是為了促使他們去揭示那個神聖的力量——即神聖的存在或者創造者，而且這一切都是創造者的安排。

37 婚姻出軌的精神根源

在精神領域裡的男性和女性特質的混合導致了我們這個世界的感情出軌、背叛和性偏差。

顯然，沒有人喜歡他自己的感情出軌，紅杏出牆。不管我們多麼希望這個不幸的現象是一種純粹動物性的行為，事實上，在其背後都存在著一個精神的深層根源，因為這個世界中發生的每種現象都必須存在於精神世界。那麼這種感情欺騙的精神根源或原因是什麼呢？卡巴拉智慧稱這個根源就是那個「亞當靈魂的碎裂」。

這說明我們曾經完全統一在那個共同的亞當靈魂中，可是後來這個靈魂發生了破裂，分裂成了很多部分。這個「容器的破裂」導致所有分裂的部分都發生了兩種品格的相互融合。而結果是，此刻在每一個分裂的部分中都既包含了女性的部分，也包含了男性的部分。因此，男性部分包含女性部分，反之亦然。我們甚至有彼此的荷爾蒙！

這種我們的特質的互相混合，不僅導致了這個世界的感情出軌和背叛，而且也導致了這個世界上所有的性關係的偏差，即同性戀和不正常性認同。此外，這些現象在當今這個年代比過去表現得更為明顯，是因為人類已經到達了那個亞當靈魂自破裂而墮落到的「最低層次」所處的那個階段。

男性和女性的部分看不到他們應該如何真正互相影響。在理想的、精神的狀態中，男性和女性部分相互依賴對方。但是，在我們現在所處的狀態——也就是在靈魂分裂、下降並互相混合後——每個人都具有屬於他人的特質。這就是為什麼我們渴望從不同的來源獲得不同的滿足。

然而，如果我們超越對這些不同愉悅的尋求，渴望精神的滿足，那麼我們將看到誰才是我們在精神之路上真正的伴侶。這把我們帶到了那

句著名的經文，「男人、女人以及其間神聖的存在」。如果精神世界是人生的最高存在和終極目標，那麼他（或者她）將會找到生活中真正的伴侶，也就是自己的「另一半」，這樣他們將一起走在精神的道路上。而且，他們將一同達到與創造者的合一。

這聽起來像一個烏托邦似的神話，因為在我們目前所處的這個現實環境中，我們難以看到並意識到如何才能實現。但當我們堅持朝著改正並開始朝著精神世界的方向前進時，我們就會越發理解這一點，並創造出一個充滿信任和忠誠的未來，真正幸福生活的帷幕才會隨之開啟。

38 男人和鞋不會讓女人快樂

女人們真正想要的是什麼？開啟真正幸福的鑰匙就在妳自己的手上。

妳快樂嗎？是的，我在跟妳說話。今天，我想以開誠佈公的方式，以女人對女人的方式和妳談一談女人。我希望妳真的思考一下這個問題。妳真的幸福嗎？如果妳對自己誠實的話，妳的回答可能會是：「不，我不幸福。」也許妳已經實現了妳人生的很多目標：丈夫、孩子、令人羨慕的職業、經濟上已經獨立，過著一種健康的令人羨慕的生活方式；或者也許不是這樣，但不論如何，世界各地的許多婦女都在問自己：「我到底是怎麼了呢？」

最近一項對美國婦女的研究說明：「婦女們在經過 40 多年的女權主義運動之後，發現與 30 年前相比，儘管取得了各種現代的進步，但實際上卻變得越來越不快樂了。」（時代線上）

在過去的幾十年中，我們似乎已獲得我們想要的一切。我們想要更獨立，就有了婦女權利和各種各樣的教育和就業機會。然而，我們對生活卻變得越來越失望，越來越迷茫。另一個例子是我們對男人不切實際的期望。我們經常將男人看作我們幸福的來源，但大部分時間我們卻發現男人並不符合我們的標準，而且即使我們開始感到滿意，隨著時間的推移我們也會逐漸變得失望起來。

好吧，也許男人和令人興奮的職業生涯不會使我們快樂，那麼購物肯定會使我們快樂！但是我們大多數人現在都知道，消費是一個永無止境的陷阱，我們被購物消費一次一次地帶向「快樂的高峰」，但一次又一次隨之而來的「快樂的消失」把我們和我們周圍的人都帶到一種「筋疲力盡」的狀態。為什麼我們就是感覺不到快樂呢？難道是我們一直都在錯誤的地方尋找快樂和幸福嗎？

在某些時候，我們開始明白，也許我們在丈夫、職業或「消費品」當中找不到幸福。我們內在的本能在驅動著我們去尋找「某種更好的東西」，尋找生命中更偉大的目標。所以，我們開始把注意力轉移到各種各樣的精神課程、心理學、靈性、自我成長書籍和瑜伽或冥想等等之上。但是，在經歷很多次失敗的嘗試後，我們發現我們找到的與我們內心深處真正渴求的真正滿足之間還是存在著巨大的距離。這就是現在的妳嗎？

我們到底在尋找什麼？

如果現在我告訴妳到目前為止發生在妳身上的這一切都是事先被預定好的，這一切就是為了將妳引領到妳現在所處的這個狀態：一個妳已經耗盡自己所有的努力，妳一直試圖去找到快樂和幸福，但無論如何妳仍然感到不快樂這樣一個境地。如果我來告訴妳女人的快樂和滿足，並不在鞋、衣服、化妝品、假期、男人或瑜伽及冥想打坐上；而且這一切也都永遠不會將妳帶到女人最渴望的那個精神滿足上的話，妳會怎麼想呢？

在我們這個時代，我們開始看到，唯一可以使一個女人真正快樂的時刻，是她與某種更高的力量直接接觸的時候，我們將那個更高力量稱之為大自然或創造者，而且它是一種我們已經和它疏遠了很久，現在正在絕望地尋找的東西。

即使我們擁有了現代文明帶給我們的所有東西，並且已經實現了我們所有的物質能帶給我們的所有目標，我們仍然感到一種永遠沒有滿足的內在的空虛。因為一個女人的精神根源是一種「絕對接受的願望」，或者如卡巴拉智慧所解釋的，是一個創造者創造出來的為了將它裝滿快樂的「容器」，感覺空虛是我們的容器（靈魂）真正的自然本性，因為如果不感覺空虛，就不需要任何東西去填充（去滿足）它。創造的一切都是為著這個唯一的目的，就是給我們女人（宇宙普遍的接受的願望）帶來快樂。

我們追求快樂滿足的願望正是那個在整個人類歷史中，將我們從最

早的原始社會形態發展到如今這種狀態的背後的驅動力量。不過，因為我們現代的、集體的自我，我們對快樂的渴望，已經增長到如此之大，所有過去那些曾經能夠滿足我們的事物，已經變得不再能滿足我們。今天，我們需要的是真正的精神滿足，除此沒有別的。

找到真正的滿足

每一次我們嘗試在這個世界中找到任何快樂得到滿足時，我們都是在接觸那個更高的力量，也就是我們真正想要的那個創造者。我們所有的發展和我們對快樂的搜尋的整個目的，就是為了使我們到達現在這個快樂耗盡之點，這一特別之點就是當我們用外部世界的任何東西都不能使我們滿足的時刻。也就是在那個時刻，我們才有機會開始向內心去搜尋，開始一個實現真正、完美、永恆的滿足的征程。

卡巴拉智慧是一種實用的方法，可以指引一個女人如何以一種有意識的、主動的方式實現和她精神的根源的重新連接。它可以指引我們如何做一件從來沒有嘗試過的找到永恆的滿足的方法，這件事就是為取悅創造了我們的創造者而去接受快樂。當我們將我們接受的意圖從「為了自己」切換為「為了別人」時，當我們在別人的快樂中找到我們自己的快樂時，我們感受到的快樂將會是呈指數級增長及永恆的。所以，為何不少去一些商場、放下最新出版的《10個達到幸福人生的步驟》等書籍，開始學習卡巴拉智慧，花一些時間去探索妳的女性慾望背後隱藏的精神的根源呢？

39 女人，（精神的）生命之源

女人總是想要某種東西。對此，我們已經習以為常，不再追問這是為什麼？

一份發表在《幸福雜誌》上的研究報告說明，雖然婦女在成人生活的開始時比男人更快樂，但是到了中年時，她們的幸福感開始下降。研究分析說明，這是有關幸福的兩個因素——財政和家庭因素導致的，並且說明男性和女性有著不同形式的願望。換句話說，男女的慾望是不同的，滿足它的方式也是不同的。

如果我們尋找一種模式，我們會發現男人更容易傾向於因物質形式的實現而感到滿足，例如消費品、漂亮的家、華麗的汽車、旅遊、體育等等。雖然婦女也希望擁有這些東西，但她們的總體趨勢是渴望得到更多其他的非物質層面的東西。隨著婦女的成熟，她們意識到物質的東西不會帶來持久的滿足。不管她們賺多少錢，她們的婚姻是多麼地美好或職業生涯如何成功，她們還是可能會感到不滿意。

一個女人的認知

實際上，女人是以和男人不同的方式感知一切的。她有更多附加的見解，因為是她孕育並產生新生命。這在物質世界中很明顯，在精神世界也是同樣的。一名女性，做為「新生命」的來源，也更直觀地感覺到對新的精神生活的渴望。另一方面，男人則必須更加努力地工作來協助女人發展這種願望，因為這不會自然地出現在他們心中。

以上所說的婦女具有的對精神的願望，正是為什麼她們快速變得對任何事情都不滿意的原因。自覺或不自覺地，婦女開始搜尋一種更深層次的滿足，從而導致其持續地感覺到在這個物質世界中，沒有任何東西

能夠滿足她們。

男人、女人和精神的滿足

對精神的渴望來自於一個人心靈的最深處。卡巴拉學家們將它稱作「心裡之點」，它是精神的一個小小的「火花」。一旦它被喚醒，在一個合適的環境中，它就會繼續長大，將我們引領到一個更高的精神世界，直到它滿足我們整個的體驗和感知。

男人和女人都能感覺到這種願望，但女人更有可能認真地追求它。一旦她感覺到這個新的願望所提供的新的可能性，她就迅速聚焦並轉向它。她直覺地意識到它是唯一可以帶來持久滿足、充實和真正的幸福的東西。

然而，一名女性不能在孤立中獨立發展這個願望。她是透過與周圍的人分享她對精神的渴望來發展它的。她能夠透過點燃其他人的激情來揭示和達成精神世界，從而實現她做為生命的起源的女性角色。

不會令人驚訝的是，男人可以透過從女性那裡吸收的方式來發展他的精神願望。然而，與女性不同的是，男人的天性不是基於願望，而是為了滿足願望。因此，當男人發展其精神的「火花」，他們使女性的願望得到滿足。這是因為在精神世界裡，是沒有身體的，而只有願望和品格。透過實現其精神的本性，婦女提供精神的願望，而男人則提供對那個願望的滿足。

這就是男人和女人在精神上是如何互補的，並使彼此達到一種完美的、無限的、滿足的狀態。

40 我們為什麼這麼專注於性？

性的精神根源是靈魂與創造者的合一。

在精神世界中，靈魂和光是處在合一的狀態中的，這種合一叫做Zivug——「交合」。它構成了創造物的兩個部分——男性和女性之間——的結合，而且這也是所能達到的那個終極的快樂——創造者的光滿足創造物——靈魂。

這種精神的交合在我們這個物質世界也有著分枝或某種複製。這就是為什麼我們這麼專注於性——它也是這個世界上能體驗到的最大的愉悅，並且是這個世界上我們所有的願望（慾望）的根源和基礎。

性是我們所有思想的基礎，因為它的根源在於靈魂和創造者之間的融合。這種融合是自然最終要實現的目標，這個世界上發生的、正在發生和將要發生的所有一切都取決於這個終極的目標。這就是我們無法停止去思考性的原因，我們對異性的吸引和快樂同樣來自於這個最終狀態——和創造者的融合，稱做「Zivug」（永無止境的性的聯合）。

我們從性中獲得的感覺是肉體滿足和精神滿足之間的區別的一個很好的例子。我們花費了那麼多時間和努力去想性，我們想像它會帶給我們巨大的快感，但事實上我們一旦達到性滿足的頂端（性高潮），我們的愉悅就立即消失在空中。當我們正準備好去享受這種美妙的感覺時，它就結束了，消失了，然後我們不得不再次為下一個時刻的愉悅而努力。

這就是在這個世界裡所發生的，因為就在快樂滿足渴望它的那個願望時，立刻使渴望中和消失了，就像電路的正負兩極接在一起短路一樣。而一旦不再有渴望，我們也不再感到快樂。它讓我們感到空虛，而隨著人生的延續，這種空虛感只會變得越來越強烈。因此，正如卡巴拉智慧解釋的：「人們在離開世界時，他連一半的願望都沒有實現。」

　　而精神的滿足的過程卻是非常不同的，因為在精神世界的存在，意味著是為了滿足創造者（它給你帶來「光」，「光」使我們感覺快樂）而去接受那個「光」。於是，在精神世界裡，精神的性交合是持續恆久的，它會一直變得越來越強烈。因此，人感覺到一種持續強烈的永恆的和完美的滿足。顯然，這和我們在這個世界感受到的性愉悅是非常不同的，在這裡我們只能感到伴隨空虛而來的短暫快樂。

　　這就是為什麼卡巴拉智慧解釋說，自從人類從精神世界降落到這個世界後，只有那些再次到達精神世界的人仍然能感覺到性愛帶來的真正快樂。當創造的兩個相對立的部分——男性和女性（陰和陽、接受和給予）——融合在一起並被共同的「光」（快樂）所充滿時，才能獲得真正的精神滿足。

　　潛意識地，在我們的靈魂層面，我們都嚮往著這種交合，因為實際上我們也是為此才被創造成現在這個樣子的。在某個階段上，特別是當我們耗盡了在物質世界的願望，我們都會開始渴望到達精神世界，因為那是我們將找到的唯一的、真正的、永恆的快樂的地方。

41 兩性之間的戰爭

「男人是家庭的頭！」，「不對！婚姻關係的一切都取決於女人。是女人生了男人！」等等。誰對誰錯呢？又是誰在真正主宰婚姻關係呢？

卡巴拉說：兩者都不對！在一個健康的婚姻關係中，創造者才是那個真正支配一切的力量。但是，你可能會問，創造者是什麼？創造者與我們的婚姻關係有什麼相干呢？

根據卡巴拉智慧，「創造者」指的是一種無條件的愛和給予的品格。而當配偶雙方想要達到這種品格時，他們將超越各自的自我，也就不再需要爭辯誰對誰錯了。如果創造的目標是為了使創造物（我們）實現愛和給予的精神品格，那麼，夫妻雙方互相之間的謙讓就變得很容易了。

事實上，透過共用這一超越各自自我的共同目標，他們開始變得更愛彼此，因為透過追求那個絕對的愛和給予的品格，我們擴展了我們自己愛和給予的能力。但最重要的是，我們學會如何用愛和給予來回報創造者。

這種關係改變了兩性戰爭的規則：獲勝者是那個付出愛最多的人。這不但將結束兩性之間幾千年來的戰爭，而且會給夫妻婚姻生活帶來真正的幸福，只有這樣家庭才能和諧，社會才能和諧。

42 為什麼愛總是帶來傷害？

「當一個人墜入情網時，總是以欺騙自己開始，而以欺騙他人終止。這就是世人所謂的浪漫。」

——奧斯卡・王爾德

愛總是在傷害我們，因為在我們的這個世界，愛情是建立在滿足自我需要的基礎之上的。無論我們是否意識到它，我們的愛總是帶著某種利己的算計：「這值不值得我這麼做呢？」即使是當一個人如此神魂顛倒地願意為自己「真愛」的人獻出自己的生命時也是如此，那個位於這個決定背後的算計仍然是以自我利益為基礎的。這是因為自我構成了我們整個人類的本性，而且我們永遠無法在這個世界的層面上超越它——甚至對那些我們最愛的人也不行。

就拿在我們的世界中最「利他」的一種愛——母親對她的孩子的愛舉例來講。仔細觀察時，我們會發現很明顯這份愛與那個母親的個人利益密切相關，因為她只是喜歡她自己的孩子，永遠無法從鄰居的小孩那裡得到這種相同的愛的感覺。我們與配偶、親人、朋友甚至與整個世界的關係都是基於這種「這樣做對我有什麼好處？」這一利己主義的算計原則。

然而，當我們在尋找愛時，我們卻真的希望找到那種純粹的無條件的愛。但由於這已經超出了我們的本性，所以，愛總是以傷害我們做為結束。

但是，如果我們能夠開始超越我們的本性來看待這件事，我們會發現有真正的愛這樣的事存在——卡巴拉學家們則可以向我們展示如何找到通往那裡的方法。卡巴拉智慧將指引我們找到這種無條件的愛——來自另一個世界的愛。

　　如果一個人想感受另一種對別人的真正的愛，一個人必須將其他人看作共同追求一個更高的、完整的、永恆的目標的合作夥伴。然後一個人會將那個合作夥伴看作更高的、完整的和永恆的夥伴。

　　換句話說，需要一個真實的、永恆的目標，來創造一種真正的、永恆的愛。

VI
戰爭與和平

人類的歷史，某種意義上講的就是戰爭的歷史。歷史從時間上可以劃分兩大塊：一塊時間是人類在從事戰爭，另一塊時間是人類在為戰爭做準備。人類一直在渴望和平，但和平的願望最後都化為戰爭和苦難。雖然，戰爭的形式在不斷發生著變化，但實質卻沒有變，都是為了獲得或維護某種利己主義的利益！但是，在全球化的今天，再也沒有人可以做到打擊「敵人」而不傷及自己，現在的戰爭就是在傷害自己。但是，有一場終極的戰爭必然也必須要打，不經歷這場戰爭，真正的和平不可能到來！但它可以不發生在外部，它可以只發生在每個人的內心中！當這場戰爭結束時，人類渴望的真正的和平就會到來。

43 在俄羅斯和喬治亞的戰爭中誰才是真正的敵人？

　　我們能夠將手指指向任何方向，但是我們卻無法「在手指所指向的」任何地方找到真正的敵人，因為真正的敵人就在我們內心中。卡巴拉智慧提供了一種新的戰略來反擊真正的敵人的進攻。

這不僅僅是喬治亞（前蘇聯加盟共和國）的事

　　我們大多數人從來沒有聽說過備受爭議的這兩塊領土——南奧賽梯和阿布哈茲，俄國和喬治亞之間的戰爭似乎只是另外一場地域性的衝突，但是正如處於全球化時代中的其他事物一樣，整個世界都參與到了這次衝突之中，而且每個人都很關心這次事件的結果。

　　「如今在喬治亞發生的一切將會影響到整個世界的秩序，對於整個世界來說知道這一點十分重要。」喬治亞內閣大臣特莫爾・亞克巴斯夫裡（Temur Yakobashvili）說道，「這不僅僅是喬治亞的事，也關係到整個世界」（《時代》雜誌）。這場戰爭遊戲的所有參與者都會失去或者得到某樣東西，而且相應地，在這場戰爭中誰對誰錯每個人都有著自己的觀點。美國依賴喬治亞在伊拉克的軍隊的支持。歐洲十分依賴俄國的能源供應。以色列和喬治亞長久以來有著穩定的合作關係，但是也需要俄國做為同盟國在反擊伊朗核威脅上給予支持。東歐國家如波蘭十分依賴俄國的資源，但是他們也最容易受到「老兄弟」的欺負。

　　在這場戰爭中當要決定支持哪一方的時候，各個國家都會有一些顧慮，而媒體的報導也正好反映了這其中的複雜性。對於在高加索地區（俄羅斯南部地區）真正發生了什麼，到底有多少人員傷亡，誰對誰錯，起初發動這場戰爭的原因是什麼，還有這場戰爭最終將造成的長遠後果是什麼，這些問題從來都不缺少觀點。但是這場戰爭真正的起因是什麼？而且真正應該受到譴責的人又是誰呢？

瞭解你真正的敵人

根據卡巴拉智慧，無論你如何解讀事實，無論你譴責誰，總體上來說，每個牽涉進戰爭裡的人都是一個最大侵略者的受害者。而那個侵略者就是我們人類自身的利己主義。當政治學家、經濟分析師、社會學家們匍匐在書桌前撰寫錯綜複雜的報告時，他們著眼的地方都是完全錯誤的。他們都在判斷外在的結果，在事物的結果層面打轉，卻忽視了內在的真正起因。人類的利己主義才是那個無形的但卻是真正詭計多端的罪犯，它迫使人們互相爭鬥，使國家之間產生摩擦，並使得許多無辜的平民百姓成為了戰爭的犧牲品。利己主義是一種在我們的本性中根深蒂固的力量，只要這種力量還在驅動著我們，我們就會不斷陷入難以和解的衝突和戰爭之中，真正的和平也不會到來。

通往和平之路

事實上，我們的利己主義本身最終會讓我們意識到我們必須擺脫它。但是如果我們繼續等待著它自己從我們身上脫離出去，我們只是在為更大的衝突和戰爭製造機會。正如我們通常說的那樣，這樣的衝突和戰爭會變得越來越全球化。繼續走在這條路上，我們的利己主義會逼迫我們陷入更大的苦難之中，但無論如何，其結果仍然會迫使我們瞭解到我們必須克服它帶給我們的影響。卡巴拉智慧提供了另外一條路徑——透過自由選擇而轉變。我們能夠獨立地超越我們的利己主義，並且開始在更高的意識層面上消除我們之間的分歧，而不是等待著更多的苦難讓我們信服我們應該放棄利己主義。選擇這條道路，我們將順利而愉快地朝著一個互惠互利以及給予的新世界去發展。

透過卡巴拉智慧提供的方法，每個人都能學會如何超越利己主義並且系統地產生對我們的現實的一種新的感知。正如戰爭的後果與每個人息息相關一樣，它的起因也是每個人的責任。因此，卡巴拉學家們提出的可行方法是公開傳播這一種方法，這種方法能夠讓我們提升到高於和我們敵對的利己主義之上，並且將我們引導到一個真正和平的現實中去。

44 從種族不和到精神上的和諧

　　為什麼我們生來就各不相同？到目前為止，這樣的不同帶給我們的似乎只有分裂。卡巴拉智慧解釋了如何將這些碎片再一塊一塊地重新拼在一起。

　　2008 年的總統選舉將美國一個最令人不快並長期存在的社會問題帶到了最前端：那就是種族不平等、種族歧視以及種族主義的問題。《中國郵報》報導稱：「儘管對種族主義的公開討論在選舉活動中很明顯是禁忌，但是大多數細心的人都知道，許多美國人腦中這種有意識或者無意識的思想是影響他們投票決定的重要因素。」

　　一方面，美國經歷了一段漫長的殖民地時期，那個時候奴隸、種族分離、印第安人居留地以及俘虜拘留所都是常見的現實。儘管如此，如果你跟任何一個美國種族的代表談話，他們很可能會說當處理和其他種族之間的問題時他們也感覺到了種族主義所帶來的痛苦。

　　每一天，媒體都充斥著仇恨和犯罪的報導，這些犯罪都是基於人種或者種族劃分的原因而引起的，因此受害人都具有目標性。

　　在美國，成百上千的白人至上主義者、分離主義者、種族主義者和仇恨組織公然活動，宣稱他們有言論自由的權利。

　　2006 年南方貧困法律中心的情報組統計出美國有 844 個活躍的仇恨組織。這其中包括了像三 K 黨（The Ku Klux Klan）、國民聯盟黨（the National Alliance）、國家社會主義運動（National Socialist Movement）以及雅利安民族黨（the Aryan Nations）這些臭名昭著的組織。這一現象牽涉到了很多人——無論是美洲原住民，還是亞裔美國人、非裔美國人、拉丁美洲人、猶太人、穆斯林、美國白人等等都包括在內。

　　當然，美國不是世界上唯一存在這一問題的國家，而且很可能在達

爾富爾（蘇丹地區）這樣的國家裡種族主義的表現會更為激烈，在那些地方種族歧視甚至會導致種族滅絕。

然而，在美國種族不平等和仇恨的問題會表現得更為尖銳一些，因為美國一直是一個多種族的國家，被普遍稱為「大熔爐」，從一開始，它就是一個完全的混合體，其中混雜著不同的種族和不同國籍的人。

但是，近年來，種族仇恨的問題不但沒有得以解決似乎反而愈演愈烈。南方貧困法律中心的調查報告顯示，「由於美國種族仇恨的水準令人昨舌，使得 2007 年成為了又一個象徵性的一年」，「美國活躍的仇恨組織的數量和去年相比，增長到了 888 個，自 2000 年以來上升了 48%。」

如果在美國這樣一個最適宜解決這種問題的理想的背景下，美國人仍無法解決其自身的種族歧視問題的話，那麼其他的國家又有什麼希望能夠除掉這個惡魔呢？難道我們註定要因為我們天生的特點，如膚色和種族來源，而永遠憎恨、彼此傷害下去嗎？

超越分歧向著和諧共同前進

「……創造的目的落在了整個人類的肩膀上，無論是黑人、白人還是黃種人。」

——卡巴拉學家耶胡達・阿斯拉格（巴拉蘇拉姆）

「The Arvut」（《互相擔保》，「Mutual Guarantee」）

卡巴拉智慧解釋說，對其他種族的憎惡源自於我們自私自利的天性，這一天性會讓人不自覺地討厭與自己不同的人，喜歡和自己相同的一類人。我們自私自利的感知會令我們將所有與我們不同的人都看作異己分子，將其與我們分開，並認為他們與我們沒有任何關係。

然而，卡巴拉學家同時也解釋說，我們所有人都是互相緊密聯繫在

一起的，並且做為一個完美而和諧的有機體存在著，多虧了我們之間的不同，才能精確地創造出一個這麼完美而和諧的有機體！換句話說，只有當對立面都能統一在一起時才能創造出和諧。

有了這種認知，我們的處境就變得十分簡單：我們之間生來就有許多不同點，我們不應該也不能消除這些不同，因為不管我們多麼努力，這也是不可能實現的事情。相反，我們應該找到將我們的不同點連接起來然後達到一種完整統一的和諧方法。

卡巴拉學家並不是空想家，不會不顧我們的天性，就期望我們熱愛我們之間的分歧。事實上，他們真正要說的是，我們目前的天性將永遠不會使我們能夠以這種方式彼此聯繫起來。

唯一能將我們的不同融合在一起的方法就是轉變我們的天性。我們必須上升到高於我們狹隘的自私自利的感知高度，看到一個更為廣闊的圖畫：也就是現實的精神層面。

換句話說，我們必須首先發展一種超越我們利己主義之外的新的感官，接著我們會發現正是我們之間的不同和多樣性創造出了一幅完美而和諧的圖畫，卡巴拉學家將這一圖畫稱之為「人類的共同靈魂」。

到那個時候，我們之間所有的不同都消失了，因為它們會被一個統一的更高的品格團結成一個整體，正如巴拉蘇拉姆所寫的那樣，「……世界上所有的機體將會團結在一起形成一個單一的、統一的機體，而且只有一個心。只有到那個時候人類所有應該得到的幸福才會在無上光榮中降臨並被揭示出來。」（《自由》，The Freedom）

接下來我們會瞭解到為什麼我們生來就不同，並且學會正視這些不同點的存在。我們的感知將會從狹隘的「與我不同的東西就是與我背道而馳」的認知提升到「與我不同的東西能夠彌補我的不足並且跟我一起創造出和諧」這樣一種新的認知。

45 正確地打擊恐怖活動

從卡巴拉學家的角度來看，恐怖活動正是迫使我們去看醫生尋求治療的頭痛病。如果現在在我們頭痛時不去就醫，等到它變成週期性偏頭疼的時候，我們就不得不去了。

用正確的方法打擊恐怖活動是一個矛盾的說法：因為你無法打擊恐怖活動，所以，就沒有什麼方法可以講是「正確的」了。為什麼它是不可能的呢？因為恐怖主義的出現是有目的的。因此，無論受害者們什麼時候找到抵抗恐怖的新方法，恐怖分子總能找到應對這個新方法的更新的方法去實施新一輪的恐怖活動，道高一尺，魔高一丈，而這通常會造成更大的破壞、混亂和恐懼。

恐怖主義出現的目的與我們這個世界中存在的每一種「邪惡」的目的一樣：當我們快要無所事事的時候迫使我們遠離自鳴得意的狀態，並迫使我們重新審視處境。如果你能從卡巴拉智慧的角度看世界，那麼整個人類就是一個單一的統一的有機體系，而恐怖分子就是這個身體的頭痛病，它使得我們不得不去看醫生尋求治療。要是我們在出現輕微頭疼的時候不去看病的話，那麼等到它變成週期性偏頭疼的時候我們就不得不去了，而且很可能已經晚了。

正如已經被科學所證實，而數千年來卡巴拉學家一直所熟知的那樣，宇宙是一個統一而且互相依賴的單一體系，其有效的運作依賴於其各個構成元素之間持續的互惠互利的行為。系統對每一個元素的照顧維持著這種互相依賴和互惠互利的關係，同時，每一個元素也將自身的力量貢獻給整個系統，以保證系統的健康良好運行。那麼，「**人人為我，我為人人**」的原則正是那個支撐著一切的平衡機制，包括地球上所有的生命形式。

然而，人類卻是唯一能夠選擇違背這個自然的互惠互利的法則而行

事的物種。**人類能夠選擇是去關心他人（利他），還是關心自己（利己）。** 由於我們選擇了只關心自己，我們便將自己放在了與整個自然的運作法則完全對立的位置上，由此我們的行為法則顛倒為「**人人犯我，我犯人人**」。反過來說，透過選擇關心他人，我們會自覺地與那個互惠互利的自然法則保持同步。是否按照整個自然的規則行事由我們自己選擇，但是如果我們由於選擇了與自然相對立而令我們自己不快樂，那麼除了我們自己真的沒有其他人可以去指責。

所有這些並不意味著恐怖分子是試圖讓我們看到真相的好心人。這其中的含義是，如果只想著為我們自己牟取利益的話，最終只會導致各種災難和危機，包括恐怖活動來打擊我們自己。從以自我為中心的觀點來看，如果我不喜歡美國總統，就向美國投一顆原子彈，如果鄰居家的狗在我家的草坪上拉狗屎，就朝鄰居的胸膛開一槍，或者因為我今天被錯怪了，我就要殺掉數十個小學生出氣。但是這樣做真的會令任何人快樂嗎，即使是那些做錯的人？

要獲得幸福，我們需要與自然法則同步。這樣做有許多益處：

第一，自然本身會支持我們，而不是像現在所做的一樣，自然在反對我們。

第二，和整個大自然一樣，人類整體將會保證每一個人在每一層面上的幸福，包括身體層面、情緒層面和精神層面。

本著這種精神，卡巴拉學家耶胡達‧阿斯拉格（Rav Yehuda Ashlag，巴拉蘇拉姆 Baal HaSulam）在他題為《世界的和平》的文章中寫道：「**首先，每個人都必須完全理解並向其周圍的人解釋，社會的幸福、國家的幸福和世界的幸福，它們三者之間都是完全互相依賴的。只要社會的法則不能令國家中的每一個個體都滿意，而且不能讓一個國家中的某些少數人滿意，那麼這少部分的人就會試圖推翻它。**」因此個體的健康幸福、國家的健康幸福和世界的健康幸福都是互相依賴的。只有我們

所有人都下定決心共同努力去建立一個巴拉蘇拉姆所描述的那種社會時，我們才能取得成功。

第三，如果我們選擇與整個自然同步，並且致力於令我們的同伴幸福，那麼，我們的行為方式就會變得和自然法則和諧一致。也就是說，我們的行為方式會和自然法則趨同——互惠互利，互相依賴，而不是以自我為中心，自私自利。這樣做會讓我們過上舒適得多的生活；由於這種生活態度來源於我們自己的選擇，我們也會獲得有關那種模式的知識，獲得對整個自然的知識以及獲得整個宇宙的創造者的思想的知識。畢竟，在卡巴拉智慧中，Elokim「上帝」和「大自然」是一樣的，上帝就是大自然，大自然就是上帝。

46 糧食危機——人類持續增長的饑餓

　　當前的糧食危機在最近的新聞中被描述成一個「無聲的海嘯」。卡巴拉智慧能解釋該問題產生的根源，並告訴我們怎樣避免這個日益嚴重的威脅。

　　實際上，糧食短缺從來就不是一件什麼新鮮事——從法老統治的埃及時期起，它就是人類歷史的一部分。僅在過去的五十年，在非洲和亞洲的饑荒中，就已奪去數百萬人的生命。那麼，今天世界首腦們對當前的這個狀況為什麼會感到這樣震驚呢？

　　形成鮮明對比的是，在古代法老時期，埃及的饑荒不會影響在美洲平原上生存的遊牧部落。而今天的危機，無論發生在哪裡，卻都會波及整個世界。全球的糧食價格在過去三年中已上漲了百分之八十三，使得世界上最窮的國家已無法養活其人民。遍及各大洲七十多個國家正面臨著嚴重的糧食短缺。此外，饑荒不再僅限於第三世界國家。即使像美國這樣發達的國家也正面臨飛漲的食品價格，那些曾經安逸的中產階級將會變得窮困。這一次，饑荒可真的是全球性的。

製造危機

　　專家們已經指出了許多導致這個危機的因素，但明顯的事實是——對食品的需求的增長速度遠遠超過供應量的增加速度。現如今地球上大約有七十億的人口。這意味著人口跟五十年前比起來已經增加了一倍多。看來，要填滿的嘴還真不少啊！

　　另外，我們的消費模式也在不斷地改變著，而美國一直在引領著這種消費模式。美國人不停地在吃、吃、吃！今天，百分之六十四的美國人已經極度肥胖或超重。然而，問題不在於我們吃多少，而是我們吃的

是什麼。給我們提供漢堡、牛排及乳製品的那些牛消耗著非常多的穀物。這意味著可供人類消費的穀物更少了，而且能用做生長莊稼的土地被用作牧場來飼養牛。

隨著像中國、印度這樣的發展中人口大國變得更加富裕，他們也學著採納了發達國家的那種過度飲食模式，這給糧食供應施加了更大的壓力。肥胖在全球範圍內正在迅速增長，而且對肉的需求量也在猛增。

最終導致的實際結果就是估計有一億人的基本生存需要援助。現在，每五秒鐘，饑餓就奪去一個孩子的生命。而當父母沒有能力餵養自己的孩子時，就會感到十分絕望。從倫敦到葉門，從墨西哥到非洲，一波接著一波發生了抗議事件，甚至在幾個國家演變為暴力事件。

看起來讓人難以置信的是在 21 世紀的今天，人們還在為食物而爭鬥，兒童甚至會被餓死。但事實上，你也許會覺得震驚的是，這個地球是有能力餵飽每個人的！今天，全球的農業為每個人生產比 30 年前多 70% 的卡路里。根據 2008 年 5 月 8 日 CNN 的新聞報導，傑出的經濟學家 Jeffrey D. Sachs 估計，發達國家中的每個人只要花 10 美元就可使非洲的糧食生產加倍。然而，看樣子這些富裕的國家正在「讓那些最貧窮的人繼續停留在他們的苦難當中」。

雖然，原則上看來每一個人都能夠幸福地生活，但現實卻是，我們大量的資源在被相對少的人消耗著，而很多人卻連生活必需都得不到滿足。

展望全局

卡巴拉智慧告訴我們，在我們沒有瞭解到問題的根源——也就是我們利己主義的本性之前，我們無法解決任何問題。那些已經上升到利己主義之上並達成了自然的利他力量的卡巴拉學家們解釋說，這個利他主義的力量一直在持續不斷地推動著我們與它恢復平衡。然而，也就在同時，我們的利己主義也正在不斷地增長著。**我們的利己主義的本性和自**

然的那個更高的利他力量之間的差距造成了我.們所看到的在周圍發生的所有形式的危機：無論是經濟的、生態的還是糧食的危機。

一些人試圖透過外在的行動來解決問題，比如透過捐贈食物或者金錢，但這僅僅能在問題的表面上劃個痕跡，抓抓癢而已，並使那個產生問題的真正根源變得愈加模糊起來。**如果我們不改正造成問題、自己的自私自利的本性，我們就無法真正解決任何問題。**這種不平衡將不斷加劇，問題將更加惡化，而越來越多的人將會遭受越來越大的痛苦的打擊，直到世界上沒有任何一個人能夠逃脫痛苦的打擊。最終，苦難的程度將達到其頂峰，而我們最終還是將被迫著不得不意識到我們面對的所有問題的起因都是源於同一個根源——也就是我們利己主義的本性。那麼，我們如何才能避免這種狀況出現呢？

創建一個新的解決方案

卡巴拉智慧建議我們可以透過採用一個新的解決方案來扭轉目前的這種形勢：這樣就能夠在痛苦還沒有發展到不給我們選擇餘地之前，決定改變自己自私自利的本性。卡巴拉智慧提供的方法就像放大鏡那樣，可以幫助我們「放大」並找出問題的根源。卡巴拉智慧教會我們怎樣依賴與自然和諧來發展——怎樣感知到我們自身也是做為一個單一的人類身體的一部分，而不是分離的個體存在著。

糧食危機只是我們增長的利己主義和推動我們以一個統一身體來運作的利他力量之間不和諧的一種外在反映。這說明問題出在人們之間的相互關係上。目前人們並沒有感到他們之間內在的這種相互聯繫——這就導致有些人在別人挨餓時，卻只顧填飽自己。

想像一下這會是什麼樣子吧，假設那些過度消耗的人突然體會到那些飽受饑餓的人的悲痛。你認為，我們需要多長時間能夠處理好這個危機呢？過度消耗幾乎會立即停止，而每個人都會盡力去維持他人有充足的食物。

　　對於我們而言，承認我們自己才是造成我們自己的所有苦難的原因並不那麼簡單。在接受這個唯一真正的解決方案之前——也就是意識到改變自己本身利己主義的本性的必要之前，我們仍將會去嘗試其他方法。因此，卡巴拉學家給我們提供了一種能使我們上升到自己的利己主義之上並看清我們面對的真正的現實的方法。那麼，我們不僅不會與那個更高的力量相背離，而且將會發現它帶給我們的美好，並主動地推動這一進程。

47 飲用水危機——我們都處在水深火熱之中

最近的調查研究顯示，我們開始思考我們的水龍頭，甚至瓶裝水，就像一個多功能的藥店一樣。無論這是抗抑鬱劑還是抗生素，是處方藥還是成藥，都能在飲用水中發現——如果其他人正在吃，那麼你也一樣。

透過水聯繫起來

CNN 一篇題為「在遍佈美國的飲用水中發現了處方藥物」的報導中公布了美聯社做的一項調查結果：「在至少四千一百萬美國人提供的飲用水中發現了大量的藥物成分——包括抗生素、抗癲癇藥物、情緒穩定劑和性激素等。」

雖然研究集中在美國，但是很明顯世界各地的情況都是一樣的。近年來，處方藥物的用量上升到了前所未有的高度，而且許多非代謝變化或者從未使用過的藥物被沖進了我們的各種水源。即使在賣給消費者之前，這些水被處理過，但仍然會有少量的藥物殘留在水中。CNN 報導稱：「就算是瓶裝水和家庭過濾器的用戶也不一定能夠倖免。」

你很可能已經知道藥物並不總是有益於健康。「近來實驗室研究發現，少量藥物已經影響到了人類胚胎、腎細胞、人類血細胞和人類乳腺癌細胞」，這篇 CNN 的報導這樣解釋說。而且很明顯，污染我們水源的藥物也會「傷害國家境內和全球範圍內的野生生物……」

試著將這個一飲而盡

我們瞭解全球化，甚至知道蝴蝶效應，但是隨著這一新研究的深入，擺在我們面前的是一個幾乎超現實的畫面，這一畫面無法被輕易納入到常識的範圍之內：它就是另外一個人的藥物消耗量等於我的藥物消耗量，

另外一個人的健康狀態直接影響著我的健康狀態，而且發生在另外一個人身體上的狀況也會直接影響到我的身體狀況。

這一次，我們不是在討論不確定的心理效應或者某種抽象的「互相關聯」，人們常常將這種互相關聯和全球化進程聯繫起來。相反，我們有確鑿而不可否認的證據證明我們的身體和健康直接和生活在地球上所有其他人的身體和健康互相關聯，互相依賴。

所以下一次你看見某個人在吃藥的時候，你可以想像你和他一起在吃藥。

穿過水的表面觀察

雖然對飲用水的最新研究可能會令人十分震驚，但是這一研究只是讓我們看到了整個畫面的一部分：這說明了我們彼此是如何在外部互相聯繫起來的。事實上，我們看到的只是我們內在聯繫的一種在物質層面的反映。如果知道我們在內在是如何互相聯繫、如何互相依賴，我們將會更加驚訝。

卡巴拉學家解釋說，我們的現實被分成了兩個部分：被揭示的部分和被隱藏的部分。而等待著我們去發掘的最大秘密是我們之間真實的內在聯繫，即在我們靈魂層面上的聯繫。在那個層面上，我們所有人都彼此連接成一個整體——一個精神的軀體，而我們每個人都是這個軀體裡的組成細胞。

一旦我們發現了這一聯繫，我們就會知道並且感覺到世界上的每一個人都是依賴於其他人的美好意願而存在的。因此，飲用水危機只是我們朝著意識到，在我們地球文明這個單一的統一的「有機體」內，我們所有人之間的聯繫是多麼緊密邁出的另一步。

_48_ 什麼在前方：衝突還是和平？

最近發生的很多事件說明人們的憤怒和不滿可能在世界的任何地方、在任何一個時刻都會爆發。很高興的是，存在著一種替代暴力衝突的方法。

2010 年 12 月，200 多個憤怒的工人在突然被解雇又沒有收到最後的薪酬或福利的情況下「和平接管」了芝加哥共和門窗廠。在這個不尋常的狀況發生後，在數百位工會成員、官員甚至是當選總統歐巴馬的支持下，這次為期六天的佔領行為最終以工人們的勝利而告終。

試想一下僅僅四個月前，美國公民只是為了獲得理應得到的報酬需要訴諸武力「佔領建築物」，如果這種事在其他不同情況下發生的話，後果將會是什麼？

我們不用去到很遠的地方去尋找答案。不論是否巧合，就在芝加哥發生「佔領建築」衝突的同時，一個更劇烈的抗議活動在希臘雅典發生了，起因是在一個員警槍擊一名少年的事件發生後大眾發動的抗議活動。憤怒的民眾估計造成了超過 10 億美元的損失。

在雅典發生的事情開始在希臘全國各地迅速蔓延，然後蔓延至其他歐洲國家，包括西班牙、丹麥、法國、義大利和德國。媒體將這次事件描寫為人們內心深感不滿的發洩，這種不滿在金融危機中被加劇了，是金融危機導致的大規模裁員，以及對即將到來的其他壓力之恐懼的結果。

情況會變得越來越糟嗎？

它們肯定會變得越來越糟。就在歐洲暴動之前的 11 月出版的，由牛津研究集團在 2008 年所做的有關國際安全的報告警告說：暴力抗議可能在世界範圍內發生。引用暢銷著作《引爆點》（The Tipping Point）中

的說法，「全球經濟不景氣是一個最大的橫跨世界各地的安全威脅。按照目前的趨勢，在全世界最貧窮的社區內生存著的成千上百萬的人將是最大的受害者。這可能導致激進和暴力的社會運動，這將受到武力的控制，這又將進一步增加暴力的強度。」（現在在全世界範圍內爆發的各種「佔領」運動，難道不是一個真實的寫照嗎？——編註）多麼悲觀的預測啊！那麼我們是否註定要陷入全球性的暴力衝突的泥潭呢？

不一定。卡巴拉智慧向我們保證，存在著另外一條道路。然而，它只會在我們瞭解到導致這場將整個世界都推向暴力的邊緣，並開始不得不關注並解決導致這場金融危機的真正原因的情況下才能變得可用。

這場前所未有的全球金融危機的原因是什麼？卡巴拉解釋說，它是由於我們不能適應世界正在發生本質上的變化的一個結果。也就是說：**在過去的一個世紀，我們的世界已經迅速縮小為「一個小小的地球村」，而我們的態度和對待世界的思維方式卻沒有同步跟上這種發展。**

正如那項最新的研究說明的，我們都正在見證著的，以及許多分析家都為此著有暢銷書的這個「世界的收縮」，並不只是與網路和商業活動有關聯。我們已經變得如此地相互聯繫和相互依存，以致於不只是我們的行動，我們的思想和願望更將決定世界各地所有人的命運的力量。我們已成為一體、變成一個家庭的成員不能忽略他們之間的密切聯繫的一個全球大家庭。好像我們是由某種無形的線互相連接在了一起一樣，而在這裡，我們無法看見它們，並不會改變它們就在那裡的這一事實。

而且，這正是我們人類沒能「看」到的東西。我們不是將對待生命的態度相應改變為一種全球化的、對他人採取溫暖和關懷的方式，我們卻還是試圖繼續堅持用陳舊的、本地的、狹隘的、以自我為中心的做法。我們唯一沒有注意到的事情就是這個世界已經改變，而且不可能再回頭。當前的金融危機和各種其他危機一次又一次的證明了我們相互聯繫的新事實，也向我們揭示我們能夠真正成為一個充滿著愛的大家庭，而且它不會允許有一個比這更差的情形出現。

目前的這場危機只不過是我們過時的態度將我們放在一個和這種全

球性系統相對立的位置產生的結果。正如牛津研究小組所指出的那樣，我們的問題只可以透過扭轉當前的這種趨勢而得到解決。

替代的道路

我們如何才能扭轉將這個已經將世界引向了全面危機的不平衡？如何才能將這個世界引導到一條通向平衡、安寧、和諧的道路上來呢？為了改善金融危機並將我們引導到一條和平發展的替代道路上，我們必須要做出一種什麼樣的在「全球性思維」上的轉變呢？

所有這一切都可以透過教育和公眾輿論來實現。不再以我們正在做的這種「教育人」的方式，——也就是透過媒體斥責自我導向的資訊，並譴責鼓勵我們比別人強，為了自己成功，可以不惜任何代價並踩在別人的身上去實現自己夢想的教育方式。取而代之的，我們可以使用大眾媒體管道（包括電視、電台、網路和廣告）提供人們現在最迫切需要的實際可行的解釋：告訴人們我們現在正生活在一個什麼樣的世界，以及能夠使我們在這樣一個新世界裡生存和繁榮下去的道路。這是一個每一個人的思想與行動都與整個世界的福祉有著直接關聯的世界。而這就是為什麼，現在比以往任何時候，都急需創造一個新的態度，和我們所有的「鄰居」——這個星球上生存著的每個人，都建立一種仁慈和關懷的相互關係的需要。

是的，我們能

如果那些用資訊灌輸著我們的頭腦，以及塑造了並正在塑造著我們的世界觀的媒體管道，開始傳輸有關我們是相互依存的，以及我們對待身邊人的友誼和關懷的新態度對我們的重要性的資訊的話，公眾觀點將會逐漸開始改變。

實際上，因為人類是如此自然地受到社會的影響，將我們這個小小的地球村中的所有人，轉變到一個和平共處的替代路徑上的轉變，真的

並不是從表面上那樣看起來不可完成的任務。我們需要做的只是以一種使我們大家都受益的方式，使用我們已具備的工具。一旦我們實施一個不同的、「具有全球意識」的教育系統，做為一個整體的人類社會將會改變其利己主義的價值體系，並將與我們全新的全球一體的新的現實取得統一。而這樣的話，和平自然會取代衝突和戰爭。

左邊箭頭指向： 相互關懷

右邊箭頭指向： 自由市場，經濟繁榮，消費主義，利潤至上 ......

VII
改變，真正需要的改變是什麼？

這個世界唯一不變的是變化。這是每一人都可以觀察到的現象。但為什麼要變化，變化的原動力是什麼？其終點又在哪裡？變化會沒有終止、沒有窮盡嗎？到目前為止，人類一直在試圖透過改變外在的環境來改善我們自身的處境。文藝復興、工業革命曾經給人類帶來美好生活的曙光，但現在我們面臨的危機和絕境似乎在告訴我們，在外部尋求改變的道路已經是一條通向毀滅的死胡同。我們終於被迫不得不停下來思考一下，需要改變的到底是什麼以及要在哪裡發生！

49 美國大選：改變世界？

2008 年，美國大選空前火熱。而大選的喧囂結束，新的總統就位，世界真的有所改變嗎？也許真的到了去思考改變那些真正主導著一切的東西——也就是我們自己本身的時候了。

創造了的歷史

2008 年 11 月 4 日，美國人蜂擁至各地的社區中心、消防站和其他公共場地，去參加一個和美國歷史一樣悠久的儀式——一次選舉下一屆美國總統的機會。而 2008 年創造了一個新的歷史。因為，有史以來第一次，白宮裡由一名非洲裔美國總統當政。

那次選舉異常激烈，而候選人之間真正的不同在哪裡呢？他們所談論的關鍵議題完全相同：伊拉克戰爭、對進口石油的依賴、動盪麻煩的經濟，當然，失業、醫療保健和環境問題當然永遠存在那裡。

儘管他們提出解決問題的方法不同，每一個候選人都深信，他們就是那位能夠帶領國家重建繁榮、富強和全球威望的人，他們都認為過去十年的政策已經嚴重影響了美國在全球的威信。最終，每個人都宣稱自己就是那個能夠凝聚這個國家和整個世界的「改變的推動者」。

改變的傳統

有一句古老的格言：唯一真正不變的是變化，而且不論採用什麼樣的花言巧語，「改變」在美國政治中並不是一個什麼新鮮的字眼。當那些開國先父們在獻身於建立一個「生命、自由和追求幸福」的國度、建立一個「人人生來平等」的國度時，他們可能是最激進的改革推動者。然而，縱有自那以後發生的許許多多的變革，我們今天仍然面臨著許多

那個時候就面臨的相同的問題：國際衝突、國內經濟問題、種族歧視、對少數民族的壓制⋯等等。

如果兩百多年的歷史已經告訴我們各種各樣的政治變革並沒有帶來一個真正幸福、團結的國家；而且如果保持現狀就意味著人們之間的分化還會加劇和經濟將繼續急劇下滑的話，那麼，難道現在不是一個從根本上做出一種徹底改變的時刻嗎？我們必須尋找一種新的、行之有效的方法去治療這些舊的相同的頑疾。

有史以來，所有的改變都有著一個共同的主線：它們都是在試圖去「修補」存在於外部世界的某種東西。如果是種族歧視問題？我們將廢除種族分離；貧困問題？我們將會建立社會保障機制並輔以新的稅收體系。環境危機？我們將立法確保清新的空氣、保護瀕危物種和資源的有效利用等等；還可以舉出無數個這樣的例子來。我們對出現的每一個問題都會有一個對應的「修補」措施，但是，由於某些原因，每一次「修補」似乎只會引發出其他更新更棘手的問題。

到底是什麼需要「修補」？

卡巴拉智慧一針見血地指出：**任何世界領導，他們試圖透過「修補」存在於外在世界的某些東西來實現一種持久的改善都是不可能實現的。**任何透過知識、道德和物質力量導致的改變，都不可能帶來持久的改進。而且，這些領導們本身就是他們所處的社會的產物，所以，期待一個領袖瞭解如何「修補」這些問題的想法也是不現實的。改變必須從大眾開始，而不是開始於那些領袖們。換句話說，是我們自己本身需要「修補」，而不是我們之外的領袖或是世界上的其他任何事物。

卡巴拉智慧解釋說，自然本身就是教我們如何互相連接的典範；世界被設計創造成：**在每一個元素都為整體的利益而服務的情況下，無論整體還是個體才能達到平衡、和諧地運轉的狀態。**宇宙萬物都在遵循著這個法則而運轉——所有事物，唯獨我們人類是例外。人類是宇宙中唯一的有意識地為謀求自己的私利而犧牲所有其他生物或人類的生物，而

正是這種對現實的利己主義態度才是引發了如今世界所有難題的根源。

然而，改變我們利己主義的傾向根本不是一個心理問題。它實際上取決於我們內心中一種新的感官的發展，一種將使我們超越我們目前所處的這種利己主義感知的新的精神感官。然後，我們才能在一個單一的完整系統（一個生機勃勃的人類有機體）裡揭示我們與他人之間的聯繫。

這種實現內在轉變的方法根植於自然本身，並被像我們一樣的普通人揭示出來。在這些人看來，毫無疑問地，所有的人類都不得不發現他們都是一個單一系統的不可分割的部分，從而改變他們彼此間利己主義的態度。

改變的執行者

如果整個人類開始像一個機體去運作，並開始與自然的其他要素和諧相處，我們當前所有的危機都將會煙消雲散。雖然這聽起來似乎是不太現實的烏托邦，但卡巴拉學家告訴我們：這是一個必然的結論，一個必定會發生的結局。如果我們不意識到這一點，那麼社會、經濟、環境和政治等災難將會迫使我們「意識」到利己主義具有多大的破壞力。到那時，僅僅為了避免這些讓人難以置信的巨大苦難，我們都會被迫開始團結起來一起工作。

這正是卡巴拉智慧可以給我們提供幫助的地方，它讓我們有機會瞭解到這個世界的真正結構，並界定人類在這個架構中所承擔的角色。透過學習這個結構，我們將能夠透過從內在改變自己來改變我們的社會。這樣，我們才能成為真正的「改變的推動和執行者」。

50 改變的關鍵

世界需要改變，政治家們對此信誓旦旦。但是，我們真正需要的改變是什麼？是一種在整體狀態下與自然和諧一致的內心的改變！而卡巴拉智慧則掌握著那把走向真正富足和繁榮的鑰匙。

為了博得公眾好感，將標語、宣言、箴言、格言等當作一種說服力的宣傳方法開始流行起來，並且長久以來它都是任何競選活動必不可少的一部分。所以當全球危機加劇時，對全球政治家們「改變」宣言的高呼，公眾會表現出滿腔熱情也就不足為奇。人人都贊成：我們需要改變。但問題是到底什麼需要被改變，需要改變的到底是什麼呢？改變要達成的目標是什麼？

我們需要的改變是什麼？

乍看之下，似乎只是些有著細微差別的問題。但是，如果我們分析一下在政治中談論的那種改變，我們就會發現這種改變論調本身就是有缺陷的。亞里士多德說過，如果前提不能為結論提供任何合理的依據，那麼這種潛在的具有說服力的論點就是有缺陷的。這種有缺陷的論點叫做謬論，在這種情況下，就是循環論證的謬論，因為改變的前提有太多的假定。而真正要問的問題是：我們需要的改變是什麼？

危機：對我們之間的聯繫的揭示

我們正在採用的應對當前危機的所有方法，都是把改變看作人類自己能夠完成的事情。然而，有史以來，我們第一次發現世界的現狀已不僅是危機那麼簡單；它是對人與人之間的真實聯繫狀態的揭示。這種聯繫已在經濟、貿易以及所有的社會和政治關係中彰顯出來。而世界銀行

也向我們展示了這樣的殘酷事實：**經濟刺激並不能拯救我們——即使花光我們所有的積蓄來刺激全球經濟。**

改正人與人之間的關係：通往富足和繁榮之道

卡巴拉智慧把這做為人類自我改正和終結所有不幸的起點。當前的危機向我們展示了人們之間真正的密切聯繫，而解決危機的方法就是改正人們之間的這種聯繫，這意味著我們不應該僅僅只去建立適當的經濟模型，在全球化趨勢下，我們還應該建立一種心與心之間的聯繫。而在近幾年來逐漸廣為人知的卡巴拉智慧，則是我們解決這一問題的鑰匙。

縱觀歷史，從亞伯拉罕到耶胡達·阿斯拉格，所有偉大的卡巴拉學家都夢想著，某天人類能夠發現他們所擁有的神奇。他們探尋並找到了人類正在尋求的那些基本問題的答案：現實的結構是怎樣的？是什麼力量在支配著世界？人們怎樣才能改變自己和人類的命運？他們把這些發現寫進了著作裡，在這些著作中，他們向我們描述了一個涉及全人類、並為通向未來的富足和繁榮的道路奠定基礎的單一系統。

寫於大約兩千年前的《光輝之書》曾預言：**到 20 世紀末，人類與自然的失衡將達到前所未有的程度。**這本書還提到，到那個時候，人類將需要這個關於生存和滿足的方法，那時，把卡巴拉智慧做為一種達到與自然統一的方法揭示給全人類的時代就會到來。

我們這代人正處在一個內心徹底改變的時代的最前端。就像自然其他所有的元素都能夠和諧共存一樣，人類能夠有意識地、自願地上升到一種和諧聯繫的新水準。卡巴拉智慧，這種從亞伯拉罕開始世代傳承下來的智慧，恰恰就是修正人們之間關係的良方，它闡釋了能夠使我們在整體上與自然和諧發展的規則體系。卡巴拉學家們給我們提供了一把金鑰匙，如果運用得當的話，它將能夠幫助我們馬上改變我們的內心以及現實。

51 等待著世界去改變

什麼阻礙了我們建立一個更美好的世界？是我們自己的自私自利的人類本性。但是不要絕望，還有希望，一種完美的存在狀態正等待著我們去達成。

我們中的許多人都力圖去創造和諧與平衡；這使得我們在看到世界的不公平時，感到深深的不安。我們看到，一些人擁有比一個人生活一輩子所需多得多的金錢和物質，而其他人卻不得不為了生存而苦苦掙扎。當看到還有許多能力有限甚至無法維持生計的人們存在時，我們很難為這些世上存在的所有「過多」找到一個合理的理由。那麼，如果一些人擁有過多，而另一些人擁有卻太少，為什麼這些擁有大於其所需的人們不能和那些一無所有的人們分享其所有呢？難道這樣不就可以很邏輯地解決掉這個問題嗎？

利己主義狀態下的公平嘗試

我最近讀到了一篇文章，講的是一個大學經濟學教授給學生上的一堂非常有趣的課：學生們堅持認為，由政府控制、分配財富是一個很好的主意，這樣就不會再有窮人和富人之分，他們覺得這應該是一種創造平等的完美機制。老師建議在班上做一個測驗，所有測驗的分數都會被平均計算，這樣，每個學生都將會得到相同的分數。同學們同意了。

在第一次考試之後，所有分數被平均計算之後，每個人都得到了「B」的相同成績。很顯然，那些學習刻苦的學生們就會很不高興，而那些幾乎不學習的學生卻會很高興。隨著第二次考試的臨近，那些幾乎不學習的學生決定更加不用功，而那些先前刻苦學習的學生也決定隨波逐流，所以，再沒有人肯努力學習了。第二次考試的平均分數是「D」，所有人都不高興。到第三輪考試後，平均分數是「F」。整個實驗過程中，除了

同學之間的怨言和責備在不斷增加之外，所有分數從沒有上升。這個試驗以一種痛苦的感覺結束，並且它使人們清晰地看到：**沒有人會為其他人的利益而去學習。**

這個結果一點都不會讓人感到驚訝。**任何一件事情，不論是什麼，如果對我們自己沒有利益，我們就絕不會願意去做這個事情，這就是人類的本性，也就是說，我們都是利己主義者。**這個試驗對我們的利己主義本性做了完美的詮釋：**我們是絕不會做任何有利於他人的事情，除非我們自己能夠從中獲得某種利益。**就像這個試驗一樣，政府基於這種同樣的平等原則的試驗，就像這個課堂實驗一樣，也同樣地會以失敗告終。**公正和平等是一個美好的目標，但人類的利己主義本性卻絕不會允許它的實現。**那麼，這是不是意味著人類實現公正社會的理想根本就不可能實現呢？

自然的利他法則

人類的行為與自然界的其他要素形成了鮮明的對比：在自然界中，生物有機體內的每一個元素都會為了其賴以生存的整體的利益團結起來一起工作，植物和動物都本能地遵循著自然的這種利他法則。在人體裡，所有的細胞，都做為一個整體的組成部分，組成人體的每一個細胞和器官都會為了整個身體的福祉而通力合作。任何只為謀求一己之私的細胞被稱作「癌細胞」，這些自私自利的癌細胞最終會毀滅整個身體。但利己主義卻使癌細胞產生了一個盲點：看不到隨著「癌細胞」會導致其賴以生存的身體死亡，更看不到它自己的命運也是死亡。

我們的利己主義的相互連接的目的

因此，意識到我們全人類是一個相互連接的有機體將會對我們很有利。我們現在不僅僅透過網路實現了全球性的連接，就像世界領袖們所宣稱的那樣，我們在國家之間和所有國家人民之間也是互相聯繫著的，

我們彼此相互依存。

這次全球性的經濟危機，以及我們的聯繫受著我們的利己主義的控制並引起全球動盪的事實，已經很好地闡釋了這一點。

我們利己主義的慾望已經空前膨脹到其頂峰，這就如同人類體內的癌細胞正在擴散一樣，為了滿足我們的一己私利，我們不惜損害其他人的利益。然而，卡巴拉智慧告訴我們：**所有發生的一切都是事先預定好的。我們的利己主義必定會發展到這個階段，這樣我們才能看清它的危害，從而瞭解到真正存在的問題並進而加以修復。**

修復這種聯繫

既然我們已經找到了問題的癥結，我們就能夠找到良方去修復我們之間的這種聯繫。卡巴拉智慧就是賜予我們去修復人們之間關係的一門研究自然法則的科學。我們可以在我們的內心學習和運用自然的法則。當個體間的聯繫能夠依據自然的法則而有所改善時，我們就不只是改正了人們之間存在的問題，同時也為世界上存在的所有問題提供了一個真正的、長久的修補良方，因為這些問題的產生正是人類的相互疏離產生的結果。而修復這種被破壞的關係，各種危機狀態也會自動解除。

透過學習並與自然的法則相和諧，我們就能夠獲得一個我們現在還感知不到的完美世界。卡巴拉學家們已經看到了這個完美的理想世界，而且，當我們改正了與他人之間的關係時，我們也可以看見並存在於那個世界裡。

對精神世界的覺醒

每個人在他們的生命中至少會經歷一次那個叫做「心裡之點」的願望的覺醒，但是人們通常會認為，空虛和不安是由某些世俗的原因引起的，他們並不明白，這其實是他們靈魂的種子在他內心中正在覺醒並渴求被發展造成的。

　　大多數人都沒有注意到這些在不同生命交替裡反覆出現的重要時刻，他們不明白這些正是促使他們開始去發現並開發那個靈魂的契機，他們反而認為，這些時刻都是由一些現實中很實際的原因，而不是由那個崇高的精神的目標引起的。

　　然而，在被像這樣喚醒過多次以後，人們才開始明白為什麼他們會感覺不好，為什麼無論如何努力、如何奮鬥，最後就是收穫不到真正的幸福。這種領悟叫做對邪惡的認知。人們意識到他們感覺不好並不是因為空虛，而是因為他們的生存是建立在謊言和缺乏真相的基礎上的。這種不好的感覺是如此地強烈，以致於無論真相會是多麼的苦澀，他們都願意開始去尋找、去聆聽，而不再採取以往那些逃避的做法。一個人必須明白，當他被絕望的感覺所困擾，當他感到無能為力的時候，正是他的靈魂在開始復甦的時刻。在那時，他別無選擇只有去發展它。否則，他將只會增加自己遭受磨難的時間和痛苦的強度。

52 一個「可以正常工作」的本性

正如當我們在電腦上裝的一個軟體不能正常工作時，我們會轉向程式供應商尋求解決方案一樣，當人性使我們失敗時，我們也必須向這個「本性的創造者」為我們替換一個能正常工作的本性。

根據卡巴拉智慧，創造者是一種愛的力量並且想送出他的愛。因此，他在我們當中創造出了一個想接受這種喜悅和快樂的願望（也就是我們常說的慾望）。因此，我們所有的選擇都是基於要麼增加我們的快樂，要麼減少我們的痛苦。每一種存在任其為礦物、植物、動物或人想要的都只有一件事：感到快樂或避免痛苦。沒有對未來的快樂的某種預期，我們簡直就不能生活下去。

這種相信將來我們會幸福的信念就是我們所說的「希望」。當我們說「我充滿希望」時，我們真正的意思是指一種我們相信在將來可以體驗快樂的可能性。否則，又能期望什麼呢？因此，我們所有的選擇都反映了我們對快樂的渴望。

對快樂可望而不可即的追尋

但是，我們是否真的在體驗快樂了呢？雖然我們大多數人的生活中都有著很多美好的時刻，總體的情況卻是非常地不樂觀。毒品濫用、極端暴力、抑鬱症和我們這個富裕社會中其他的弊病的增加率，都足以證明在我們的生活中還缺失某種最根本的東西。以上所有列舉的問題都不是原因；相反，它們只是一個更深層次的問題所表現出的外在症狀──這個更深層次的問題就是我們在滿足我們的願望從而感到快樂這件事上的無能為力。

若要瞭解我們為什麼總是感到不滿意，我們需要記住的是創造者是

一種愛和給予的力量，只希望給予我們快樂。由於那個最大的可能的快樂莫過於變得像他那樣無所不知、無所不能——其實這正是他想要給我們的，包括他的力量和他的思想，以及他自己本身。

換句話說，他創造我們的目標是，使我們變得類似於他和他等同。因此，結果將是，我們會感到永遠幸福的狀態就是當我們都變得像他的時候，也就是當我們具有和他一樣的愛與給予的品格的時候。卡巴拉指出當我們獲得這些創造者的品格時，我們便會感到無限的、完全的幸福。

造者的隱藏和啟示

上述的一切都很好，但是如果我們環顧四周看一看，並且真誠地問一下自己如果這就是創造者愛他的創造物、想要有利於他們的話，我們現在所處的境地一定會促使我們會想一定是在創造的某個地方出了非常大的紕漏，要麼是創造者，要麼是我們。

第一個選項，是創造者那出了毛病，這是自從人類有歷史以來，我們就堅持的立場。這就是為什麼我們一直在繼續努力嘗試改變他所創造的這個世界並試圖「改良」它的原因。我們不斷發明新的科學、技術、交通工具、建立新的社會規則等，這個列表可以無止境地列下去。幾千年來，我們一直在追求「更好，更強和更快」；但是這種追求給我們帶來幸福了嗎？或甚至是簡單的安居樂業了嗎？可能的回答是沒有。否則的話，我們就不會不斷更換並改變我們已經擁有的東西，嘗試各種發展模式和主義等等。那麼，到底為什麼我們永遠感到不滿足呢？

卡巴拉學家們曾經在 2000 年前就寫道，在 20 世紀結束時，很多人將開始思考。也許，這種認為外部世界出了什麼問題的立場可能不是一個正確的答案。他們會開始感覺到問題與這個世界的問題和其創造者可能沒有關係，問題可能是出在我們自己身上！這一新的觀念正在獲得越來越多的認同，而且比以往任何時候，越來越多的人開始意識到問題不是出在外部世界，而是出在我們人類本身。

　　這是一個關鍵的轉變：它意味著我們承認問題是與人的內在本質，而不是與別的其他外部因素相關。因此，正如當我們安裝的軟體不起作用時，我們轉向程式供應商聯繫解決問題一樣；當我們自己的人性使我們自己失敗時，我們必須要求「我們的本性的提供者」為我們更換一個不同的本性，一個能夠正常工作的本性。

　　幾千年前，一個叫亞伯拉罕的人，後人都尊稱他為亞伯拉罕先祖，他搜尋並且找到的就是那個能夠與「我們的本性的提供者」，與那個將這個接受的願望根植在我們之內的創造者進行溝通的方法。亞伯拉罕發展出他的方法，並傳授給所有那些願意聽的人。他的學生們在他之後的幾千年中還在繼續發展著它，這個為今天五千年的偉大智慧，被一個民族攜帶著，隱藏著，發展著，等待著，只為今天這個危機四起的時刻的出現，當人類真正開始需要他的時候，他才能揭開他神秘的面紗，為人類指點迷津，引向光明！這個民族就是歷史上飽經磨難的猶太民族，而今天我們把它稱為「卡巴拉智慧」。如果我們使用卡巴拉學家的忠告，我們也將和創造者親身接觸，並從他那兒學習如何變得無限快樂。

53. 烏托邦夢想的安魂曲

　　當我們看著曾經成功的、興旺發達的自由市場的「美國夢」在我們的眼前消失，我們對變化的信心越來越枯萎就沒有什麼好奇怪的了。然而，從卡巴拉學家的角度鳥瞰未來的話，未來卻是更加光輝燦爛。

　　從柏拉圖到約翰・藍儂，很多偉大的心靈都已經預見到了一個完美的社會，在那裡沒有貧困、戰爭、仇恨、剝削、犯罪或種族歧視，並且每個人都生活在和平與和諧當中。

　　然而，今天，一個人要想繼續堅持這種夢想的話，卻需要更多唐吉訶德式的幼稚。我們正生活在一個已經不存在烏托邦式夢想的時代了嗎？一個沒有希望的時代，遠處的地平線上已經沒有光明在閃爍了嗎？不一定。從卡巴拉智慧的角度來看，現在正是發生一種根本轉變的完美狀態。

對未來的鳥瞰

　　「我們已經連同全人類將自己丟失在一個可怕的沙漠中，而我們現在已發現一個巨大的、豐富的寶藏……一個可以滿足我們饑渴的靈魂並使我們感覺充實和滿意的寶藏。然而，對我們那些絕望地還留在那個可怕的沙漠中的朋友的記憶卻仍然深深地印記在我們內心的深處……為此緣故，我們製造了這個號角可以大聲地吹響它，以便我們的那些苦難兄弟可聽到並靠近過來和我們一起幸福地分享。」

　　　　　　──卡巴拉學家，巴拉蘇拉姆 (Baal HaSulam)《建設未來社會》

　　在這篇寫於 60 多年前的文章中，卡巴拉學家巴拉蘇拉姆講述了我們這個時代的思想「乾旱」。他指出現在是向全人類傳播一種建立在精神的原則基礎上，可以使一個社會正常運轉的那些法則和原則的時候了。

這樣一來社會將會使其成員保持和諧，並與周圍的自然和諧，因為它是建立在相互給予這一自然的首要法則之上的。

他的這些描述並不是一種想像和烏托邦式的憧憬、一個詩意的概念或是一個浪漫的幻想，也不是對某種哲學推理或者某種神秘的歷史分析。一個卡巴拉學家是指已經揭示包含現實的整個畫面的精神世界的人，因此是一個可以鳥瞰人類發展軌跡和人類未來的人。正如巴拉蘇拉姆準確地預見到了在 20 世紀 40 年代發生的那些可怕的事件（包括二戰和納粹政權）以及今天我們世界正面臨的動盪的情形那樣，他同樣看到了我們的世界在其最後一代會是什麼樣子。而且不論他的話語會讓我們產生多麼「烏托邦夢想」式的聯想，它們實際上都是基於實際的親身經驗和出自一種最理性的方法。

一個通往精神世界的跳板

「如果我們有機會去到世界真正和平的時代 —— 也就是有機會看一看最後一代人的生活狀態的話，我們會發現那時人們的品格只有利他主義的品格（給予的形式）而根本不會有任何的利己主義品格（接受的形式）存在。而且，遵守這種給予生命的利他形式是好的，這樣它可以做為我們學習的榜樣和模型來使我們的頭腦指揮我們始終專注於生命的湧流當中。」
—— 卡巴拉學家，巴拉蘇拉姆，《世界和平》

使一個社會建立在精神原則的基礎上，它最大的一個價值觀就是將驅使我們的那個自私自利的願望和意圖改變為給予我們自己都不知道是誰的其他人。給予我的人類同胞的社會有什麼好處和獨到的優點呢？這是一種透過所有人都圍繞著我們想要為我們提供需求以使我們放棄那個只關心自己的利益的社會嗎？

卡巴拉學家們對這種家庭式的、社會成員之間溫暖的關係有一個特別的名稱：「相互關懷」。這是一種神奇的工具，它可以使每個人能夠

擺脫世俗的存在層面，並到達一個新的精神維度，並在那裡發現一個完全不同層面的感知。那麼是什麼使得這種社會和那些失敗了一次又一次的烏托邦有所不同的呢？根本的區別就在於巴拉蘇拉姆所描述的這個實現這種「最後一代」的未來社會的方法，並不是目標本身，而只是一種達成目標的手段，一種達到精神世界的「跳板」。過去人類的所有嘗試，都是由於看不到真正的目標而誤將手段當成目標導致的「失敗」。

替代路線

雖然巴拉蘇拉姆所描寫的完美社會在今天這個時代可能看起來不現實，但我們必須要問：我們真的有任何其他替代路線嗎？顯然，人類正在迅速走向一個非常不穩固的未來。

2008 年在美國開始並蔓延至整個世界的金融危機，已經不下第一千次地證明蝴蝶效應遠遠不止是一種老生常談，也不是只會發生在氣候上的效應。隨著每一年的過去，我們更深入地感覺到我們之間那種絕對的相互聯繫。

我們逐漸發現我們人類的全體成員之間的關係就類似於一個單一身體上的細胞之間的關係。而對於一個單一的有機身體來講，除了巴拉蘇拉姆在《最後一代》中所描述的那種方式外，你能提供其他任何一種能使整個機體存活的生存方式嗎？

對我們現在所處境況唯一的補救措施必須是一種總體式或全球性的，而巴拉蘇拉姆在《最後一代》中給出的模型正是為此目的而設計的，它是建立在我們的全球相互依存和相互聯繫的現實基礎上的。它是與我們都知道的一個生命有機體能夠成功和繁榮的唯一方法是透過相互給予這一原則和現實相一致的方法。

最後一代將會像一個家庭，其成員共同分擔家庭負擔也為整體共同的繁榮做出他們最大的努力。每個家庭成員都擔當一個角色，而且一個人也不會花費更多的時間工作從而得到更多的食物和需要。而是，這種

精神原則保證所有人權利平等的是：**每個人都渴望付出最大的努力以造福整個社會，並且相應地，每個人的潛在需求又都得到滿足。**

　　這種為家庭成員——以及最後一代的社會建立的基本原則是給予他人的利他理念，而這個給予的機會本身就附帶著一個最高的獎賞。為什麼會這樣呢？因為給予其他人，可以使一個人在最高的水準上變得與自然本身等同，也就是與創造者等同，而這會使我們達到最高的存在狀態。

旗幟上寫著 "相互關懷"

VIII
我們與危機：
創造的目的與
危機的聯繫

對宇宙創造的目的和生命意義這個終極或根源問題的探索一直是驅動人類文明向前發展的發動機。宗教、哲學、科學以及文化藝術，實際上都是在對這個根源問題的探索過程中衍生出來的各種分枝。但是，到目前為止，人類所有的探索卻始終是在結果層面觀察現象，而沒有觸及產生這些現象的根源。

目前的危機已經說明在我們過去的認知模式下，我們沒能也沒有辦法破解這個難題。那麼，我們如何才能破解這個秘密呢？實際上，我們必須透過這些探索告訴我們在外面哪裡都找不到答案時，真正的答案才能開始浮現。危機就是在告訴我們以前走的所有道路都是錯的，而且奇妙的是也只有在我們絕望的時候，一條真正的道路才會浮現！而現在就是那個時刻！

54 創造、進化以及超越

人類已經經歷了太多太多的戰爭、痛苦、災難與求索，如今我們想要知道這一切是如何開始的，我們正朝著什麼地方前進。

當今我們這個時代在人類歷史上非常特殊，正如在其呈現多年之後我們從歷史書中瞭解到的一樣，每一天，在每一個領域中，都可能發生著許許多多的事件，變化正變得空前頻繁並且以越來越快的步伐進行著。

人類已經經歷了翻天覆地的變化，但是今天這個時代，我們似乎正站在一個決定未來命運的十字路口，數千年的進化都正指向一個特殊的時間點：我們的這個時代。

開端

起初，人類一直認為地球是平的，並且認為一個人只要走得足夠遠，他或她便能夠到達世界的盡頭。那個時候，人們相信世界上發生的每一種現象都有一個特定的神來支配。隨著科學的進步，人們對我們所生活的世界有了更好的瞭解。但是，有一個問題仍然沒能得到解決：「這一切是如何開始的呢？」

早在五千年前，第一批卡巴拉學家們便一直在思考世界是如何開始的，並在古代卡巴拉著作中揭示了許多與之相關的問題。他們發現我們降臨之前的現實起源於精神能量的一點微小火花。大約一百五十億年前，這點火花突然爆發形成了一個物質的空間，創造出了我們所在的這個宇宙。科學稱之為「大爆炸」。

大爆炸為地球上生命的存在創造了相應的條件。巴拉蘇拉姆（Baal HaSulam）被普遍認為是 20 世紀最偉大的卡巴拉學家，他在 1940 年以《民族》（The Nation）為題的一篇論文中提到了大爆炸：

　　「然而，到那時為止，這一星球仍然沒有從這些力量相互的爭戰狀態中演變發展到一個靜止的狀態，而且在經過一段時間之後，炙熱的液態力量占據了上風，在巨大的聲響中，岩漿會從地球的內部噴湧而出，將冰冷而堅硬的地殼擊碎，再一次這一星球又變成由熔漿構成的液態球體。由於火焰的力量再一次壓倒了冷卻的力量，新的對抗時代又開始了，直到冷卻的力量再度佔據上風，這樣環繞著球體的岩漿開始冷卻，形成了又一層更加堅硬、厚實的地殼，而且這一層地殼更能抵抗住地球體內流動的岩漿的爆發。」

　　「……如此，歷經無數個歲月的相互交替，每一次冷卻的力量佔據上風，就使得岩漿冷卻後形成的地殼變得越來越厚。最後，正面的力量終於克制住了負面的力量，它們達到了全面的平衡：岩漿在地球的內部流動，而包裹著岩漿的冰冷的地殼變得越來越厚，厚到足以使有機生物演變發展成如今的樣子。」

　　自然的靜止的（無生命的）層面首先進化；接下來出現的生命形態是植物層面；當植物層面完成進化後，動物層面出現了。幾百萬年之後，當動物的物種進化完成後，人類便出現了。

　　無論在它之前出現的生命形態是什麼，每一種生命形態都是獨立進化的。非常重要的是要瞭解**植物形態並不是從靜止無生命形態中產生出來的，動物層面也不是從植物層面產生出來，人類也不是從動物層面中產生出來的。它們之間存在著層級與層級之間因果的關係。換句話說，當一種生命形態完成了其進化時，就好像有一隻無形的手按下了能夠啟動下一個形態出現的按鈕一樣。**

第一個卡巴拉學家

　　因此，5772（對應於 2011 年）年前，當自然進化到了一個特定水準的時候，一種新的感知在一個人中產生了：一種探索存在於這個世界之外的事物的願望。這個人已不能只滿足於在他頭上的屋頂有瓦，有一個家庭或有美味的晚餐。

　　為了獲得幸福，他必須知道自己為什麼存在，也就是他人生的意義是什麼？儘管在他之前地球上已經存在過許多代人，但是這個人是體驗對精神世界的渴望被喚醒的第一人。巴拉蘇拉姆寫道「亞當第一人（Adam Ha Rishon），是第一個獲得智慧之軀，瞭解他所看到的一切的人」（《卡巴拉智慧及其本質》「The Wisdom of Kabbalah and Its Essence」）那個人的名字叫亞當（也就是《聖經》裡描述的亞當），來自希伯來語「Adameh LaElyon（「我將變得同至高者一樣」）（以賽亞書14：14《聖經・舊約》），他渴望和那個更高力量一樣。亞當體驗的精神的覺醒正是人類精神進化的開端。因此，這一天也是希伯來曆法開始的日子。所以，《聖經》描寫的是人類精神生命（靈魂）的開始和他的發展過程，而不是目前人們錯誤解讀的神話故事或歷史事件。

想瞭解生命的秘密的慾望

　　如今，在5772年前亞當心中甦醒的那個感覺也在我們越來越多人的心中開始甦醒。空虛以及從現實生活中得不到滿足是如今抑鬱症盛行的主要原因。現在人類正在發現，無論如何，我們都無法滿足我們日益增長的慾望。正如亞當一樣，我們開始需要知道我們之所以存在的根本原因，也就是只有瞭解生命的意義，才能滿足我們自己最深層次的渴望。

　　正是由於這種需要，巴拉蘇拉姆不斷地發展著卡巴拉智慧，以便為那個如今已在千百萬人心中甦醒的問題提供答案，那個問題就是：「我生命的意義是什麼？」

55 我是誰？

　　我是誰？我存在的目的是什麼？我們是如何來到這個世界，又將會走向哪裡？我們是否以前就曾經來過這個世界？我們是否能夠瞭解我們自己和這個宇宙？人為什麼要受苦，我們能否避免痛苦？人怎樣才能找到平和、滿足及幸福？我們怎樣才能獲得安寧、滿足和快樂？

　　每一代人中都有很多人試圖找到這些懸而未決的問題的答案，而一代又一代過去了，基本的事實說明我們仍沒有找到滿意的答案。透過研究自然和宇宙，我們發現我們周圍的所有一切都依照一種嚴格的、有目的的規律運轉並存在著。做為自然萬物之靈，我們發現人類似乎並不屬於自然這個系統。例如，當觀察自然創造人體每一部分的智慧而又有邏輯的方式，及身體每一個細胞的運行都有著一個精確目的的時候，我們卻無法回答這樣一個問題：人的身體這整個有機體存在的目的又是什麼？

　　我們周圍的所有一切都充滿了因果關係，也就是說，沒有任何東西是無緣無故地被創造出來的。在物質世界中，存在著明確的運動、動力學及旋轉定律，類似的邏輯也存在於動物和植物王國。但最基本的問題，也就是所有這一切，不僅是我們人類自己，也包括我們周圍的整個世界存在的原因是什麼，卻依然沒有答案。世界上有哪一個人一生中從未，哪怕至少一次，問過這些問題呢？現有的科學理論堅持認為這個世界是由一些我們無法影響的永恆不變的物理定律支配著的。我們唯一的目的僅僅在於聰明地利用好這些定律以度過我們大約 70 ～ 120 年的人生，並且既現實地也象徵性地為我們的後代打下基礎。但這又是為了什麼呢？「人類是否由最簡單的形式進化而來」，或者「生命來自其他星球嗎」？

　　總有兩個日子任何人都無法迴避——一個是出生，另一個是死亡，在這兩者期間發生的一切是獨特的，因此也應該是寶貴的。或者恰恰相反：生命是毫無意義的，如果死亡就是終結、黑暗和深淵，那麼，那個

無所不知的、合乎邏輯的、好像什麼都能創造的自然又到哪裡去了呢？或許還有什麼仍然沒有被發現的法則和目的嗎？

我們對這個世界的研究實質上僅限於我們的五官和自然的反應的研究，我們只是透過五種感官：觸覺、嗅覺、視覺、聽覺和味覺，或依靠特定儀器擴大其範圍，來感覺這些反應。

所有超出我們五官感知範圍之外的一切都無法被我們感知到，對我們來說，那也就相當於不存在。而且我們無法感知那些我們天生缺失的感覺，就像我們無法知道我們如果有第六根手指會是怎麼樣，或無法向一個天生失明的人解釋什麼是視覺一樣。正是由於這一點，人類永遠無法用他掌握的方法發現那個向他隱藏著的自然形態。

根據卡巴拉，精神世界是存在著的，但卻無法被我們現在的感官所感知；我們的宇宙只是位於這個精神世界中心的很小的一部分，而地球是這個宇宙的中心。這個資訊的、思想的和感情的領域透過（可感覺得到的）自然物質定律和可能性影響著我們，並將我們置於決定著我們的行為方式的特定的環境中。我們對很多事情無能為力，例如我們出生的時間和地點，或我們將成為什麼樣的人，在我們的生活中將與誰相遇，以及我們的行為將產生的結果。

根據卡巴拉，有四類知識人類能夠且必須掌握：

1. 創造的過程：對創造的過程的研究及各個世界的發展——創造者是如何創造它們的，精神世界與物質世界是如何相互影響的，創造人類的目的何在。

2. 原理：研究人類的本性及與精神世界的聯繫，被稱為實用的卡巴拉科學。

3. 關於靈魂及其發展的過程：研究每個靈魂的本性及其過程。人在這一世和來世應如何行動。靈魂下降於肉身的目的何在？為什麼某一特定肉體獲得某一特定的靈魂？做為某種特定因果秩序產生的結果的人類歷史及靈魂的轉世也將被討論。

4. 支配的規則：研究我們所處的這個物質世界。非生命、植物、動物，它們的本性及角色；它們是如何受那個精神世界支配的。最高的規則及我們對自然、時間、空間的理解。研究將物質世界向特定目標驅動的至高的力量。是否不必追問其根源就能揭開人類生命的奧秘？這是每個人都在嘗試思考的問題。對個人乃至整個人類生命意義和目的的探求一直是人類精神生活的核心。20 世紀中葉以來，我們正目睹著人類精神的一次重生。由技術進步和世界性的大災難所帶來的各種新興的哲學理論並沒有給人們帶來精神上的滿足。正如卡巴拉解釋的那樣，從所有存在的快樂當中我們這個世界所接受到的僅僅是一個微弱的小火花。它在物質對象中的出現帶給了我們「快樂」。

換言之，人們所體驗到的所有愉快的感覺都僅僅是這一火花的特定外在顯現，無論這些感覺是在何種狀態由何引起的。此外，隨著時間的流逝，人們必須不斷地找出快樂的新對象，並希望藉此體驗到越來越大的快樂，但我們卻沒有意識到所有這些帶來快樂的對象僅僅是各種外在結果而已，快樂的本質卻依然對我們是個謎。存在著兩條可以使人們意識到將自己提升到超越這個物質世界的存在的精神世界的需要，並在那裡獲得永恆的終極滿足：

1. 卡巴拉之路

2. 痛苦之路

第一條道路是讓人們透過學習卡巴拉智慧瞭解宇宙創造的奧秘和生命的意義，從而有意識地、快樂地根據創造的思想為我們設定的道路去實現生命的意義。

而第二條痛苦之路指的就是我們全人類正在無意識地走著的這條道路，人類歷史已經證明了這條道路是多麼地痛苦。這條道路將是人類痛苦到絕望的時候，才會去尋找的道路。如果尋不到，將會走向抑鬱、毒品等道路，因為，自然已為我們設定好不以我們的意志為轉移的目標。我們所能建議的唯一選擇就是第一條道路而非第二條道路，而這實際上才是我們人類真正的自由意志之所在。

56 希望之牆

　　卡巴拉智慧和平克佛洛伊德樂隊有一些共同點：他們都喜歡將「牆」打破。但與那些來自倫敦的男孩們不同，卡巴拉智慧告訴我們如何突破內在於我們內心的那堵牆，並告訴我們為什麼這個突破現在比以往任何時候都有可能和有必要發生。

　　「如果你想要在現實世界的薄冰上滑行的話，那麼就不要對一道裂縫在你的腳下出現時感到驚訝」，傳奇的平克佛洛伊德樂隊的領導人羅傑·沃特斯在其1979年的傑作，《牆》（The Wall）的開始時這樣警告說。

　　羅傑·沃特斯前衛的聲音所代表的是當年整整一代人的聲音，他們感到了一道裂痕就在他們下方開始裂開，他們也是不想接受教育的第一代人。它用大衛吉爾摩的電吉他聲音表達著、反抗著、吶喊著、踢打著，並且拒絕按老的遊戲規則行為。

　　但是除了控訴英國僵化的教育制度之外，《牆》這首歌也是對人類總體生存狀態的一個諷喻。它反映了人們面對新的衝突和挑戰時，內心深處的混亂、恐懼和焦慮情感。伴隨著一次又一次地重複合唱著，「擊破那堵牆！」興奮的觀眾們以歡樂的喧囂回應著這一發自內心深處的吶喊。

　　但30年後的今天，讓我們清醒地問一下這個問題：那堵牆真的被擊破了嗎？

另一塊在牆上的磚

　　在外面看來，某些組成佛洛伊德式的牆的磚似乎的確已經被擊破了。那道將東方和西方分隔的鐵幕已經消失了，而且殘餘下來的柏林牆現在也只不過變成了一個旅遊景點。

世界正在迅速縮小成了一個密集的、嚴密交織在一起的網路。利用現代的科學技術，我們可以超越那些曾經將國家和人民分隔開來的空間和時間。在滑鼠上的一次輕輕點擊就可以將地球上的任何兩個點連接在一起。

然而，儘管科技進步以及行動電話和衛星通信將我們大家都連接在了一起，但是我們還是感覺缺失某些東西。現在人們越來越感覺到，方向在迷失，道德在淪喪，分離、暴力和恐怖行為在持續增長，羅傑‧沃特斯在大約 30 年前描寫的那種疾病正在蔓延。這些年來這種感覺不但沒有減弱，反而在持續增強。不知何故，我們認為我們在移除舊牆，實際上我們又在堆砌更多更厚的新牆。

舒適地麻木著

然而，這一切都只不過是這個傳奇的樂隊在歌中描繪的那堵牆的外在表層而已。羅傑‧沃特斯知道在我們之間橫亙的那堵牆不是外在的。他超越了他的時間和同輩，指出它是一堵內在於我們心中的牆，而這正是我們所有痛苦和混亂的根源，那麼這堵牆是如何被創造出來的，又如何才能被擊破呢？這是平克佛洛伊德樂隊不知道也沒有嘗試解釋的。他們的音樂在孤寂的現代黑暗中發出一種苦澀的吶喊，但它卻找不到能夠打破這堵將光明擋在外面的牆的魔法錘。

平克佛洛伊德樂隊已然超過 30 年。現在，那些伴隨著「牆」的歌聲長大的孩子們已經變成新的一代的父母，比他們的父母更明智也更進化。他們一方面沒有一個明確的目標，另一方面他們也不願繼續走那條父輩走過的相同的破舊道路。

當代年輕人的反叛不再侷限於針對某個特定的制度或機構。這新一代中普遍存在的興趣缺乏、異化、冷漠、躁動、價值觀的喪失、暴力以及最重要的——不知道造成他們沮喪的原因是什麼——將他們擺在了那堵真正的牆面前：那堵內在的讓人混淆又堅不可摧、不可逾越的牆。

那麼這和我們又有什麼關係呢？我們要如何應對這個問題呢？難道我們只能機械地死記硬背著過時的知識，希望我們的嘗試能夠改變這個或那個條條框框，或將我們的孩子們用「毒品」鎮靜下來，以為這樣就能抑制住這個問題。

很難理解正是我們的孩子們在問的這些新的問題，使我們有機會能夠找到一種真正解決問題的辦法。這些問題諸如：「我們為什麼需要這一切呢？」「我生命的意義是什麼？」等等。

演出必須繼續

卡巴拉智慧解釋了平克佛洛伊德沒有辦法解釋的：它向我們說明如何可以突破那堵內在於我們的牆，以及為什麼這一突破在現在就可能實現。

「在開始我們這段話時，我發現有著一個非常大的必要來打破那堵將我們與卡巴拉智慧分離至今的那道鐵牆。」這是 20 世紀最偉大的卡巴拉學家，巴拉蘇拉姆，在他最重要的著作之一——《十個 Sefirot 的研究》的前言。他所說的那堵鐵牆，就是環繞著我們的內心，將我們與周圍世界分開的那堵牆。

新的一代看到前面的幾代人都未能成功地取得突破。由於受到了舊的方法和理解的迷惑，儘管可能是無意識地，以致於到目前為止，我們一直在嘗試著用建造了它的那個同樣的手段—利己主義的自我思維—來打破這堵牆。這就是為什麼我們的所有企圖都是註定要失敗的。

為了打破這堵牆，我們需要另一種方法，採納那些像巴拉蘇拉姆這樣的，已經成功地打破了那堵內在的牆的人寫就的著作中提供的方法，他們從自己的親身經驗告訴我們這種方法。那些已經打破了自我這道牆的卡巴拉學家，寫下了他們做為結果發現的現實，告訴我們在那個現實中我們都是被愛結合在一起的。在那裡沒有圍牆或鐵幕，也沒有個人的利益，而只有安全的感覺、和平和愛充滿著所有的人。而且這一現實可

以被我們所有人揭示，並且就在此時此地。

　　平克佛洛伊德用《牆》這首歌在現代生活中劃下了一道終極的聲軌。現在是時候改變這個聲軌的時候了。新的一代期待著一個充滿希望的新的旋律，一種更美好生活的承諾。現在我們需要的是一首在我們的內心中播放的旋律，一首使我們能夠打破那些仇恨和分隔的牆的旋律，正是那些牆導致了我們在這個世界上的所有痛苦。我們要做的就是希望揭示存在於我們之間的這道牆。今天，和以往任何時候相比，打破這道將我們人與人之間分離，引發仇恨的牆的時機和條件都更合適。

57 我們是否自由？

　　一聽到這個屬於哲學方面的問題，大家就會覺得太枯燥乏味，但是，如果我們仔細地研究一下這個問題，就會很容易發現，自由並不能算是無關緊要的瑣事。恰恰相反，在生活中我們都嚮往自由。但是我們是否都理解自由這個詞呢？自由對每一個人來說究竟意味著什麼？自由來源於哪裡？如果世界上有自由，那麼究竟什麼才是真正的自由呢？自視很有思想的人都會去考慮並設法回答這些問題。

第一層次：對自由的理解

　　自由的名目真是數不勝數，什麼金錢自由、人身自由、言論自由、行動自由、思想自由等。但是對每一個人來說自由是什麼？是想做什麼就做什麼嗎？可能我們每個人想的都不一樣吧？

　　有人追求財富，認為金錢會帶給他們所想要的任何自由。有人把自由看成權力，他們最渴望的就是能夠自由地做出決定，以此影響並控制其他人的生活。還有人更加重視名譽，追求藝術上的自我表現、自由創造等等。但是也有一種人，在他們看來，蹺著二郎腿看電視看電影，大吃大喝就是一種最自由的狀態。換句話說，自由意味著有機會去實現自己的一切願望（慾望）。但從另一方面來看，這樣的人又是自己願望（慾望）的囚徒，這哪裡是自由呢？再說，盲目地追求夢想的實現，難道不是一種包袱嗎？

　　很顯然，我們的自由並不是沒有約束的。前面描述的對自由的理解大部分都與人們在現實社會中的那些慾望有關，假如，一個人住在荒島上，他百分之百不會去想怎樣才能發財，因為沒有這個必要。這樣一來，我們就能看到，社會既能保證個人自由，又會限制個人自由。但是無論如何，自由對人們來說還是十分重要。

第二層次：自由的來源

我們已經描述了人們對自由的不同理解，現在讓我們分析一下自由選擇是由什麼外在的和內在的因素所決定的。這些因素也被稱作「自然因素」和「社會因素」。首先，我們來看一下內在的自然因素。

眾所周知，人不能選擇父母、出生日期、教育方式，甚至他的外貌、才能、性格、壽命等，這些都是由基因決定的（當然，如今改變相貌的辦法很多很多）。那麼我們能否自由地選擇專業、對象呢？似乎也不能……我們的價值觀、道德、素質和信仰等，都是由社會環境決定的。也就是說，在這個世界上我們想要的每一個事物，都是外在的影響力作用於我們身上的結果。

如果我想要一個披薩，那是因為我的朋友、父母、電視，或其他的某件事或某個人告訴了我它有多麼好吃。或者如果我想成為一名律師，那是因為社會給了我這種印象，即做為一名律師報酬豐厚，生活美好。說起未來的配偶，也沒有什麼奇怪的，那是因為基因與激素的影響，我們才對某個人產生熱情或愛情。千萬不要忘記，在古代，婚姻是由父母包辦的。換句話說，婚姻都可能是月老的安排。

從另一方面來看，社會對人有這麼大的影響也就不難理解，人只不過是社會這部大「機器」上的一顆「螺絲釘」，雖然很小，但是卻與整個社會密不可分。

總之，我們不能自由自在地選擇自己的行動以及生活的方向。似乎我們被鎖定在一種惡性競爭的遊戲當中，而無法脫身。這樣一來，難道我們對我們所做、所思、所想都沒有真正的自由嗎？難道我們只是欺騙自己擁有自由不成？難道自由只不過是一個時尚的詞語而已嗎？

第三層次：真正的自由究竟在何處？

具有豐富生活經驗的人都會承認，環境因素對我們有著相當大的影

響。比方說，父母特別注意孩子的朋友圈，他們懼怕子女因為遭受其他負面的影響而走上歪路。

正如一則西方諺語所言：「告訴我你的朋友是誰，我就會知道你是怎樣的人。」中國人則說：「近朱者赤，近墨者黑。」

那麼，如果環境的影響真的這麼大，甚至連我們的願望（慾望）都是由社會來決定的，那麼，為了更快地實現我們的目標和夢想，我們是否能夠選擇環境呢？假設，我想要金錢，我就可以讓有同樣想法的人將我包圍，並整天談論金錢。這能夠激勵我為金錢而努力工作，並將我的頭腦變成一個製造賺錢方案的工廠。也就是說，人們能夠按照自己的願望去選擇想要的環境。而且，自由自在地選擇環境是人類的特權，例如，動物不但不能選擇環境，甚至沒有必要選擇，它們以滿足天生基本的慾望為存在目標，自生自滅。

總而言之，雖然許多社會和自然的現象仍然神秘莫測，但是現代科學已經能夠解釋的也不少。我們已經一清二楚地知道很多現象發生的原因、過程和結果，但卻仍無法解釋的千古難題是：這個宇宙是為了什麼而存在的，這個世界為什麼如此而發展，人生的目的是什麼？也許有一天人類將獲得自然的秘密，只要想得廣泛一些、長遠一些，世界就會顯得更加燦爛！

實際上，這一切謎底早已揭開，或正在等待著你來揭開，卡巴拉智慧就是幫助你來揭開這些謎底，找到那個真正的自由。而我們自由選擇之點只存在於對環境的選擇上！

56 自由暢想曲

　　你是否曾經想過為什麼你喜歡去度假？在另外一個地方你在尋找著什麼你在家裡找不到的東西嗎？卡巴拉解釋說，我們所要找的東西實際上就在我們面前，或者確切地說，就在我們的內心中。

尋找逃避

　　言論自由、新聞自由、宗教自由、表達自由、創作自由、資訊自由、學術自由、經濟自由、自由時間……在 21 世紀，幾乎每個人都可以創造屬於自己的自由品種。

　　但是有沒有一種絕對的、無條件的自由呢？一種不是關於某種東西的自由，而是某種甚至連想像都難以企及的無限的、沒有邊際的自由呢？到底有沒有這種純粹的自由呢？

　　卡巴拉智慧解釋說，有，但它與我們平常所想像的完全地不同。對於我們大多數人來說，自由意味著擺脫每日的勞作和日常生活帶來的煩惱。我們想要從憂慮、壓力、公司老闆以及透支的銀行帳戶中解放出來。簡單地說，我們想要暫時逃避一下現實生活，使我們能夠喘口氣呼吸一下。所以我們終年努力工作並且積攢所有能省下的金錢，以便最後可以在某個沙灘上或陽光下獲得片刻的憐憫。

　　但是在你與我之間，某些不該發生的事情卻總是在我們不希望發生的時候發生。要麼是在酒店，要麼是在飛行中，而如果不是任何別的事情的時候，就是孩子們卻在最不該生病的時候生病……

　　總之，或這或那，大多數休假總是不會按照我們事先的夢想計畫進行。即使我們夠幸運，享受了一個完美的假期，但飛逝的時間還是在提醒我們所有這一切都將很快結束，甚至就在我們意識到它之前，我們又不得不再次跌落到「現實生活」的囚籠之中。

如果您停下來，並且思考片刻，某些有趣的問題將會彈出：從我們的日常生活中逃離出來是否真的會使我們更自由呢？如果存在一種不同的生活方式，我們可以不用從日常的生活中逃離就能尋找到自由該有多好啊？而且是否有一種永遠不會結束的、完美的夢想的假期這種事呢？

自由存在於超越這個世界的「地方」

其實是有的。但是，為了找到到達那裡的道路，我們應該停止在這個物質世界的框架內尋找它。而應該換一個地方去尋找！

卡巴拉智慧解釋說，在我們的這個世界裡，除了自由，一個人可以擁有任何東西。就是說，**在這個世界上，人類沒有任何真正意義上的自由**。試想一想：你無法選擇你出身的家庭或你的天賦和素質。做為一個孩子，你不斷受到你的父母、老師和其他教育者的影響。而當你長大了一點點，社會和媒體實際上幾乎在控制著你生活中的一切：包括穿什麼、做什麼樣的人、追求什麼、如何思考、吃什麼和愛什麼人等等。即使是有關美與醜的概念，對與錯的觀念，態度、言論或行為正確與否等等——都是由社會灌輸並強加給我們的。

當然，接受在我們的這個世界裡沒有自由這個概念並不容易。但奇妙的事情是——當你一旦開始意識到在這個世界上你沒有自由時，你就會開始尋問所有這一切的意義是什麼，而卡巴拉解釋說，這正是你踏上通往真正自由大道的開始。

「…如果我們將我們的心收回來只回答一下那個非常著名的問題…它就是被整個世界曾經問及或正在詢問的那個苦澀的問題：我們生命的意義是什麼？」　——卡巴拉學家 耶胡達‧阿斯拉格（巴拉蘇拉姆），

《十個 Sefirot 的研究的簡介》

卡巴拉學家們告訴我們，在「什麼是生命的意義？」這個問題的答

案中，包含著通向我們真正的自由大門的鑰匙。而且地球人沒有一個人不是至少問過這個問題一次。在內心深處的某一個地方，有意識或無意識的我們都在問：「我為什麼會在這裡？」「我從哪裡來？」「人和宇宙存在的目的是什麼？」「我會到哪裡去？」「所有這一切的意義是什麼呢？」

卡巴拉學家們解釋說，我們只是自然地問這樣的問題。但問題是我們所受的教育以及環境的影響使我們認為它們無法被回答，或者甚至認為它們就是不能被回答的。因此，當這些苦澀的問題在我們腦海中浮現時，我們都潛意識地迴避去嘗試給它一個真正的答案。

況且，我們還創造了一個方便我們忽略這類問題的社會。畢竟，跟著社會發展的洪流隨波逐流比起詢問它的意義更容易為社會所接受。

> 「……在我們這一代，更甚的是連願意思考這個問題的人都沒有了。然而，不管怎樣，這個問題本身仍然苦澀地並且會更加強烈地矗立在那裡，而且還不時地不請自來在我們的腦海中閃現，就在我們準備重施那個熟悉的伎倆，也就是，還試圖像昨天一樣，繼續毫無目的地將自己掩埋在社會生活的洪流當中隨波逐流之前，它卻將我們重重地拽回到地面上來。」
> ——卡巴拉學家 耶胡達・阿斯拉格（巴拉蘇拉姆），
> 《十個 Sefirot 的研究的簡介》

仔細想一想，我們人類發展出的各種迷人的娛樂產業，源自於我們企圖逃避我們對生命的意義這個苦澀問題答案的尋找。我們努力使我們自己拼命忙碌於無數的活動上——淹沒在大量不必要的資訊當中，每天盯著電視幾個小時，在飆網、看電影、NBA、世界盃、去迪士尼樂園，以及諸如此類的事情，總之，做著所有能使自己打發時間的事情。

那些會使我們閒下來，沒有其它任何事情可以讓我們迴避回答那個生命意義的問題的主意似乎非常地可怕，因為那樣的話，我們將不得不

孤獨地面對那個有關生命意義的苦澀的問題。

但最諷刺的是，卡巴拉解釋說，實際上我們正在壓制著那個可將我們帶到我們渴望的真正的自由的問題。

那麼，我們可以不用試圖逃避我們的現實生活去度假，而是可以將生命本身，轉變為一次完全不同的體驗之旅——就像一次無止境的、完美的度假，而且在那裡我們感受到的快樂只會從一個時刻到另一個時刻不斷增加……

這是不是聽起來好像來自不存在於這個世界的某種東西呢？好吧，你說得對，是的，它不是來自這個世界。但它卻確實存在於某一個「地方」，而卡巴拉就是用來為我們解釋它在哪裡和怎樣去到那裡的智慧。

我們怎樣去到那裡？

「一個人應該認真感悟並研究他的本質和他來到這個世界的目的。」
——卡巴拉學家　巴魯克·斯拉格（拉巴什）《我聽說的 Shamati》

這一切都始於我們要做出一個簡單的決定——停止逃避。讓這個有關生命的意義的問題從其藏身之處解放出來。

然後，你將會看到這一問題與改善在這個世界中的生活或逃避它無關——它只是在探尋我們生命的真正根源。事實上，質疑生命的意義是與它的根源相連接，也就是和創造者連接的開始。換句話說，對這個問題的回答和與創造者的連接是同一回事。

卡巴拉學家們解釋說，和創造者的連接是一個逐漸發生在我們的內心中的過程。

而且你與你的生命的源頭連接得越多，你就變得越自由，因為這個根源是絕對的無條件的自由——它不依賴於任何東西來維繫它。

所以，為了達到真正的自由，我們不需要去爬山，旅行到世界的另

一端，或試圖從我們的日常生活中逃離。我們要做的一切就是讓這個簡單的、內在的問題被喚醒並且指引我們。然後，那條通向完美的道路將會展現在我們面前，我們將會走在通向真正的、永恆的、自由的道路上。

59 一切為了生存

「倖存者」這個在美國曾經風靡一時的電視遊戲節目，淋漓盡致地展現了我們這個世界中的人們為了生存會採取什麼行為。但我們——這個世界的人——囚禁在地球上的人——真的和那些在「倖存者」遊戲裡的選手們表現出來的有什麼不同嗎？

「一切都是算計，除了算計，還是算計。如果有人來找你就像：『嘿，你最喜歡的音樂是什麼？』——實際上他們並不在乎答案是什麼。接下來的問題會是：『我們結盟怎麼樣？誰是下一個我們要幹掉的目標？』……對我來說，『倖存者』遊戲是有史以來最偉大的遊戲：在那裡『我體會到了那個真正的邪惡。』對我來說只是好玩。」

——「倖存者」遊戲選手，約翰尼・費鄂普勒 Johnny Fairplay，

《倖存者》、Micronesia、CBS 廣播有限公司

「簡單地說，每一個人和所有人的本質就是為了一個人自己的利益剝削這個世界上所有的其他創造物。即使一個人看起來在給予另一個人一切——也都只是出於某種必要……而這之間存在的所有差別只在於人們的選擇：某些人選擇利用他人滿足自己的低級趣味，另一些人選擇控制別人，還有第三種人選擇獲取榮譽來滿足自己。」

——卡巴拉學家，耶胡達・阿斯拉格（巴拉蘇拉姆）《世界和平》

「生存」這個詞語曾經激發了無數人為了生存下去而從逆境中崛起的英勇氣慨。在這裡，我們談論的可以是從二戰對猶太人的大屠殺中或從前蘇聯的古拉格（前蘇聯勞改營）中倖存下來的人們；也可以是那些戰勝癌症的倖存者，或那些自然或人為災難的倖存者。然而，今天，我

們說的這個詞表達的卻是：在一個有著異國情調的海灘上，一群男女穿著僅僅足以覆蓋身體的性感衣服為了贏得 100 萬美元大獎而廝殺戰鬥的場景。2002 年，「倖存者」遊戲是全美國收視率最高最流行的電視真人秀節目。

在這個表演遊戲中，16 至 20 人被分成幾個戰鬥部落小組，並被放到一個遙遠的小島上。在那裡，他們為了「生存」，互相競爭，「挑戰」對方，並且每一天晚上都會有一個戰敗部落中的一個人被投票出局。直到這個數字縮小到只有一個部落倖存下來，然後，這個倖存下來的部落的成員們將會發生內部戰鬥，直到最後一個人倖存下來——這個最後的倖存者就是「倖存者」遊戲設立的大獎——100 萬美金的得主。

為了能夠堅持到那個令人垂涎、有機會贏得那 100 萬美金的決賽，各種聯盟在選手間不斷地被組成和破裂著。正如一名玩家說的，「這是一個忠誠和欺詐的遊戲」。競爭對手們相互欺騙，互相耍著陰謀詭計，甚至偷竊以鞏固他們自己在部落中的位置。為了贏得那令人暈眩的 100 萬美元獎金，他們幾乎會對他們的「朋友」做出任何需要做的事情。

虛構還是現實？

所以，除了那些豐滿的美女和美麗的海灘之外，這個節目的吸引力是什麼？觀眾們似乎喜歡看到參賽者為了贏得獎金在道德上到底可以墮落到多低。同時，亦對那個最有能力利用他人的優勢操縱一切的勝利者有著某種感覺起來很怪的欽佩。這是不是可能我們正在對某種深藏在自己的內在本性裡的某種東西正在發生共鳴呢？而這種東西只不過現在部分地被一層薄薄的「文明」面紗遮蓋著呢？

這聽起來可能令人感到不舒服，「倖存者」遊戲放大了我們自己的內在本性傾向並且將它們以「娛樂」的方式暴露在陽光之下。但這絕不令人驚訝，正如我們的文化和教育全部都是關於成功和競爭的——為了實現目的可以不擇手段，可以突破任何底線。看看我們在各個領域人們獲取成功的方式吧，從體育、到商業，再到政治，與那些在「倖存者」

遊戲裡的競爭對手們，為了追逐那巨額獎金的手段相比，我們在追求金錢、權力或名譽上的做法真的有什麼差別嗎？

現在，「建立夥伴關係」已成為商業世界一個共同的時髦術語。航空公司與飯店結盟，以提供最佳的里程共用計畫，從而確保客戶對夥伴關係中的雙方的忠誠度。現在問一下你自己這個問題：如果航空公司沒有從這種夥伴關係中看到收益的話，這種夥伴關係能持續多長時間呢？

公司鼓勵員工發揮團隊精神並支持公司。然而，在經濟低迷時，這些公司將毫不猶豫地炒掉那些曾為他們的成功做出重大貢獻的雇員。無論你將它稱作什麼，這裡沒有任何夥伴關係——有的只是為了獲得各自利益而互相利用，就像在「倖存者」遊戲裡形成的那些「結盟」一樣。

通常一場美國總統大選，會是一個觀察目前政治謀略和伎倆的絕佳機會。民主黨人和共和黨人通常都會與本黨成員團結一致投票擊敗對方。但是，在選舉時期，政黨的凝聚力卻解體了。為了成為民主黨內的總統提名人，候選人會不惜以任何手段來攻擊對方。一旦提名被決定下來，該黨將再次團結在獲勝者周圍，一起努力以擊敗其對手要麼共和黨參選人。

這整個系統的運作都是建立在「這對我來說有什麼利益？」的利己主義算計程式的基礎上。只要我能受益，我會與任何人結盟。而一旦利益消失了，那就請當心了！

這看起來可能難以讓人接受，聽起來也確實讓人感覺不舒服，但這個算計程式卻貫穿在我們人類社會所有的關係中，包括個人的、商業的和國家利益上。那麼如何識別某個人是否夠朋友呢？好吧，一個朋友是我喜歡和他在一起的某個人，某個讓我感覺良好的人。換句話說，朋友關係只不過是一種讓我在和其他人在一起時我自己可以受益的關係。只要這種關係不再讓我感覺良好或受益，它就結束了。

然而，我們不是在譴責誰——這只不過是對我們自己做為人類，我們真正的本性的一種真實的觀察。雖然醜陋，但卻是人性的真相。不幸

的是，這種自私自利的本性還引發仇恨、競爭和我們今天在這個世界上發生的所有醜陋和暴行。

惡魔的影響

「要是能夠知道某邪惡的人正在暗中在某個地方犯著罪行，而且能夠將他們與其餘的我們分開，這樣就能將他們消滅的話就好了。但不幸的是，將善與惡分開來的那道善惡分界線卻穿過每一個人的心。那麼，有誰會願意消滅自己的心的一部分呢？」

—— 亞歷山大‧索爾仁尼琴，《古拉格群島》

1971 年，社會心理學家菲力浦‧真巴多在史丹福大學進行了一項實驗，為的是研究將人囚禁起來可能引起的心理和生理反應。他和他的工作人員挑選了 24 位正常的沒有任何犯罪背景的男學生。然後，這些學生被隨機地分為兩組：其中一組將扮演「看守」的角色，而另一組人則扮演「囚犯」。

這兩個小組都被放入到一個模擬的監獄環境中。實驗本來計畫持續兩個星期，但它僅僅在開始六天後就被迫停止，因為在短短六天裡，那些「看守們」已經變成了殘忍的虐待狂，而那些「囚犯」則已經開始經歷心理和精神的崩潰。

30 年後，真巴多根據自己的這次實驗經歷，譴責了導致美國士兵虐待伊拉克戰俘的監獄環境。但美國政客們試圖給虐囚事件尋找藉口，聲稱在軍中的虐囚行為只是某些「害群之馬」的個人行為。

做為尖銳的回應，真巴多出版了一本書名為《惡魔效應》的著作，提出了相反的觀點，指出在一種適合的環境條件下，這種事情會發生在我們任何人身上。事實上，**真正會令人驚訝的倒是，能否找出幾個可以抵制人類這種固有的邪惡傾向的「好人」來。**

潔淨人類的環境

如果這種令人沮喪的結論為真的話，做為人類，我們的未來會是怎樣的呢？看來我們的動物獸性的本性正在與日俱增，而與此同時，那些諸如同情和愛等價值觀卻正在失去領地。難道我們註定要互相利用，直到最後只有一個人剩下來，就像「倖存者」遊戲中表現的那樣嗎？

早在 20 世紀初，對《光輝之書》的（階梯）評注的作者，偉大的卡巴拉學家耶胡達·阿斯拉格，就預見到了真巴多（Zimbardo）的實驗結果以及許多在這個世界上發生的其他暴行。他瞭解到人的本性是自私自利的，並且受著追求快樂的願望（慾望）所驅動，即使為了獲得快樂可能危及他人也在所不惜。

然而，阿斯拉格卻向我們保證，對這個「惡魔」，有一種解決方案存在著。這個解決方案就是卡巴拉智慧；已經存在了五千多年的卡巴拉智慧，向我們說明如何才能真正改變我們目前的本性——也就是從利己主義轉變為利他主義。阿斯拉格將這種古老的智慧劃分成三個主要的階段：

在第一階段（也是我們現在恰好剛剛邁入的階段），我們必須發現那個以自我為中心的利己主義存在於我們每一個以及所有人身上，正是這個利己主義使我們彼此分離，並且阻止我們體驗真愛。此外，我們必須瞭解到，我們的利己主義的本性會驅使我們為了得到我們想要的，我們會採取任何可能的卑劣行為。一旦我們清楚地看到我們的利己主義和世界上所有的邪惡之間的這種聯繫；一旦我們不再能夠否認它的時候，我們就擁有了開始創造出真正的改變的力量。

在第二個階段，我們必須改變社會價值觀體系。我們必須將我們自己從一個崇拜自我的社會轉變為一個崇尚給予和愛的社會。

事實上，我們都在嘗試教育我們的孩子和別人分享並關懷他人。然而，一旦我們的孩子們與現實中的價值觀接觸，我們的所有努力就都白費了。我們必須開始按照我們教導孩子的方式行為。而這只有在與我們

利己主義的滿足感相比，為社會做貢獻變得更為重要的情況下，才可以實現。

一旦我們達成了前兩個階段，我們將開始瞭解到我們都不過是一個單一的集成系統的組成部分。我們將瞭解到我們是如何緊密地相互關聯和相互依存的。我們的這種新觀念將賦予我們能夠實現卡巴拉的核心原則之一——Arvut（互相擔保）。這意味著，一個人對別人的幸福和他人的福祉的關注將超過一個人對自己的關注。相應地，我們會體驗從所有其他人那裡返回到我們自己的同樣的愛和關懷。然後，我們將會互相使對方提升，而不是踩著別人去獲取「成功」。

要實現這一目標似乎是不可能的，好像離我們太遙遠，這是因為我們還只是處在我們的旅程的開始階段。我們目前還看不到的是，這個動力根植於自然本身。然而，隨著我們不斷學習卡巴拉並在智慧上獲得成長，我們將會發現，在這個世界上，沒有什麼比愛更自然的東西了。在這種情況下，我們將不會讓未來只打造出一個靠貪婪驅使的「倖存者」，取而代之的是，我們將有整個世界的倖存者，全人類都將被愛驅使。

60 人類本性的變化

　　我們中的大多數人開始注意到周圍世界有些東西不一樣了：就在我們眼皮底下，世界「縮成了一個小小的地球村」。但是我們中的大多數人無法輕易看到的是，我們之間的互動規則也發生了改變。

　　沒有人知道從現在起的後一秒鐘裡，世界經濟會發生什麼變化。各類專家們建立了各種極其複雜的模型，試圖依據過去的經驗預測未來，但是就算是最精準的計算也只會像是「蛋糕上的糖衣」，只能將我們的注意力從重重壓在我們身上的不確定性上轉移開來。越來越多頂尖的經濟分析師們在他們的文章中都暗示性地總結道：只要全球市場是不確定的，就不要對未來下賭注。

　　真正的問題是什麼？難道不能預知我們創造的系統將會發生什麼嗎？專家們說：「這個問題是由太多的因素構成的。」然而，有一種更為清晰的解釋：這一系統再也無法像一個循環的救火隊一樣按照過去那種方式繼續運轉下去了。在今天這個快速全球化的時代，你不可能自己打噴嚏，而不引起整個系統在你背後咳嗽。

　　當《財富》雜誌訪問擔任美聯儲主席近二十年之久的艾倫・格林斯潘（Alan Greenspan）時問道：「資本市場會發生怎樣的變化？」他的回答是：「這與人類天性中最基本的部分有關。」他進而解釋道，「我們一次又一次地遭遇了這樣的事情……人性卻依然如故……這種市場危機狀況是在我們自己的眼皮底下看著它達到的……」（順便提一下，他是早在 2007 年 9 月時說的這番話。）

　　然而，如今問題變得更嚴重了，因為我們身處的環境發生了巨大的質的變化：有史以來，我們第一次變成了一個完整統一的系統。這就是為什麼沒有任何一個老方法——例如市場調控——能夠幫助我們的原因。除了將我們的世界引導到和這種新的全球化的現實相適應，我們別無選

擇。我們應該利用成功的、已經經過時間考驗的模式，而不是一再重複以前犯過的錯誤。如果我們仔細觀察，我們會在自然中找到許多有關在一體化系統有效運作的完美的真正互惠互利的實例。

大自然的智慧

以人的身體為例，其生存完全取決於組成它的所有細胞和器官的利他行為。每個細胞都以對整個有機體有利為目標而運作，每個細胞只攝取能維持其功能的必需能量。事實上，我們談論的是自然的法則，因為每一個自然體系都依賴於其各部分之間正確的關係。一旦一個細胞開始危害整個有機體不是使整個機體獲益，其他的細胞就會團結起來幫助有機體，使整個系統重新恢復平衡。

我們在社會和商業領域中的人際關係也必須按照這種同樣的自然法則來運轉。問題是事實上，我們非但如此，而且正好相反，我們全部都是在追求利己主義式的成功。因此我們目前陷入了危機。從這裡我們可以看到危機的出現是一個必然的結果。正如上個世紀最偉大的卡巴拉學家巴拉蘇拉姆寫道：「**每一個違背自然法則的人都會偏離大自然為其設定的目標，因此大自然會無情地懲罰他。**」

一旦人類不再以分離的個體的形式存在，而是以一個單一的統一整體的形式存在，那個有關單一整體系統的法則便會立刻啟動，並開始支配這個統一而完整的體系。這時，我們再也不會在重複我們過去僥倖做成的事時「被原諒」。繼續以過去的方式運轉就像從一棟高樓大廈的頂部跳下來，卻期望不會摔死一樣。系統不一樣了，老的遊戲規則已經不適用了，現在，我們必須把每一個人都當作是一個相互關聯的體系裡的要素來看待，而不是當成一個個分離的獨立個體。而在我們做到這一點之前，危機還會持續下去。

有一種能夠幫助我們使這個轉變變得容易的有效方式：藉助公眾意見。當大眾傳媒，還有網路開始向人們解釋我們都是一個單一體系裡的一分子時，一切將會變得簡單得多。這樣，一個個體的損失就是所有人

的損失，而一個個體的收益就是所有人的收益。

當今這種將成千上萬億美元投入到市場試圖拯救危機的方式，就像是用止痛藥救治一個已經病入膏肓的病人一樣。因此，我們必須從根本上改變我們的運作模式，用「我們」來取代「我」這個佔據我們世界觀的中心舞台的詞。然而，社會將不再是一大群單個分離元素的集合體，而已變成一個相互依存的大家庭。

一個完美的世界

僅僅只是想像一下：你周圍的每一個人都是你最親近的人，而你也衷心地希望他們每個人都能幸福。你幫助他們所有人，他們感覺到了，並以同樣的方式來對待你。這是獲得和自然和諧共處的一種方式，這是在一個統一、完整而又完美的體系裡應該運行的法則，在一個充滿愛的家庭裡運行的這種法則正是我們在古巴比倫時期所背棄的。一旦我們能理解這些法則並開始遵循，那麼我們將會結束和自然的這種不和諧關係，危機將會自動解除，反過來，一個繁榮的社會和經濟體系也會做為回報回饋給我們。

61 上帝的「陰謀」

如果大自然和我們人類一樣也是以自私自利為導向，那麼我們的身體便會在瞬間分崩離析。相反，大自然本身就是利他的，而這使得生命得以存在。但是，如果大自然是為了自身的利益而利他，那麼我們為什麼不呢？

金融系統的崩潰是必然的。在一個以自我利益為導向的社會裡，有人總會得益，有人總會失利。而由於那些得益的人變得更為強大，他們就更容易以犧牲他人為代價得到更多：更多的金錢，還有更多的權力。這一趨勢存在於地球上的所有社會團體中，因此絕大多數的財富和權力總是集中在少數人的手中。

雖然說，腐敗的人、腐敗的政體或者社會結構導致了社會的扭曲變形，但是不容忽視的事實仍然是，無論是什麼樣的政體，無論社會結構怎樣，無論是誰掌權，社會還是在遵循著同一個基本模式，那便是少數富有且有權力的人掌控著大多數人的命運。

挑戰一個非營利的社會

這就引出了一個問題：「我們能建立一個不以追逐利益為目的、公正而又持久的社會嗎？」答案是：「不能。」追逐個人利益是人類與生俱來的天性，這是我們做一切事情的根本動力。

事實上，對利益的渴望還有另外一種問法，「這能為我帶來什麼利益？」要是我們自己不能獲得利益，我們可能連動一根手指頭都不願意，更不用說是建立一個可持續發展的社會結構了。實際上，渴望得到利益，尤其是對優越性的渴望是我們與生俱來的天性，彷彿這兒存在著某種上帝的陰謀，一種建立在我們內部的構造——這一構造以一種我們無法戰

勝的方式被設計出來，而這正是我們的天性。

如果你仔細查看當代的卡巴拉學家如巴拉蘇拉姆等的著作，你會發現他們全都瞭解到了這一構造，而且幾千年以來一直指明這是人類本性中固有的缺陷。此外，巴拉蘇拉姆還聲明，如果我們不能找到一個取而代之的驅動這種利己主義本性去運轉的動機的話，那麼我們將會在徹底的混亂中滅亡。隨之而來的政治動亂將會導致法西斯政權的產生，而且國家之間由於利益而產生的衝突將會在第三次甚至第四次核世界大戰中達到頂點。

大約七十年前，當這些預言被第一次寫出來時，似乎不可理解，但如今對我們來說將這些預言置之不理卻變得似乎是不可能的了。

共用財富

根據卡巴拉智慧，危機並不存在於金融體系的瓦解之中。危機只是我們內在的以自我為中心的天性在運轉過程中帶來的一種外在顯現的結果或症狀。因此，所有危機的唯一解決方法，包括當前的這一個，就是將我們的天性由以利益為導向轉變為以共用為導向。

如果我們能將我們的定位由個體的自私自利轉變為集體的共同受益，那麼我們不僅能創造一個自然和諧的社會，而且集體本身將會維持集體內的每一個個體的福祉。換句話說，我們不必自謀生計，整個社會會為我們謀福利，而我們反過來也會為整個社會做出貢獻。

在這樣一種社會裡，所有的調節機制、軍事力量、法律的實施以及徵收稅款都是多餘的。犯罪將不復存在，因為沒有人會想要傷害另外一個人。反之，人們只會希望分享與給予。自然而然，大量的人力和資源將會獲得解放以從事社會公益事業。不需要很多年，我們會發現世界將會完全不同，以致於當我們回首曾經剝削他人的日子時我們自己都不會相信，並且會對我們曾經是那麼地盲目和邪惡而感到驚訝！

人類：宇宙中獨一無二的存在

為了將人類的本性由天生的利己主義轉變成利他主義，我們需要一種轉變方法，這種方法與我們自身毫無關聯，而且它也不是我們目前自私自利的運作模式所產生的衍生物。這正是卡巴拉智慧可以給我們提供幫助的地方。卡巴拉智慧是一種科學，它向我們說明自然中一直存在的統一機體的法則是如何應用於個體以及人類社會這一整體的。

在整個大自然中，人類是唯一以自我為中心的存在。原子、分子、細胞以及器官都在比自己更大的系統中通力合作。植物和動物也是如此。大自然中的一切都完美地扮演著它們在其賴以生存的系統中應該扮演的角色，為整個機體的存在服務，只有人類除外。

你可能會問，「那麼為什麼我們生來就和這個體系對立呢？」答案是：「當我們自身就處在這一個體系裡的時候，我們沒有辦法瞭解清楚這個體系。這就是為什麼至今我們還沒有搞清楚我們人類自己是誰以及生命的意義的原因（正像蘇軾的詩「不識廬山真面目，只緣身在此山中」所表達的那樣。編註）。」

我們生存的目的不是支配他人，而是透過像關心自己一樣去關心他人並且有意識地自覺融入到那個無所不包的自然中去。卡巴拉智慧是有關如何去實現真正的團結的智慧。其方法讓我們逐漸瞭解我們在宇宙中所處的位置。一步一步地這一智慧將引領著我們與自然融合在一起。透過這種團結，我們將獲得比在過去那種利己主義運轉模式下獲得的利益大得多的利益：永恆、完美、全知和全覺！在這個過程中，團結不是目的，團結只是達成我們更高的生存層面的必要手段和途徑。

"讓我們坐下來商討一下如何來拯救歐元和歐洲共同體吧！？"

IX
對現實的感知：
我們都被我們
自己欺騙了

如果有人對你說，你看見的這個世界不是
一種真實的存在，只不過是一種你自己的
感官產生的某種幻覺，是你自己創造了你
看到的現實，你一定認為這個人瘋了！但
實際上是，不是他瘋了，而是我們人類一
直被我們自己創造的這種幻覺「欺騙」著，
而不自知。那麼，為什麼我們會被創造成
這樣？對這個問題的答案包含著對整個宇
宙創造和生命意義的揭示。而所有危機和
災難發生的原因也在於我們的這種錯覺！

62 顛倒的世界

　　什麼是現實？我們如何感知它呢？現實是否在我們之外存在著，抑或現實只不過是依賴於我們內在的品格在內心裡建立起來的虛擬畫面？

　　對我們來講，現實似乎就是我們周圍所看到的一切：建築、人、整個宇宙……現實是我們能夠所見、所觸、所聽、所嚐、所聞的一切。這就是現實。真的是這樣嗎？

　　早晨，你睜開眼睛伸伸懶腰。新的一天到來了，外面陽光明媚，小鳥在歌唱。但你心裡最深之處卻覺得好像什麼地方有點不對勁。下床時你用錯了一條腿，而且最不想做的事情是起床。但你還記得昨天是完美的一天；起床的那一刻你就知道將會是美麗的一天，而且你愉快地過了一整天。可是今天，你就是不想起床。

　　那麼究竟是什麼改變了呢？是世界？還是你呢？

　　根據卡巴拉智慧，我們所知曉的這個世界其實並不存在。「這個世界」只不過是被人類所感覺到的一種現象。世界反映了人與其外在的抽象力量——自然——的品格相吻合的程度。

　　那麼，在我們周圍存在著什麼自然力量？卡巴拉學家將之描述為絕對的愛和給予的品格。此外，他們解釋說，人類的品格和自然的品格之間相等同的程度就是人所感知到的「世界」。

　　這意味著什麼呢？讓我們用收音機原理為例來說明。電台一直在廣播，但是，只有當我們將收音機調整到一定的無線電頻率時才能聽到其同頻率廣播的聲音。收音機是如何「捕獲」廣播聲音的呢？當它所產生的內部頻率和其周圍空氣中的聲波相同的時候。因此，收音機只有在改變它內部的頻率後，才能「捕獲」到你要收聽的廣播頻道的聲音，雖然即使你不聽，聲波也一直在那裡。

卡巴拉智慧解釋說，人們在使用完全同樣的一種方式——也就是利用在我們自身內所產生的「頻率」來感知外部的現實。換言之，我們感知到的現實完全取決於我們本身的內在品格。因此，只有我們自己才能改變現實。

現實在自己的內心

為了理解我們感知世界的方法，讓我們把人比作開有五個「孔」（眼睛、耳朵、鼻子、嘴和手）的封閉的盒子。這些器官代表五個感官：視覺、聽覺、嗅覺、味覺和觸覺。我們正是透過它們才能感知現實。我們所聽到的聲音範圍、所看到的視野等，完全取決於我們相應的感官的感知能力。

讓我們看一下，聽覺機理是怎樣運作的。首先，收集的聲波到達耳膜並使其振動。耳鼓膜的振動在中耳引起三塊小骨震動，後者將聲波輸送到內耳，在那裡信號轉為神經脈衝並接著傳輸到大腦。然後大腦把聲音資訊「翻譯」成聲音。就這樣產生「聽見」這一過程。換言之，該過程是在我們內部發生的。人類的所有感官都是以這種相同的方式運作的。

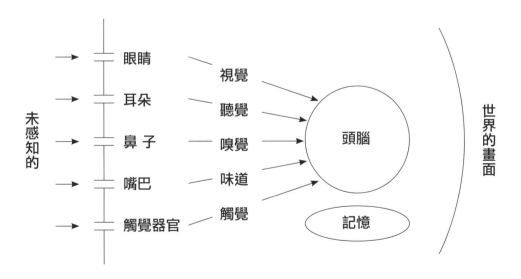

任何來自感官的信號進入大腦的控制中心。在那裡，剛接收到的最新的信息和我們記憶中已有的資訊相比對。基於這個比對，大腦描繪出一幅好像在我們「面前」所存在的這個世界的畫面。這個過程產生一種我們生活在一個特定「空間」的感覺，即便那空間其實是在我們內部。

那麼，我們真正感知到的究竟是什麼呢？其實，只不過是那些我們自己對外界刺激的內在反應而已──他絕對不是在我們外部實際發生的東西。實際上，我們就是這樣「被封閉囚禁於我們自己建造的一個黑盒子裡」，因此，無法知道外面所存在的到底是什麼。

所以說，我們所感知的現實的畫面取決於我們的五官結構和大腦中所儲存的資訊，更取決於我們的大腦（中央處理程式）如何解讀那些接收到的資訊。幾年前，科學發現用電刺激人腦能使人體驗到似乎處在某一個特定的空間和狀態時的感覺。

事實上，自然科學家已經知道不同的生物所感知的世界是不同的。例如，貓在黑暗中的視力是我們的六倍。狗的聽力遠比我們銳利和敏感得多──狗比人能夠更早聽到聲音。人類的眼睛只能看到在紫色和紅色波長之間的光。因此，我們不能看見比紫色更短的波長，比如紫外線，也看不到紅外線。然而，蜜蜂卻能感知紫外線並利用其找出各種各樣的花。這種例子很容易證明，如果人類有其他的感官的話，人類所感知到的現實的畫面將會完全與我們現在感知到的「不同」。

這都是一場夢

卡巴拉學家解釋道，人可以透過兩個階段來感知現實，而且兩個階段都完全是由人內在的品格所決定的。在第一個階段，人的內在的品格是和自然的品格相反的「利己主義」。這就是我們現在擁有的控制著人類的行為的利己主義的品格，它使得我們感到與自然和其他人是分離的，甚至鼓勵我們利用別人為自己牟取利益。由於這種利己主義的品格，在這個階段上，我們所目睹的世界充滿著戰爭、掙扎、貧困和貪污腐化。

　　然而，逐漸地，生活的經驗使我們意識到這種利己主義狀態下的感知不能給予我們真正的幸福，因為在利己主義狀態下，利己主義的接受快樂的方式使得人類無法體驗到持久的滿足。在第二個更高的階段中，我們內在的品格變成是絕對的愛和給予──正像自然力量的品格一樣。那些能透過這種利他主義的方式感知世界的人感知到所有人是怎樣做為一個單一系統中的組成部分起運作的，他們全部都致力於互相給予從而建立起了一個無止境的快樂的系統。

　　根據卡巴拉智慧，在第一階段的存在僅僅是我們經歷的一個過程，第一個階段的存在是為了達到第二個階段的一個必然要經歷的過程，而它全部的目的就是讓我們能夠獨立自主地去改變自己對現實的感知。卡巴拉學家，即那些懂得如何改變感知方式的人，他們定義我們目前的存在狀態是一種「幻覺的人生」或一種「想像的現實」。

　　相反，卡巴拉學家把這種改正後的、完整和完美的存在稱為「真正的人生」或「真正的現實」。當我們回頭看著自己過去所處的自私自利的感知狀態時，他們將之形象地描述為好像那是一場夢一樣，而且是一場「噩夢」。這意味著在目前這種狀態下，那個真正的現實是向我們隱藏著的。我們感知不到它，因為現在我們是依靠控制著我們的利己主義的內在品格來感知我們本身和世界的。這時候，我們感覺不到全人類是做為一個統一整體互相連接在一起的狀態，因為我們的本性（內在品格）排斥這種關係。銘刻在我們內部的自私自利的願望對這樣的連接並不感興趣，而這就是為什麼它不讓我們看到真正的現實的原因。

　　如果我們將自己的利己主義轉變成和自然的利他主義品格──愛和給予一樣，我們就將感覺並領會到一種我們以前從未注意到的、完全不同的周圍的世界。此外，我們曾經感知到的那些也會顯得完全不一樣──即從分離、短暫和沒有意義的狀態變成統一、永恆和有目的的狀態。這就是卡巴拉學家在詩篇中所表達的意思，「我們看到的是一個顛倒的世界」（《巴比倫塔木德》）。

品嚐和發現

卡巴拉智慧教導我們，生命的意義就在於我們獨立自主地選擇從目前這個有限的存在狀態提升到那個真正的永恆的存在狀態。這種選擇就是人類的自由意志最終要做出的真正選擇。

這該怎麼實現呢？唯一從自私的感知中破繭而出的方法是與存在於其外部的現實聯繫上。要這樣做，我們需要真正的卡巴拉著作，因為這些著作是由那些已經揭示了真正的現實畫面的卡巴拉學家所撰寫的。在那些著作中，卡巴拉學家告訴我們關於那個完美的、其實就在我們身邊的現實。我們僅僅需要改變的是我們內在的「頻率」以便「收聽到那個廣播」。

當人們讀到有關真正的現實的著作時，籠罩在他面前的迷霧就會逐漸消失，真實的現實會逐漸變得清晰起來，而人們將慢慢地開始感受到那個真實的現實。事實上，卡巴拉學家解釋說，我們並不是透過理解著作本身改變自己的品格。即使一個人不懂得他所讀到的，人們去理解它的那個渴望，會自動調整其感知能力。

「即使他們不理解他們所學習的，這個透過想要理解所研讀的一切的嚮往和強烈的渴望，就喚醒了圍繞著他們的靈魂的環繞之光……因此，即使人們還不具備那個精神容器，當他學習這個智慧並提及和他的靈魂有關的那個更高之光以及精神容器的名稱時，它們立即以一定的程度「照耀」到他。」

——卡巴拉學家，耶胡達・阿斯拉格（巴拉蘇拉姆）

《對〈十個 Sefirot 的研究〉的導讀》

我們目前對現實的利己主義感知和我們最終將要達到的利他主義感知之間有著天壤之別。為了以某種方式描述這種差別，《光輝之書》將

之比作一根小蠟燭發出的光亮和一個無限的太陽光之間的差別，或是一粒沙子和整個世界之間的區別。然而，如果你真的想要知道這到底意味著什麼，卡巴拉學家建議你自己去發現。

　　「品嚐，你會發現上帝是多麼的美好！」（詩篇 34：8《聖經》）

63 卡巴拉與現實的感知

在卡巴拉智慧這門科學裡，我們所學的是為了要進入一個隱藏的結構：精神世界。我們學習如何能超越，到管理這世界領域中。

我們對這個世界感知到的圖像實際上是在我們內部形成的。我們的五官接收到一些外在的刺激並把它傳送到大腦中，經由這裡進而構成我們對這個世界的圖像，而在這畫面之外我們無法察覺到其他任何東西。

我們「所知的」世界是我們對外在刺激的反應，而對我們來說，世界的本質卻依然是一無所知的。比如，假如我的耳膜受傷了，我什麼都聽不到，聲音對我而言就是不存在的。我感知到的僅僅侷限在我所能感知的範圍之內。

我們對世界的觀察完全是主觀的；發生在我們感知之外的任何東西，我們無論如何都沒辦法說。我們緊抓著對某些事情的反應而推測發生在我們外在的世界的事情，但在那外部真有任何事發生嗎？

有許多學說在論述這一問題。牛頓的學說指出有一種客觀的現實存在著：不管我們自己是否存在，我們能看到的世界都是客觀存在著的。愛因斯坦則推論出真實的觀察是依觀察者的速度及被觀察者之間的關聯而定。換言之，藉由改變我們的速度來觀察物體，我們會注意到它是完全不同的：空間變得反常，擠壓或展開，時間改變了。

其他的理論，像是海森堡（Heisenberg）的不確定性原理，陳說了在個體和世界之間的相互性。換言之，感覺是我對這個世界上的影響，事實上也是這個世界對我的影響。

卡巴拉智慧解釋說，在我們之外根本不存在著任何可感知的現實。在我們之外，我們未曾影響過任何事情，因為我們感知不到任何感知之外的東西。在我們之外，僅有那個不變的更高之光。這整個世界存在於

我們內部，我們之所以感到被外在所影響是因為我們是被這種力量所創造的。

我們假如能走出我們的這個世界，並開始去瞭解那個更高之光是如何以一個新的圖像誕生於我們的內在世界的話，這整個世界就會變得又小又有限。我們一旦明白那個更高之光是如何決定我們所意識到的自己和四周的環境，最終我們就可以控制這整個過程。

卡巴拉智慧賦予我們這個能力。我們將開始瞭解我們內在的能力之所以受限的原因。假如我們的品格與那個更高之光的品格相等同，我們將達到一個完美的永恆的階段，被稱為「無限的世界」——永恆的生命和完美的滿足感。

所有這一切都只依靠改變我們的本性。因而卡巴拉智慧的目的是令我們知道，藉由（很快地，在此生中）改變我們自己的本性，我們就可以超越這個物質世界。雖然我們的身體還是屬於這裡，我們照常擁有家人和孩子，並繼續在這個世界、社會上過著平凡的生活，但是除了這一切，我們還能感知那個更高的現實：同時生活在超自然的感知之中。

64 透過卡巴拉感知超越我們認知之外的世界

　　眾所周知，我們用我們的五官來感知這個世界。這樣，我們就像一個黑盒子一樣，只能感知到從外部進入到這個黑盒子裡的事物。它受到外部力量的影響或壓迫，然後對這些影響做出相應反應。

　　透過五官進入這個封閉的系統（我們）的所有事物都會被一個我們稱作「大腦」的複雜系統進行記錄、加工、分析，其生成的思維形象構成了我們對整個現實的感知。

世界的內部圖像

　　所以，我們所感知到的只不過是我們對外界影響的反應。這是我們在處理所有接收到的外界資訊的過程中感知達到的最高點。我們的這些感知的總和給我們提供了一個叫做「我們的世界」的內部圖像。因此，儘管這個世界看起來像在我們之外，它實際上是一幅完全主觀的、內在的圖像。僅僅用我們的五官，我們是不可能將位於我們外部的客觀現實同存在於我們之內的這個主觀現實做出對比的。那麼，我們有可能突破我們的感知的這些侷限嗎？科學家們發明了各式各樣的儀器去擴大我們的感知範圍，包括顯微鏡和望遠鏡等。然而，沒有哪一件儀器能夠給我們提供一種真正的新的感知。無論怎樣去擴大或延展我們的五官的感知範圍和精度，我們仍然不能突破我們常規的五官設定的界限。

　　我們都擁有著同樣的感官，得到同樣的感覺，產生同樣的感知圖像，這使我們能夠彼此交談、傳遞資訊和印象等，並最終明白彼此的意圖。我們所有的感官（也就是那些接收資訊的器官）被創造成在這樣一個機制（程式）下工作：僅僅只根據是否有益於自己，來接收、記錄、加工並評估進入的資訊。

擴大我們的感知

那麼，在我們的感知之外，是否會存在一些並不為我們所感知到的其他事物呢？卡巴拉智慧——一種擴大人類感知範圍的智慧，揭示了在我們的感知之外，實際上存在著另一個完整的世界，一個我們甚至無法想像的世界。我們現在的五官全然不能「挑選」和發現它，因此我們也感知不到它。

「卡巴拉智慧」這個詞的意思就是「接受」。它是一種使我們能夠開發出一種額外的感知能力、去「接受」那些存在於宇宙之外的事物的資訊的方法。透過掌握這種方法，人們才開始用一種完全不同的方式來感知周圍的世界。

感知精神世界

卡巴拉學家們都是像你我一樣的普通人，他們與我們唯一的不同就在於，他們已經開發出了一種新的感知能力，這使他們能夠感知到現實的一個額外的領域——即那個精神世界。他們做到這一點的方法，是一個有著其自己的數學體系、方法論和心理學體系的古老而科學的方法。它研究人類內在世界的運作機理，並演示人們能夠超越他們的內在感知來獲得外在的感知，甚至在它們開始影響其五官之前獲得這種感知。

達成精神世界——絕對的完美和永恆

如果運用卡巴拉智慧武裝我們自己的話，那麼一個生活在我們這個世界中的人就能夠感知超越身體的限制之外的事物，這樣他就能感知到位於他之外的世界，並向我們揭示出那些宇宙的自然法則。透過第六個額外感官到達精神世界，一個人能夠看到我們這個世界中的所有科學的起源和結果。一個人變成了一個能夠在那些已經被揭示的，和那些科學研究現在還難以企及的事物之間建立起聯繫的研究人員。他能夠看到感知是在人的五官的哪一部分產生出來的，其邏輯關係以及外部世界自何

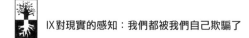

處開始。所有這一切都是透過發展出一種新的感官，來突破我們的這個現實世界的侷限而得以實現的。

　　但是，這個新的感知能力的目的並不是純粹屬於科學層面上的，而是屬於非常個人的。我們透過發展這個新的感知能力去揭示那個精神的能量系統的終極目標，就是為了使人類能夠獲得終極的快樂、達到絕對的完美和永恆的存在。

65 活在精神之夢的世界中

「他感到他整個人生就像一場夢似的，他有時也懷疑這夢屬於誰，而他是否正在享受它呢。」英國作家道格拉斯・亞當斯（Douglas Adams）在《西區科克銀河系漫遊指南》（The Hitchhiker's Guide to the Galaxy）中說。

我們的生命是伴隨著對這個物質世界的感知和存在開始的，直到某一天我們發現一個獨特的、對某些嶄新和不同事物的渴望，通常被稱為「精神世界」。我們試圖想像，在那個精神世界正在發生著什麼呢？並試圖描繪假如那個精神現實沒有對我們隱藏，而且我們可以感知那個精神世界的話，我們的生命會有哪些不同。「那個世界會是什麼樣子？在那裡究竟在發生什麼呢？」對此我們感到疑惑不解。

卡巴拉學家告訴我們，在這個物質世界，有著各種線索能夠幫助我們更好地理解那個精神世界。其中一個就是我們的夢——它們能幫助回答我們的問題。

「我們就像都是夢中人」——詩篇 126，《聖經》

卡巴拉學家，也就是那些已感知到精神世界的人，告訴我們，在到達那個精神世界之前，我們似乎是「夢中人」。但這一點能教給我們關於那個精神世界的什麼事情呢？

我們都做過夢，所以知道，夢可以是快樂的、悲傷的、興奮的、暗淡的、充滿愉悅的、可怕的等等。夢包括情感的一切可能的狀態，有時，一些夢感覺起來是如此真實以致於我們可以斷言，那場夢確實是在現實生活中發生過的。

它只不過是所有夢中的一場夢而已……

但夢究竟有多麼真實呢？假設某個晚上我們錯過了正餐而饑腸轆轆地就去睡覺了，那你可能會夢到在享用一桌盛大的宴席。我們會狼吞虎嚥直到喪失了知覺甚至不想再吃另一口為止。然而，到了早晨，當鬧鐘響起，我們從這美妙的經歷中驚醒，並發現自己的胃正在發出饑餓的聲音。看樣子，那桌盛宴只不過是一場夢，而在現實中我們的胃仍然是空空如也。

現在想像一個過著非常簡樸生活的人，靠精打細算才能勉強維持生計。一天夜晚這個人夢到中了幾百萬的頭彩，一貧如洗的生活已成了遙遠的記憶。一整天，他都沉浸於閒逸和狂喜之中……直到突然醒過來。

假設你現在的生活也不過是這類夢中的一場，那麼會怎麼樣呢？卡巴拉學家告訴我們，真正的你是那個靈魂，而真正的世界是精神世界，但你現在正在沉浸的夢對你來講顯得是絕對真實的——你相信，你自己就是這個物質的有血有肉的你，而你所居住的世界就是你自己感知所形成的這個物質世界。

當他們將在到達那個精神世界之前的感覺與夢境來做比較時，這就是卡巴拉學家所提到的「線索」的意思。這個比喻說明我們的物質生活彷彿就像一場夢似的，而且在我們身上所發生的事情、我們整個的物質存在並不是我們真正的生命——這一切都只不過是我們的靈魂經歷的一場短暫的夢而已。

這個靈魂有很多種夢，而且每一場我們都感覺為在這個物質世界過的一生（由生到死的過程）。但當那個靈魂最終甦醒過來，我們發現根本就沒有人生，也沒有空間和時間——只有永恆的精神世界。

別再打瞌睡

怎樣才能從我們已習慣的夢中被喚醒呢？我們大多是被鬧鐘吵醒的、被足夠尖銳的可以使任何夢被驚醒的聲音吵醒的。在那個精神世界裡，取代這個鬧鐘的是願望。

就像鬧鐘的鈴聲來自超越我們夢鄉的範圍，我們對於那個精神世界的願望也不屬於這個稱為「物質生活」的夢的世界。終究有一天，那個願望會從我們真正的精神的存在召喚我們，將我們喚醒過來。

正如一些人有著在最後一刻還在「打盹」的習慣，我們很多人也將那個精神願望看成是某種煩人的，感覺我們很難甩脫的精神之眠。然而，那個精神願望越強烈，就越需要我們的關注。但就在這裡，這個物質世界的夢（稱為「物質生命」）和那個精神世界的夢開始偏離：在這個物質世界的夢中，只需要一個瞬間的震撼就可以將我們喚回到現實中來，而為了從那個精神的睡夢中覺醒過來，我們則必須幫助那個願望進化發展。

怎麼才能做到這樣呢？我們透過研讀由那些已經在精神世界裡清醒過來的人所撰寫的著作，在真正的精神老師的幫助下，以及透過與在同樣的路徑上一起探索的朋友們在一起共同學習，來實現這一願望。換言之，我們加速那個將我們自己喚醒的過程，而不是等待著那個願望自然地進化發展，以致於最後變得十分難以忍受時，才去那麼做。

那麼，那個特殊的願望、在精神世界裡召喚我們的那個「鬧鐘」到底是什麼呢？那是一種喚醒和感知我們真正的精神存在的願望。那是一種將我們從精神睡眠狀態中喚醒過來，並召喚我們回到那種清醒狀態，以及生命的真正狀態的嘹亮的號角。

66 用靈魂「看見」

「眼見為實」，或者，是嗎？科學現在告訴我們卡巴拉智慧幾千年前就已提到的東西：有比我們的眼睛「看到」的多得多的現實。

　　「我看見了綠色的樹，也看見了紅色的玫瑰。我看見它們為你和我綻放。我自己想：『多麼美妙的世界啊！』我看見藍色的天空和白色的雲彩；明亮、幸福的白天、黑暗、神聖的夜晚，我自己想：『多麼美妙的世界啊！』」

　　　　　　　——《多麼美妙的世界啊！》，喬治·大衛·韋斯和鮑勃·蒂勒

在 60 年代，保羅·巴赫·麗塔教授透過引入感官替代的概念，在神經生物學和生理康復領域引發了一場革命。透過探索大腦的可塑性和適應能力，他使得盲人患者使用觸覺感覺獲取到通常只有透過視覺才能感知到的環境資訊。一根電極被連接到盲人患者的舌頭上用於中繼外部環境對大腦的刺激，然後這個觸覺刺激被「翻譯」成視覺信號，使盲人能夠「看見」。

在這似乎是奇妙的操作的背後的秘密可以用巴赫·麗塔的那句名言概括，「我們是在用我們的大腦看，而不是用眼睛」。帶著這一信念，他開創了利用剩餘的功能感官，能夠彌補殘障人士受損的感官的研究領域。簡單地說，他提出了我們的感官是可以互換的這一先進理念。

這種推論被諸如麥古克效應（McGurk Effect）等其他資料所支援，說明我們的言語理解是聽覺和視覺資訊的組合。換句話說，我們的視覺感知也負責我們所聽到的東西一部分，這說明我們的大腦有時將視覺資訊轉化為聽覺資訊。進一步的試驗正在進行中，以檢驗視覺在感知氣味方面扮演的角色（想一想當你得了流感，不能聞到什麼時，看到美味的

牛排時的感覺：當你看到「牛排的美味」，口水也會從你的嘴裡流出）。

此外，有很多具有「特異功能」的人也支持我們的觀念，就是說我們的感官認知可能不是像我們想像的那樣，完全依賴於我們的感官。一個著名的例子是羅莎庫沙洛娃，即使她的眼睛是被矇著的，她仍然能夠閱讀常規的印刷文字，並且用她的指尖辨別顏色。

認識感知的一種新方式

卡巴拉，一種從事對現實──也就是總體的自然力量──的認知研究的智慧告訴我們上述的示例並不是那麼令人驚訝。事實上，20 世紀最偉大的卡巴拉學家巴拉蘇拉姆解釋說，我們的五種感官的任何一個都和所有其他的感官合作著，意味著每個感官都部分地感知到別的感官感知到的東西。因此，如果一個人失去了五種感官之一，它可由剩餘的那些感官部分地補償。當然，這並不是說失明的人將簡單地就可以看到，而是說其他的感官會透過提供那些曾經依賴視覺才能傳遞的資訊片段，來彌補視覺喪失造成的損失。這說明我們利用任何一個感官都可以部分地「看到、聽到、嗅到、嚐到，並觸摸到」。而且，正如羅莎庫沙洛娃的例子所說明的那樣，這種能力在一些人身上較發達（雖然在過去，在我們的感官被現在這些人造的喧囂、人類發明的世界弄得麻木之前，我們都具有這些能力）。

那麼保羅・巴赫・麗塔是不是對的呢？我們實際上「是在用我們的大腦在看，而不是用眼睛在看呢？」並不完全是這樣，因為事實上，對我們的感知來講，還有太多的東西沒有被瞭解到。根據卡巴拉智慧，如果科學對感知的領域不斷探索下去的話，**會發現我們的大腦不過是一個探測器，而感知根本不是發生在大腦中，而是在它之外，在某一個被稱作「願望」或「意願」的「地方」。**那麼願望是什麼？它是我們的精神本質，它與我們的物質身體毫無關係，而且完全超越我們有形的物質而存在。這才是所有我們感知真正發生的地方──在我們的願望裡，也被稱作我們的「靈魂」。

無限的感知

但還有更多。這說明我們用「我們的五官」感知到的一切——我們看到（和聽到、觸摸到、聞到、品嚐到）的身邊的偉大世界——不過是我們能夠感知到的很小的一部分而已。雖然我們在用我們非物質的本質、即那個靈魂在感知所有這些事物，目前我們只能利用它的那些最低的、最外在的一部分。它就好像是一個「基礎層面」，只能夠使我們感知這個物質世界，並從而維持我們身體的物質存在。

然而，這一感知有著一個更偉大的無限潛力：因為它超越有形的物質現實而存在，它可以感知精神世界的無限豐富、非物質的「顏色、氣味、聲音、味道和感覺」。但是，要這樣做，我們必須開發這個已經內在於我們的潛在的精神感官。然後，除了在我們當前現實的「基本水準」之上感知之外，我們還會繼續揭示那個更「外在」的精神更偉大的現實層面，進而將我們真正的感覺器官的較高的部分——也就是靈魂包含進來。

那麼，我們如何才可以做到這樣呢？我們如何才能感知這種「更高的」現實呢？我們可以透過改變對待生活的方式或態度實現它。卡巴拉解釋說，在現實中，沒有任何事物在我們的外面發生著變化。**唯一變化的事物是我們自己**。我們感知到那個永恆的、不變的自然的總體力量的影響，一種想要給我們帶來快樂的力量；但**我們是在我們不斷變化的願望裡感知到它的**。

我們的願望和這種自然的力量在品格上相似性的程度——在我們內部描繪了一個感覺上是「外部」世界在變化的圖像。換句話說，我們越多地透過愛和給予他人並與那個自然的力量取得相似的程度越高，我們就越能開始更多地感覺到這種力量並體驗到一個更廣泛、更豐富的現實。但是，只要我們的願望和態度仍然和這個力量對立（利己主義的關係），我們唯一體驗到的現實就是一個和目前被這個世界上的絕大多數人所感知到的那樣。

因此，感知並不是真的透過我們的身體感官和大腦而發生。而這就

是為什麼有的人可能沒有眼睛，但仍然能夠看到的原因，就像那些最新的科學實驗說明的那樣，那麼，**我們為什麼需要眼睛呢？它是為了產生一種認為有某種東西在我們面前存在的錯覺！這有助於我們將我們的現實構建為「我」和「我以外的世界」，因為這樣的話，就能夠與我們的環境進行交互作用，並研究那個「外部」的現實。**

而至於那個最後、最有趣的問題：感知到自然的真實力量的感覺是什麼樣的？卡巴拉學家們——也就是那些進入並已經感知到完整的精神世界的人——認為這幾乎不可能用那些用於描述在我們周圍感覺到的物理對象的常規語言來加以表達。不過，做為一個大致的描述，他們指出，透過我們靈魂的較高部分感知到的東西也許可以透過「永恆、無限和完美」等詞語給出一種最廣泛的想像式的解釋。

銀行：不許動，把錢交出來！

X

知道在哪裡
我們錯了，我們
才能找到救贖

今天我們感知到的危機是過去錯誤的行為
導致的結果。人類是宇宙中唯一能夠感知
過去、現在和規劃未來的生命形式。回顧
歷史是讓我們在現在思考和規劃未來。沒
有過去經歷的痛苦，人類就找不到真正救
贖的道路！但是到現在為止人類還沒有找
到那條道路。雖然那條道路早已被準備好，
但是目前控制著人類的利己主義就是拒絕
讓我們看到！

67 回顧過去，即可瞭解未來

從兩個 20 世紀的偉大思想家，約翰・凱恩斯和耶胡達・阿斯拉格的視角做出的經濟展望。

當前的全球經濟危機已經影響到了所有國家，世界上沒有哪個國家能夠避免這場八十年來最嚴重的經濟衰退的影響。大多數國家都透過嚴格按照約翰・梅納德・凱恩斯（被譽為 20 世紀最著名的經濟學家）的經濟理論來應對危機。

凱恩斯堅信，政府干預和投資消費是走出經濟危機最好的辦法，他的理論曾經是美國和英國應對經濟大蕭條時所採取的策略依據的基本原理。當討論到各種應對全球危機的經濟刺激計畫時，很多經濟學家、中央銀行和學者們都會引證凱恩斯經濟學理論做為其決策的理論基礎。

全球經濟健康的願景

如果凱恩斯還活著，他會相信我們又再一次陷入了與 1930 年代那次經濟大蕭條一樣的困境嗎？大概不會！凱恩斯當時為我們這個時代描繪了一個截然不同的全球經濟景象。

在 1930 年，在他的一篇很少被人談論到的，名為《我們孫輩時代的經濟可能性》的文章裡，凱恩斯預言了資本主義的結束或演化，事實上，他將世界預見為一種極其理想的畫面。

按照凱恩斯的預測，到今天，全球所有的經濟問題都應該被解決了。商品和服務應該已經可以滿足並維持全人類的生存之所需，並且，分配商品和服務的方式應該已經使人類為了生存而發動的戰爭結束。他預言，由於科技發展所帶來的生產率提高，伴隨著資本的透過，應該可以解決世界的經濟問題。凱恩斯評論道，「我們應該可以甩掉那些二百年來一

直折磨著我們的偽道義，透過這個，我們已將人性中的一些最令人不快的東西提升至最高尚的美德……

因此，為了恢復一些最可信和最確定的宗教信念和傳統美德，比如，貪婪是一種惡習、榨取不正當利益是一種不端行為、貪戀錢財是可憎的，只有那些考慮明天的人，才是真正走在美德和明智的智慧道路上的人等等。我們應該再次重視目的而非手段，選擇美德而不是利益。」

就在 20 世紀最著名的經濟學家宣揚他對經濟和其後代社會前景的展望的同時，20 世紀最著名的卡巴拉學家耶胡達·阿斯拉格（就是廣為人知的 Baal HaSulam 巴拉蘇拉姆），也在分享著他對世界前景的前瞻性的看法。

儘管是同時代的人，凱恩斯（1883～1946 年）和阿斯拉格（1884～1954 年）可能從來沒有見過面。阿斯拉格的理論深深根植並源於卡巴拉智慧，如果阿斯拉格今天還活著的話，他可能會告訴我們，當代危機產生的原因是人類不願意去承認我們生活在一個相互依存的全球性系統造成的，可惜的是，人類只有在這個系統帶給社會更多的苦難而非快樂時，才可能願意去放棄它現在的經濟系統。

他的觀點基於卡巴拉智慧的精髓之一：如果人類沒有團結起來，一起去改正其利己主義的本性，沒有去與自然協調發展的話，人類將遭受到和《聖經》中所描述的狀況相吻合的越來越多的打擊。

根據他的觀點，我們可以透過教育，讓人們認清我們人類固有的本性是什麼，並提供給社會另一種可行的發展之路，只有那時，人類才有可能避免那些即將發生的危機以及它們帶給人類的苦難。

一個演變了的經濟現實

當今的經濟危機正在向我們傳遞一個資訊：當今人類的各種利己主義發展模式必須改進，否則就會面臨整體毀滅的命運。

凱恩斯和阿斯拉格在八十年前就預見了這種可能性。他們預言，我

們這一代人的傲慢與自戀將會衍生出一種新的經濟現實，在這種現實下，資本主義將會逐步演變發展成一個新的系統。

引用凱恩斯的話說，「當這種狀態（不再擔心基本的生活所需）變得如此普遍，以致於人們對其鄰里的責任的性質發生改變的時候，這種關鍵的區別就表現出來了。

因為當人們不再擔憂自己的未來時，他們在經濟上為其他人服務就變得合情合理。」凱恩斯相信人類內在的慷慨和美德。不幸的是，人類辜負了他的期望。

能夠看到他們對遠景描述的精確，或許該是我們去聆聽他們對社會經濟發展下一個階段的看法的時候了。

在這一點上他們的觀點極其相似，他們都同意：人們應該達到一種新的狀態，在這種狀態下，對社會其他成員的關注應該勝於對自我利益的關注；他們也都認為，這種過渡並非易事。

事實上，凱恩斯把這些看作「全人類做為一個整體在物質生活環境中曾經發生的最大的改變」。對於阿斯拉格來說，它闡述的正是將人類利己主義的本性轉變為利他主義。

在《最後一代人》（The Last Generation）一文中，阿斯拉格這樣評論道：

「我們的地球極其豐饒，足以維持我們所有人的生存，那麼為什麼會發生那些可悲的戰爭呢？而且戰爭和苦難幾個世紀以來一直籠罩著人們的生活呢？為什麼不能讓我們平均分配工作，平均分配勞動成果，解決所有這些問題呢？」

這是因為人類目前所具有的利己主義天性拒絕這種利他主義的思想和行為，但利己主義這種認為人類是與自然和其他存在是完全分離的觀點，而且認為為了一己私利和牟取自己所謂的成功，就可以肆無忌憚地剝奪自然並以犧牲自然和他人的利益的做法是天經地義的思想，也是徹底錯誤的。

　　現在人類面臨的全方面危機正在給我們人類敲響任何一條利己主義發展道路都是行不通的警鐘，如果我們現在還不停下來思考我們在哪裡做錯了，還不從現在的危機狀態中汲取教訓，還不領會危機的出現是想將我們人類引領到一種更高的存在狀態，開始改正我們利己主義的本性的話，只怕這個警鐘最終將會變成人類的喪鐘。

68 守門人

誰是站在那個精神世界的門口，決定誰能進入誰不能進入的守門人？讓我們跟隨著卡夫卡（Kafka）和巴拉蘇拉姆（Baal HaSulam）來一段旅行，看一下兩則寓言和一扇大門的故事為我們展現的是什麼。

卡夫卡（Franz Kafka，1883～1924年），可能是將我們目前面臨的這種不斷加劇的無助和無解狀態表達得最淋漓盡致的偉大作家。「卡夫卡的世界」是一個陰暗、憂鬱、危險的世界，他描寫的世界的主角們在試圖（通常是以失敗告終）戰勝他們的不幸的過程中，被無助、絕望、脆弱和彷徨的感覺充斥著。

卡夫卡最著名的故事之一《法律門前》，講述了一個坐在「法律之門」前面的村民，詢問自己是否可以進入那扇門的故事。具有諷刺意味的是，這扇大門是完全敞開的，但是，不得到守門人的准許，那個村民卻害怕進入其中。而且這個守門人已經警告過他：越往裡面走，守衛就越多，而且一個比一個更加難以對付。

在被這些無法跨越的障礙擊垮後，這個村民做出了一個典型的卡夫卡式的決定——坐在門邊等待並希望那扇門最終會自己打開的奇蹟發生。他也會不時地試著去說服守門人讓他進去，並希望用機智戰勝他，或用懇求來打動他，然而這一切都只是徒勞。許多年過去了，那個村民已變得年歲已老，而那扇門仍然一如既往地沒有向他敞開。

在他垂暮之年，這個村民終於找到一個機會問那個守門人：「為什麼每個人都想進入這個法律之門，而我卻是那個唯一要求獲得准許才能進入的人呢？」

「因為這個入口是專門為你而設的，而現在我正準備關閉它。」那個守門人回答說。

那扇藏匿著答案的大門

這種渴求穿越「那扇規律之門」並揭示支配著我們生命的力量體系的慾望並不是最新才出現的，它久已有之。人類總是試圖去揭開那些隱密的自然法則，然後控制它們，並利用它們來為自己謀求私利。

到了 21 世紀，這種慾望空前地膨脹到了一個新的程度。我們已經把火箭送入太空，實現了登月行走，建立了世界性通訊網絡，研發出了無數的機器和儀器。然而，我們對於我們自己的精神本質、我們的本性以及我們人生的目的等等…卻仍然一無所知。

我們仍然沒有找到這些根本問題的答案：例如，誰在支配著我們的生命？現實世界的根源是什麼？生命的意義到底是什麼？就像在卡夫卡故事裡描寫的那個村民一樣，我們時常會覺得我們被一套隱藏的法則支配著，但又從來沒有人能夠真正揭開這些法則的神秘面紗。

那麼，那個守門人是誰？為什麼他不讓我們進去呢？

在巴拉蘇拉姆（Baal HaSulam）的著作《Talmud Eser Sefirot》（《對十個 Sefirot 的研究》）的引言中，他用了一個使人很容易聯想到卡夫卡的寓言故事對這個問題的答案做了一個比喻。

「這就像一個國王，他希望挑選出所有他摯愛的忠誠臣民，並將他們帶入他的宮殿……。但是，他安排了許多奴僕守衛著這個宮殿的大門和所有那些通向這座宮殿的必經之路。他命令他們巧妙地誤導這些試圖接近這個宮殿的人，故意把他們從正確的道路上引開……」

顯然，所有奔向國王宮殿的人們都被那些勤勉的守門人狡猾地回絕了。儘管有很多人戰勝了一些守門人，並成功靠近了那個宮殿的大門，但是守在宮殿門口的守門人也是最難對付的，他們竭盡所能轉移那些到達宮殿門口的人的視線，拒絕每一個企圖接近宮殿的人，直到他們心生絕望並原路返回。就這樣，這些人來了又回去了，積蓄夠力量之後又重新再來，就這樣日復一日、年復一年地重複著，直到他們筋疲力盡、不

想再繼續嘗試為止。

在開始，我們很難理解這個國王到底在做什麼。他是真的想把這些愛他的臣民引入他的宮殿嗎？但他的行為卻給出了一個完全相反的答案：因為，如果他真的想讓他們進入他的宮殿的話，為何不直接敞開大門讓他們進去，這樣不是來得更簡單和更直接嗎？

當我們在後來明白所有這一切不過是國王想要找出那些真正想進入他的宮殿的人的唯一方法時，寓言中表達的這種進退兩難的困境才能夠得以理解。

「而且，只有那些始終堅忍不拔、戰勝那些守門人並最終打開那扇大門的勇士，才會立刻受到國王歡迎的榮耀……當然，從那一刻起，他們也不用再面對那些守門人，因為，他們將會得到他們應得的恩典——在那個宮殿裡沐浴在國王的無上榮光裡，服侍並陪伴在國王左右。」

鑰匙

「這座國王的宮殿」並不是一個堆滿著珍貴的金銀珠寶的秘密寶藏。根據卡巴拉智慧，它是當一個人的所有願望都被那個涵蓋著一切的精神法則——就是完全的給予，也就是創造者的本質——所支配的時候，人們生成的對現實的一種新的感知。當我們發現了我們內在的這種給予的品格，並將其置於利己主義的慾望之上時，我們就能夠揭示巴拉蘇拉姆（Baal HaSulam）所比喻的那個「伴隨國王出現的無上榮光」——也就是我們的願望將會得到無限的滿足。

當然，還遠遠不止這些，我們還將會意識到：即使我們對它毫無知覺，這個隱藏的法則也一直在影響著我們，而那時也是那個精神法則的大門向我們大大敞開的時候。

那麼在我們通往國王的宮殿——也就是接近創造者給予的品格的旅程中，我們必須戰勝的那些守門人又是誰呢？他們是我們自己的利己主義的願望！與我們所想像的不同，我們並不是要根除我們的慾望。而是，

我們要學會如何去出自一種給予的意圖，去利用那個與生俱來的基本的利己主義願望。我們必須在接受的願望之上，獲得一種愛和給予的新的意圖，這將會改變我們利用我們的願望的方式。

途徑

就像卡夫卡故事裡的那個村民一樣，有時我們會認為，如果我們等待得足夠地久、祈禱得足夠誠懇的話，那扇大門終將會自動向我們敞開。但是卡巴拉學家們卻明確地告訴我們，一切都掌握在自己手中！為了幫助我們戰勝內心中的那些守衛，卡巴拉學家們提供了一種內在改變和發展的方法。

與卡夫卡故事所表現出的那種悲觀的精神不同的是，巴拉蘇拉姆（BaalHaSulam）的故事對「改變」則抱著很高的期待。那些成功地穿越了那扇大門的卡巴拉學家們告訴我們，在那扇門的另一邊，現實變得與卡夫卡描寫的現實、與我們現在對現實的這種感知截然不同，完全相反。在那裡，人們會發現一個僅由一種單一的法則——也就是愛的法則支配著的完美的、永恆的現實。

69 尋找新的領域

人類探索的腳步已經踏上了各個新大陸和遙遠的星球，現在，一個巨型地下粒子對撞機將會試圖去探索這個宇宙最深層的奧秘。但是對這個耗資數十億美元的專案的疑問是：它會成功呢，還是會像我們所知道它的那樣，代表著科學的結束呢？

從時間開始之初，宇宙誕生之日開始，人類就被驅使著去探索他們所在的世界。不論是 15 世紀對新大陸的探索，還是 21 世紀在火星上尋找生命，未知事物的無限可能性深深地吸引著我們。我們的探索不僅僅透過使我們忙於去思考可能是什麼的想像，以便讓我們遠離對世俗事務的擔憂，同時許諾我們一個更光明的未來以及對那些最深層問題的答案。

自那時以來，我們已成功地揭示了那些可以接近的世界的秘密，探索已經成為了科學家們窺探宏觀和微觀世界的手段。在我們的世界剩下的唯一能夠讓我們「勇敢地走前人還沒有走過的路」的領域，就是對遙遠的外太空或者最深層次的最微小粒子的探索，就像電影《星際爭霸戰》裡反覆物聲明的那樣。

亞原子粒子加速器——一種新的科學工具

與往常的探索不同的是，這一次，人類不只是力圖去探索新的領域，科學家們還將試圖揭示宇宙和我們存在的奧秘：宇宙從哪裡來？物質的構成單元是什麼？是否還存在著超越我們感知到的生命之外的事物？是否存在一些我們還沒有發現的自然法則？

位於瑞士日內瓦附近的大型強子對撞機（Large Hadron Collider，LHC），正是為了找到這些問題和找出這些問題的答案而設計的。這架龐大的 27 千米（16.75 英里）長的儀器能夠將亞原子粒子的速度加速至光

速的 99.999999%。這個價值八十億美元的工程是由來自一百多個國家的一萬多名科學家和工程師們通力合作的結果。它同時也把世界各地數以百計的大學和實驗室結合起來，期待能夠產生出到目前為止它們僅僅還只是處於理論階段的亞原子粒子並能對它們開展研究。

一個名為 ALICE 的實驗（一個大型離子碰撞機實驗）就是透過在一種微縮的水平下重新模擬創造出大爆炸（The Big Bang）後瞬間（小於百萬分之一秒）的狀態，以便回答宇宙的起源這一類問題的。ATLAS（一個回形大型強子對撞機實驗裝置）和 CMS（緊湊渺子線圈）將探索我們所感知到的空間、時間和運動之外的其他維度存在的可能性。

事實上，卡巴拉科學就是探索這些問題的科學，但是它的科學方法可以追溯至幾千年以前，它用的卻是一種截然不同的實驗方法。

同樣的問題，不同的研究方法

幾個世紀以來，傳統的科學研究給我們留下了大量的研究資料，但是，每一次的探索發現都衍生出新的問題，這些都說明我們在完全地真正理解各種現象之前需要掌握更高層次的知識。科學家們現在意識到，他們的研究正把他們引向一個存在於我們這個世界之外的起支配影響作用的源頭，為此他們需要一種截然不同的研究方法。

幾千年以來，卡巴拉學家們一直提到，現實的更大部分，以及那些生命中重要問題的答案都存在於超越這個物質世界的另一個維度，叫做「更高的世界」。這個維度包括了存在於這個世界的萬物起源：包括每個原子、細胞和微生物，它包括了導致我們世界的每一種現象產生的原因，也包括了我們在這個物質世界感知不到的自然法則（就像在過去我們不能感知到電磁的機理一樣）。更高的世界裡沒有任何物質實體，只有那些影響人類和這個世界的力量和法則。

而且，在更高的世界的每一種力量（根源）和其在我們這個世界的影響（結果）之間，存在著精確的、確切的聯繫。因此，為了學習和徹

底理解我們這個世界中的每一件事物和現象，我們必須開始去瞭解在更高的世界運作的法則和根源，只有這樣，我們才能由上而下追尋它們的影響，弄清楚它們在這個世界如何影響著我們，這樣也使我們能夠明白在今天困惑著我們的那些所有複雜行為和現象的原因及本質。

世界之間的邊界

雖然，當我們的視線從更高的世界「俯看」我們的這個現實世界時，我們有可能感知到這兩個世界之間的聯繫，但是，反向認知這些聯繫卻是不可能的。然而，現實世界的科學家們正在試圖只從我們的物理世界去探究那些非物理的原因和影響。隨著長期以來物理學和其他自然科學的停滯不前，科學家們開始逐漸瞭解到研究非物質領域對他們來講簡直就是遙不可及。

這就如同一個試圖從迷宮中找到出路的人，對這個迷宮裡的不同路徑毫無頭緒。然而，對於那些能俯看這個迷宮的人而言，這個畫面卻是十分地清晰：哪裡是死胡同，障礙和危險在哪裡，出路在哪裡等都一目了然。卡巴拉學家們已經找到了上升至高於這個迷宮存在的緯度的世界的方法，從而可從更高的視角去「俯看」我們這個世界的迷宮，而科學家們卻仍試圖在迷宮的同一緯度裡面尋找出路。

因此，現實世界的科學家們將不可能透過現實的方法找到通往更高的世界的道路，因為在我們的現實世界和更高的世界之間存在著一條無法跨躍的邊界。當研究者們接近這個邊界的時候，他們發現這些「未知」超越了他們的那些「已知」。

科學的下一個階段：透過第六感來研究萬物

但是，人們可能會問，那麼卡巴拉學家是如何發現那個更高的世界的呢？答案就是：他們能做到這一點，是因為他們透過開發一種獨特的方法，這種方法使人類的感知能力超越我們普通的感知能力，也就是他

們與生俱來的五種感官能力。這種方法使人類能夠透過一個額外的第六感來逐步地感知事物，幫助人們感知到非物質世界和現實的主要部分——也就是那個更高的世界。

但是，這種感知是不可能透過人類天生的五官獲得的。即使科學家們用大型強子對撞機這樣的高科技儀器來將人類的五官增強至超級的水準，透過儀器所揭示的資料和我們的自然五官感知能力所感知到的資料的差異只會是量的差異而不會是質的差異。這些儀器僅僅只是把宏觀和微觀的度量和各種物質的頻率轉換成一種用正常的五官和世俗的頭腦能夠理解和解釋的範圍。因此，這些儀器將永遠不可能接觸到那個更高世界，也無法告訴我們任何有關超越這個現實世界領域的那個更高世界的事情。

另一方面，像大型強子對撞機這樣的專案說明科學家們正在提出正確的問題：我們從何而來？我們因何而存在？為什麼我們在這裡？控制我們世界的力量是什麼？

問題是：他們正站在錯誤的地方找尋著答案。一旦科學家窮盡了在這個物質世界能想到的所有道路並嘗試了各種研究方法，也就是人類準備好開始試驗卡巴拉科學方法並嘗試一種寬廣的研究現實世界的嶄新方法的時候了。到那時，科學家們將會真正地發現各種新的疆界，並找到這個動盪不安的世界迫切需要解決世界危機的方法。

70 湯姆少校，你能聽到我嗎？

卡巴拉對銀河系的奧秘的太空旅行。那個最終的前端領域並不是在外太空的某個地方，而是深深隱藏於我們每個人的心中。

「太空，人類探索的最後的疆界……」當數以百萬計的觀眾聽到電影《星際爭霸戰》（Star Trek）中的開場白時，他們總是會俾住呼吸。在背景裡，太空船開始了它曲折的旅程——探索未知的新世界。

直到最近幾年為止，太空探索一直是人類渴求有所發現的最大希望；是一個吸引著我們所有人的驚險的冒險。在我們已經征服了地球上所有的事物、已沒有什麼可以繼續讓我們探索發現以後，當太空時代在 20 世紀的下半葉拉開帷幕時，彷彿一個新的視野突然為我們打開。與最初的幾次外太空探索相比，那些偉大的探索者（馬可・波羅、克里斯多夫・哥倫比亞、斐迪南・麥哲倫等等）的傳奇旅行變得黯然失色。而以前一直都被認為遙不可及的神聖的月球，忽然間變成了一個可觸摸的、可企及的地方，一個人們可以行走，甚至可以插上國旗的地方。接下來的太空探索宇航員、太空飛船和人造衛星的風潮激發了那個時代最偉大的藝術家們（阿西莫夫、庫布里克、大衛・鮑伊等等）創作令人感到刺激的科幻小說的靈感。

雖然太空探索在今天仍然炙手可熱，但我們很難去忽略這一點：太空工業離實現我們的夢想仍然還很遠。最近在月球上發現的水塘無庸置疑是一項很重大的發現。那麼我們那些「偉大」的夢想將會怎樣呢？追隨著我們夢想的步伐，最近一期《國家地理》雜誌的封面特別提出，我們仍然在宇宙中尋找著另一個「地球」。那麼我們渴望找到的世界和生物又會是怎樣的呢？為什麼我們至今在我們的地球之外還找不到任何生命的形式呢？會不會所有的探索可能都已經是徒勞呢？在「外面」可能什麼也沒有呢？或許我們簡直就是找錯了地方？

時間歷史的縮影

數千年來，卡巴拉智慧就一直在告訴我們，除了人類之外，這個宇宙不包含任何其他有智慧的生物。在將要到來的任何時刻我們都不可能在火星上找到生命，這聽起來可能會讓人沮喪。但是對於我們這些渴望冒險的探索者來說，似乎有一個更好的消息：有一種環繞和充滿著宇宙巨大的、無形的力量，卻是我們可以企及的。那麼，那種力量是什麼？

在 16 世紀中葉，隨著以撒·魯利亞（被稱為 Ari）在以色列的 Tsfat 鎮的出現，一扇領悟這種力量的窗戶被隨之打開。在天文學家伽利略用他在外太空的驚人發現使世界感到震驚和困惑的那一刻之前，Ari 發展出了一種不同的望遠鏡，一種用於探測人類內在，揭示人的內心世界的望遠鏡。透過那個望遠鏡，Ari 揭開了精神世界的神秘面紗。在他那個時代的語言中，他以這種方式開始了他的啟示：「在發射物被發射出來，創造物被創造出來之前，那個簡單的更高之光已經充滿著整個存在。而且，在其中沒有任何空隙存在，諸如空的空間、孔洞，或凹陷存在，而是全部都只充滿著簡單、無限的光。」

這段話就是他的著作《生命之樹》的開篇，Ari 向我們描繪了創造的初始之點，在那個點上，一種叫做「創造者」的力量引發了一種叫做「創造物」的力量，形成了一個用於接受無止境的快樂的容器。這個容器與創造者處於一種沒有空間、間隙和界線的奇妙、神秘的合一狀態。

然而，為了使創造物能夠發展成為一個獨立的存在，創造者採取了一種叫作「限制」的行動。這種目的性的行為將創造物和那個無限的快樂分離開來。透過這種限制，創造物與創造者分離開來，直到它們之間徹底地分離，彼此之間徹底地隱藏起來。這種限制決定了從那時開始，創造物只有透過獲得創造者的給予的品格，創造物才能夠和創造者重新建立起聯繫。而這正是創造者向創造物揭示其神秘面紗的途徑。

按照 Ari 的方法，這整個過程透過一個十個同心球結構的層面向我們展示出來，這些同心球的中心點代表著創造物，圍繞著中心點的各個

層面則代表著創造物和創造者之間的空間。穿越所有這些同心球面的就是從最初被創造時的狀態，無限的狀態發射出來、並一直穿透到這個中心點的一條光的「細線」，就是這種光的火花點燃了我們所知的這個物質世界的創造。然而，這個世界只是完整的現實的一小部分，而我們還處在這個探索過程的初始階段。

精神太空的冒險旅行

為了讓創造物重新獲得那個「限制」之後喪失的對創造者的感知，創造物必須踏上一段漫長而艱險的旅程，而這條旅程就是為了把那個小中心點擴大，直至變回它原始的、完整的、無限的狀態而設計的。為我們的時代闡釋了《生命之樹》的卡巴拉學家巴拉蘇拉姆說道：首先而且最重要的是我們必須明白，我們不是在探索物質的空間。我們所揭示的精神太空是一個深藏於我們內心、使我們和創造者分離的「太空」。

精神的運動就是一種在品格和品格上的變化。因此，我們改變運用我們的本性（即接受的願望）使其與創造者保持同一（給予的願望）的方式越多，我們和創造者之間的虛擬空間就減小得越多。就像一個從地球發射的航太火箭能夠穿過厚厚的大氣層一樣，我們也能夠穿過將我們和創造者分開的那些隱藏的層面。

在最後一個被稱之為「改正的結束」的階段，我們回歸到了那個在限制之前我們所處的同樣的永恆的團結狀態，並與光保持著和諧，但不同的是這一次我們是完全清醒、完全自願的。恰恰就是我們所感受到的那個脫離和空虛狀態使得我們能夠與整個世界的創造力量建立一種嶄新的、成熟的關係。這樣，我們就變成了一個容器，在這個容器裡，那個原始的快樂會成千萬倍地增加。

那麼，所有的這一切是怎樣同這個時代的太空探索聯繫在一起的呢？火箭、太空梭、人造衛星、外太空生命和改正的結束之間的聯繫又是什麼呢？

太空漫遊指南

人類探索太空和尋找新世界的強烈願望產生於一種內在的、深層的、合乎常理的感覺——我們並不是孤立存在著的。然而，我們不需要到太空去尋找夥伴（外星人），我們需要的是真正的探索：尋找創造者。卡巴拉學家們就是這些已經經歷了這個完整的旅程並最終到達了那個終點的人。基於他們的研究，他們繪製了一張地圖以便能讓我們循著他們的腳步前行。他們著書的目的，就是為了給那些想要突破進入更高維度的存在狀態的人們提供一種特別的指南。

這並不是科幻小說。卡巴拉學家們用一種特殊的語言，向我們描繪了一種我們每一個人都將真實而清晰地感受到的未來狀態。透過帶著一種強烈的願望去閱讀卡巴拉著作並感受在他們的著作中所描述的是什麼，我們就能從我們未來的、更高的狀態中吸引來一種力量，這種力量會將我們拉向那個更高的狀態。這種力量作用於我們被創造的天性——即接受的願望之上，然後從一個微小的空虛之點逐漸擴大，最終成為一個完整的接收無限的更高之光的容器。

XI
教育的危機

實際上，人類所有遭遇的危機歸根結底都是教育的危機。試想一下，如果我們的教育都是在教育人們取得成功、成功、成功！為了成功，可以不擇手段，可以突破法律和道德底線，可以將成功建立在毀滅別人，毀滅自然資源的基礎上，危機怎麼會不出現，沒有危機反而不正常，不是嗎？

但真正的問題出在對成功的定義上！而這又必須透過瞭解創造的奧秘和生命的意義是什麼才能實現。成功及善惡的定義都應該以是否有助於實現生命意義為衡量標準！而這應該是教育的目的。只有找到真正的目的，圍繞正確目標展開的教育體系，才能拯救人類。

71 人之初，性本善還是性本惡？

早在 20 世紀 30 年代，偉大的卡巴拉學家耶胡達・阿斯拉格出版了一系列有關以色列人民的狀態和整個世界的局勢的文章。在這些文章中，他概括列舉了一個社會可能獲得成功的一些原則。

人的本性的基礎是利己主義。這已經很難說是一個什麼秘密。事實上，《聖經》幾乎在它的最開始就瞭解到了這種狀況：

> 「……人心從他小的時候就是邪惡的。」
>
> ——《聖經》創世紀 8：21

而且卡巴拉學家指出，這個邪惡傾向就是我們的利己主義。這個問題在我們的頭腦中引發的思考是，「如果利己主義是如此地糟糕，為什麼創造者會將它放在我們當中而且是從小就開始？」

實際上，每一種宗教和教義都是為了應對利己主義的挑戰這一難題而自然誕生的。但是，宗教在總體上告訴我們要抑制它，而且東方的先哲們更是告訴我們需要「消滅」它。

偉大的中國哲學家、思想家老子曾提倡：

> 「樸素；簡單；清心；寡欲」
>
> ——老子之道

這些應對人類利己主義的邪惡傾向的模式成功地運作了幾千年。但是今天，我們的利己主義正在達到一個前所未有的程度。對絕大多數人

來講，這些以前曾經有效的應對方法看起來已經不再有效。

如果只有極少數的人受到它的影響的話，還不會有太大的問題。但是當這種情況大規模地發生在很多人身上，又同時在很多國家同時發生時，我們就會面臨一種全球性的挑戰。在這樣一種狀態下，我們需要另一種應對利己主義挑戰的思考模式，一種承認我們無法戰勝我們的利己主義，因為它正是人的本性的新的模式。所以，我們需要尋找一種不是要消滅它，而是為了我們的利益去正確地利用它的模式。

巴拉蘇拉姆在其《世界的和平》一文中闡明道：「**利用這種奇異性的本性做為一種總體和個體的進化的主體。**」介紹了一種他相信將會有效的解決方案。他的方法實際上相當簡單，並且非常實用──他指出由於我們已經天生是利己主義者，我們就不應該試圖改變這個。而是要為了共同美好而利用我們各自的獨特技巧和能力。

換句話說，他說**我們不能也不應該改變我們利己主義的本性。相反，我們應該利用我們個人的技巧，將它發展到極限，並用一種方法利用它們為整個社會的利益服務。**如果我們利用我們的慾望來為社會做貢獻，而且每一個人都利用他們的技巧為他人做貢獻的話，整個地球就會很快變成天堂。

在現在這個階段，巴拉蘇拉姆解釋說，我們正在為了兩個目的使用著我們的能力：發展我們自己或者阻礙別人的發展。這可能會很難在一個個人的層面上被感知到，因為我們天性上就不願意客觀地檢驗我們自己，但是我們可以看到它發生在國家之間，也可以看到它發生在一個國家的種族和團體之間。結果就是，**我們都不得不花費著大量的時間、精力和金錢，只是為了抵消其他人正在對我們所做的一切。**實際上，這是整個世界單一的最大的成本。也許我們將之稱為信任缺失成本，人際關係成本。

請先想像一下，如果我們使用自己的所有資源只是為了提升我們自己、獲取我們自己的利益，我們可以達到的成就是什麼樣的。現在，請想像一下，如果現在每一個人都利用那些曾經用來阻礙他人取得進展的

資源，來幫助他人以及千方百計地促進其他人的發展的話，這一切又將會怎樣。

那些在今天的國際、金融，以及個人關係中如此普遍的消極現象，將簡單地不復存在。它們會變得多餘。懷疑、隱瞞資訊和不信任等都會消失，我們將把我們的精力全部轉化為全社會的建設性的產出。我們會覺得我們都想要為每一個人做貢獻，而每一個人也都會覺得他們想為對方做貢獻。在這種狀態下，全人類將會統一為一，不是嗎？危機又會在哪裡出現呢？！所以，解決危機之道，在於正確認識我們的本性並正確利用它為我們服務。

72 應對危機的未來教育

　　我們教育孩子的方法存在著一個根本的問題——它與真正的現實相脫離。他們真正需要的東西是一所「有關實現生命目的的學校」，提供為真正的生活服務的實際工具。

　　全世界的公共教育系統對我們最寶貴的 90% 的資源負著責任：我們的孩子們。他們是我們未來的希望，而我們必須讓他們準備好應對一個日益變得複雜的世界的挑戰。到目前為止，我們已在這項挑戰上慘敗下來。

　　雖然我們教育的重點在於開發像數學和閱讀這樣的技巧，以使我們的孩子準備好在競爭越來越激烈的就業市場上拼殺，但我們卻忘記了教會他們關於生命的基本技巧。因此，青少年自殺率呈現上升的趨勢、抑鬱症流行，並有太多的青少年轉向酒精或毒品麻醉自己以逃離他們日常生活的痛苦。

　　一項由英國王子信託基金進行的針對 16 ～ 25 歲的青少年調查發現，十個年輕人中就有一個年輕人認為生命不值得存在或者生命是毫無意義的。這項超過兩千人的民意調查顯示超過四分之一以上的人們感到沮喪。幾乎有一半的人說他們面臨著經常性壓力，而且很多人對前途沒有任何期待。這個旨在幫助弱勢年輕人的信託基金說，它的研究發現揭示出一個越來越脆弱的年輕一代。所以，也許是重新考慮教育我們的孩子要學習什麼的時候了？

一所生命的學校

　　在英國政府最近的一份報告中，吉姆・羅斯爵士建議，為了解決這些問題，英國的小學應該為孩子們開始提供更多關於基本生活技能的教

育。他提議建立一種課程，向他們提供做為一個負責任的公民，生活在21世紀對其健康、福祉來講所必備的「個人、社會和情感素質」教育。這樣的一類課程將包括關於情感幸福和社會技能的課程。

羅斯爵士的報告對我們目前的教育制度缺乏的問題進行了很好的綜述，也是一個說明我們開始瞭解我們的孩子缺乏什麼的好跡象。也許其他國家也應考慮採用類似的方法，開始教孩子們一些當他們離開學校、步入社會時，他們可以實踐其應用的內容。

不應該每天將數小時的時間花在灌輸那些從他們離開教室的那一刻起，就會忘到九霄雲外的知識，學校應該向他們解釋我們生活的這個世界的本質是什麼。最小年齡層的孩子們就應該瞭解今天的人們之間存在著的那種緊密連接以及人與人之間的相互依賴性，並要瞭解到為了滿足自己的慾望，以犧牲他人的利益為代價的做法是造成我們所有的痛苦的主要原因。

這將使年輕人看到那種以犧牲別人為代價而獲得的短暫享受對他們來講是有害無益的，因為他們給別人造成的危害會像射飛鏢一樣返回並危害到他們自己身上。同時，我們應該向他們展示使自然平衡的互助友愛和相互尊重的關係是如何引領我們走向和諧，從而使生命得以存在延續的知識。

不只是要好的成績

如果我們給予我們的孩子這樣的知識——一種真正應對現實生活的工具，那麼，孩子們就會帶著遠比好的成績和成功的考試好得多的東西離開學校。他們將會明白生命和圍繞著他們的世界，並將明白沒有任何變得暴力、陷入蕭條或轉向酒精或毒品的理由。此外，他們對毫無意義和跟他們沒有關係的教育制度的不滿，將被他們真正受益於所學的東西的感覺所替代。

一個瞭解自己和身邊這個世界的孩子會以不同的方式看待現實。他

變成了真正「準備好了在 21 世紀生活」的人。他明白他正生活在一個相互關聯的全球化的世界中，知道在他周圍看到的所有邪惡的東西產生的原因是人類的自我，並且瞭解到這就是我們必須加以改正從而獲得幸福的東西。

一種新方法

為了向我們的孩子們提供這把生活的鑰匙，我們並不需要做出任何革命性的改革，我們需要做的一切只不過是在我們已有的課程上做一些具體明確的改變即可。下面是幾個具體的例子：

自然科學（生物學、化學、物理和其他）

這些課程解釋了圍繞著我們的自然系統，提供了一個相互關聯的系統是如何維持正常運作的豐富實例。但不必為了應付考試而盲目記憶細胞的工作方式，然後在考試一週後就忘記它們，應該向學生們演示這些自然系統是如何與他們的生活相關聯的：為了確保繁榮和成功，人類社會應該就像同在一個生命機體中的細胞（或自然中的任何其他系統）那樣行為。細胞們是相互依存和相互關聯的，它們互惠互利在一起工作。社會中的成員十分類似於那些細胞，那些只在乎自己的利益，而置整個人類這個「人類有機體」於不顧的人將變成人類機體上的「癌」細胞並最終毀滅所有人，包括他本人。

歷史與社會課程

歷史和社會課程為檢驗人類發展的進程，瞭解人類曾經是如何受到利己主義的影響提供了極好的機會。從家庭、宗族、到城鎮和城市、再到國家，後到今天的「小小的地球村」的社會演變，都是受人們日益增長的獲取和展現的慾望所驅使的。然而，這些慾望已經同時引發了所有戰爭和歷史上的暴政。這樣的課程可以成為一個優秀的平台，用於顯示

一個人的自私自利的本性可以怎樣被建設性地用於為整個社會的利益服務，或者被破壞性地用於為了滿足狹隘的自我的利益，從而對社會造成危害。

體育

團體遊戲可以讓孩子們更深入瞭解合作和互惠互利所帶來的種種好處。

超越傳統的學科

為了給我們的孩子們應對現代世界的複雜性奠定一個堅實的基礎，有一個新的課程需要引入到課程中來：「如何成為人類（Being Human）」。這個課程，當然會成為孩子們的最愛，將從事對那些真正使我們的孩子們感到困惑的那些問題的研究和學習，諸如「為什麼我們要去上學？我們為什麼要學習？為什麼我們應該結婚以及隨後我們要和自己的孩子生活在一起呢？」等問題，或更普遍地講，「我們需要這一切到底是為了什麼？」的問題。

而對於那些喜歡追根究底的學生，教師們可以提供那些讓大多數家長都感到撓頭的，像「我是誰？」「我生命的目的是什麼？」等問題的答案。這一課程的主題將基於古老的卡巴拉智慧，透過簡單地闡明和解釋人類的慾望和思想的來源來回答這些困難的問題。這一課程將幫助孩子們瞭解和揭示更多關於他自己和他做為一個人的目的，並補充他在其他類別課程中獲得的知識。

73 給您的小寶寶的最好的禮物

　　給予我們可愛的寶寶們「最好的東西」的最好的方式，難道不是使他們真正能夠準備好應對這個正在迅速變化、相互關聯的世界的挑戰嗎？

　　這個急速變化的世界需要一種對待人與人之間的在態度上的根本轉變。而這是我們在任何財政預算上都可以給予我們的孩子們最珍貴的東西。

　　我們愛我們的孩子們的激情是無與倫比的。沒有什麼比撫摸著胖胖的可愛小手、親吻他們蓬鬆、紅潤的可愛臉頰，以及讓我們的手指輕輕地穿過天使寶貝們的毛髮時的感覺更能讓人感到幸福滿意的事情了，雖然小寶寶們可能還在自得其樂打著小鼾。我們珍惜每一次短暫時刻，就像寶寶們，在他們的第一個生日慶祝時，他們用被蛋糕弄得髒兮兮的小手，將蛋糕塗鴉般地塗滿整個臉蛋的時候，他們第一次笨拙地與奶奶的小狗——山姆接觸時的樣子，當然，還有他們邁出的那英雄般的、搖搖晃晃的第一步。

　　我們是多麼地愛他們，我們希望他們能擁有世上最好的一切，為了他們，我們願意以任何代價實現它。我們希望他們能有最輕柔、最溫暖的襪子，最健康、最好吃的食物和最好的能給他們無限歡樂的玩具，並且想要將他們培養成小天才。我們甚至願意百萬次地放棄我們所有的一切，只是為了可以確保他們能夠安全、快樂和很好地被照顧。

為未來培育我們的孩子

　　但是，超越那些身體的基本需要，我們知道這些天真可愛的小寶寶們在今天這個錯綜複雜的世界裡真正需要的東西，以保證他們的快樂和成功嗎？我們知道要給他們好的衣服、食品、遊戲和娛樂，除此之外還

有別的什麼嗎？今天的世界顯然已不再是過去的世界，安全、幸福和成功的條件和我們還是孩子的時侯已經大大不同。打開任何一張報紙的頭版，很容易看到我們這些大人並沒有很好地管理我們的世界。我們已經讓事情發展到無法控制我們自己的行為產生的後果的境地。更糟的是，我們已為自己最壞的利己主義傾向創造了一個讓其野蠻生長，並剝削利用周圍的一切人和物的避難所。

然而，儘管我們陷入了這種不穩定的境地，我們仍然能夠為我們親愛的心肝寶貝，創造一個溫暖、安全、充滿愛心的環境直到他們走出愛巢的時候。但此後，我們唯一的選擇就只剩下「該怎麼樣就怎麼樣吧」，這一無奈的選項，就像我們自己曾經在自己的生活中經歷過的那樣。難道沒有什麼我們能提供給我們的孩子，比如某種知識、態度或意識能夠使他們塑造一個有著完全不同於報紙標題、新聞所描寫的那種冷漠和未來不可預見的世界嗎？

因為我們的愛和對他們的熱情是那麼地絕對，這裡只有一個答案：必然存在某種我們可以給予他們更美好生活的某種東西，而我們必須找到它是什麼，並把它交給他們。現在，讓我們這些大人們清醒地思考一會兒：透過將他們和整個世界隔離，絕對不再是「解決」問題的方法，比如將他們盡可能地關在家裡，禁止與外界的事物接觸。此外，讓他們長大後「像野草」一樣沒有規矩或毫無限制，或讓他們覺得他們在電影、廣告和在網路上看到的一切都是真實的，並且是可以仿效的標準顯然也不是一個選項。當然，我們也無法控制巨大的、失控的廣告行業或大眾媒體，但是我們卻可以向我們的孩子潛意識地灌輸那些被如此宣揚的自私自利的、利己主義的目標和價值觀是破壞性和不受歡迎的觀念。

一種應對未來世界的新的方式

在我們這個前所未有的、全新的、全球化的世界裡，所有人都開始發現自己已經變成一個涵蓋世界每個角落、緊密結合、互相連接在一起的大家庭的成員，這已不再是一個「誰有最多的玩具誰贏」的時代，而

變成了一個「誰能夠分享他的玩具並喜歡看別人和他們一起玩的人會贏」的時代。

這就是那種，我們，做為家長，可以給我們的孩子們的最為迫切的新態度、知識和意識。這將是一個比任何最健康的嬰兒配方或最昂貴的、由電池驅動的玩具卡車更有價值的禮物。而且這種寶貴的教育可以在任何年齡，甚至在孩子出生時就開始進行，因為就像所有的母親都知道的那樣，我們的孩子從他們出生的那一刻起，就是從我們這裡開始吸收一切。他們從最初的那一刻起就完全浸泡在能量、思想和他們周圍的態度之中，因為「靈魂沒有年齡」。

因此，讓我們從孩子們出生在這個世界上的那一刻起，就傳遞這些給予和分享的價值觀給我們的寶寶們，並且讓我們對他們的無限的愛變成一個永遠不會停止的提醒。如果我們做為父母只堅持這一極其重要的任務，我們將很快看到我們心愛的寶貝們會生活在一個真正的安全和幸福的世界中。

74 精神教育

大家都知道，世界的局勢正變得越來越具有挑戰性。但不要失去希望——在卡巴拉智慧提供的方法中，父母教會他們的孩子們付出愛，而在這個過程中，開始逐漸記起他們很久以來已經忘記的事情。

從其最開始，（卡巴拉式的）精神教育就一直是猶太民族的核心。這就是為什麼猶太人又被稱為一個「書的民族（Am HaSefer）」的緣故。精神教育一直是猶太社會存在的不可或缺的手段，它構建了社會並且成為其內在的一個重要元素。

事實上，從《托拉》Torah（聖經前五章）的接受到第二聖殿的毀滅，在這期間以色列不論老少，大家都生活在團結統一中，並且清楚地感知到那個更高的力量的存在。

摩西在這個民族中建立了精神教育系統，而且兒童從很小的時候，就基於其與更高世界的根源的關係瞭解現實是什麼。據說從北方的 Dan 到南方的 Beer Sheba，沒有一個孩子不對人性的純潔和瑕疵有所瞭解的。

在這裡純潔和瑕疵並不涉及物質層面的概念，而是與內在於我們的這種不純淨的利己主義的力量，以及與那個純潔的給予的力量有關。換句話說，甚至連這個民族中最年輕的人都經歷著那種崇高的精神狀態。

正在不斷升級的危機

然而，第二聖殿被毀壞之後，這個民族也失去了與精神世界的那種有形的感知，但是精神的重要性仍然深深根植於這個民族的人民內心中。即使在精神流亡期間，每一個猶太孩子都知道如何讀、寫和計算，並被教授如何寫作。卡巴拉學家們創立的這種團結的教育，使處於分散狀態的猶太人即使是在流放期間也都團結在一起。

　　儘管教育曾經產生了偉大的繁榮，但是，在今天，教育的重要性卻正在迅速下降。報紙上到處充斥著校園暴力、濫用藥物、抑鬱以及青少年迷失方向的新聞和描述。年輕人對價值觀越來越不在乎，似乎想要某種比這個世界可以提供的更多的東西。

　　此外，教育的危機是一個更大的、全球性的危機的一部分。卡巴拉學家們解釋說，**危機是一個人類利己主義增長到了不再能夠在這個世界的物質追求的框架下滿足它的一個外在表現。**

　　另一個有關這個自我膨脹的例子，表現在日益擴大的代溝，這在過去的一個世紀中開始加速。今天的年輕人已不能和他們的父輩相處並且認為大人們已經過時。

　　因此，一方面，我們不明白如何撫養我們的孩子，並滿足他們不斷在變化和增長著的需求。另一方面，年輕人又缺乏和上一代溝通的方法。現在，比以往任何時候我們都迫切需要一種方法，一種能夠做為一個統一的、快樂的社會的基礎的方法，在其中所有相關各方都能找到自己的位置並一起為了一個共同的目標而努力。

給予和愛的法則

　　卡巴拉智慧正是有關做為達成那個更高力量的手段的教育以及社會建設的智慧。

　　卡巴拉學家們在他們的著作當中揭示出每一個人都應該經歷一種以精神為基礎的社會的演變。正如每個靈魂都從其精神世界的環境中接收到它的需要一樣，一個人在他或她的生命中的每個階段中都要接受適當的教育。

　　在一個基於卡巴拉智慧的原則建立的社會當中，我們可以從小學習在一個更深的層面上瞭解並珍惜生命。

　　我們將會明白這個世界比我們的五官可以感知到的要豐富得多得多。從很小的年齡開始，我們將透過遊戲和示例學習去找出控制現實的原因

和那些潛在的力量。因此，我們將會知道愛和給予的精神法則，學習如何正確地使用它們，並能夠與自然在和諧與平衡中共存。

最美好的未來

兒童只能模仿他們從大人的行為中觀察獲得的東西。適當的教育僅來自於個人的模範示例。

在當今世界中，存在的問題之一，就是我們的實際行為和我們所教育的行為法則相對立。例如，雖然我們都教授給予和分享的利他主義價值觀，但實際上我們自己在社會上的行為卻與之恰恰相反。

這種矛盾在孩子們心中會引發混亂，導致孩子對他們父母的不尊重。然而，在一種基於卡巴拉智慧提供的原則的教育系統中，父母個人的利他主義的價值觀的示範將與他們的教育原則和諧一致。真正的教育將會源自於一種共同的責任；而這反過來，將使各代人透過共同目標團結在一起。

父母們將會明白這種言行一致性會為他們的孩子創造一個最美好的未來。因為他們對後代的愛，他們將致力於適當的行為表現。

同樣地，兒童們將浸泡在愛和給予的價值觀中，並從他們父母的給予行為中獲得個人學習的榜樣，這樣他們就會渴望做為社會的積極成員並融入到社會中來。

他們將和成年人一起承擔他們的責任並一起為一個蓬勃發展的社會而共同奮鬥。最後，這種精神的教育將促進社會變成一個完整的有機整體。此外，精神教育將大大地改變生活品質。

年輕一代將會利用從成人那裡獲取的經驗，並在其自我爆發時期，能夠使用他們學到的例子，知道如何去克服他們自己的自我。透過這樣做，年輕人將會讚賞上一代並用愛和尊重在他們之間創造出一種更強大的結合力。

卡巴拉學家們總是渴望著未來社會可以建立在精神教育的基礎上，

在今天，這種未來社會可以被建成的時機已經成熟。這只需要培養一代人來「啟動」這個過程即可實現。

而這，反過來，將創造一個統一的社會，一個不會存在代溝的社會。過去和現在的幾代人都會互相支援，每一個人都將是對方成功的保證者。老一代人將為新一代人做出典範，而這種教育年輕一代精神價值的需要將迫使老一代表現出正確的行為。因此，這樣他們將在共同目標的指引下，相互配合，共同走向一個更高的現實。

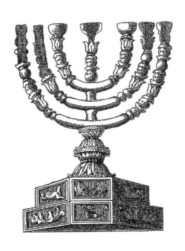

XII
以色列人，
你到底是誰？

據統計，1901 至 2001 年間，共有 680 位諾貝爾獎獲得者，其中有一個民族的獲獎者為 152 人，比例高達 22%。而這個民族的人口卻不足世界總人口的 0.3%。如果推舉一個影響世界最深刻的單一民族的話，那麼非這個民族不可，這個民族就是神秘的猶太民族。世界上幾乎所有的宗教、哲學、政治、經濟、科學技術甚至戰爭和苦難都與這個神秘的民族息息相關，為什麼？實際上，這個民族承載著一個更大的還一直隱藏著的秘密，一個有關宇宙創造和每一個人的終極命運的秘密，而這個秘密揭開的時刻今天已經到來！

75 你到底是誰，以色列人？

卡巴拉智慧對以色列民族的誕生以及以色列人在這個世界承擔的特殊角色提供了一種全新的視角，這有可能會最大限度地改變以色列人民和全世界人民的命運。

開始

在五千多年前的巴比倫，一種微妙而深遠的變化正在發生。在那個時候，兩河流域的美索不達米亞是一個孕育現代文明的熔爐和搖籃。

在這個階段之前的時間裡，人們只是滿足於他們的基本需要，他們過著簡單的生活，並滿足於在他們的頭頂有瓦，以及有必要的營養物品即可。他們並不渴望諸如職業生涯或較高的社會地位……等等。但是5000年前，人類逐漸開始感覺到生活不再令人滿意。這種意識象徵著人類在全球的進化過程中的一個根本性變革的開始。

當這種改變開始時，美索不達米亞在幾個方向上開始迅速發展。貨幣交易、貿易、稅收的發展，為現代農業奠定了基礎。隨之階級出現了，階級之間的差距逐漸拉大，人們被分成哪些是擁有更多的人，哪些是擁有較少的人。根據卡巴拉智慧，人性的本質是利己主義，也就是自我對快樂的渴望。這解釋了人類在當時經歷的那個巨大的變化以及快速的文化和技術進步產生的動力。

巴比塔

利己主義的自我爆發產生了一系列關鍵的變化。看起來，好像巴比倫人已經被注入了一劑「利己主義興奮劑」，促使它們表現出無法控制的行為。

直到那一刻之前，巴比倫人與人之間都一直習慣於簡單的人際關係，

並和平而平靜地生活在一起。他們做為一個單一的民族，說著同一種語言。事實上，他們就幾乎像親戚一樣，就像在（創世紀 11：1）描寫的那樣，「而且整個地球只有一種語言並說著同一種聲音」。

因此，當這個沒有預先警告的利己主義爆發過程突然開始影響他們，巴比倫人並沒有做好準備，並且他們也不能瞭解為什麼它會發生。這看起來就好像有一隻看不見的手，正在將他們像傀儡一樣操縱著，而他們卻不能控制它。

在這個變化之前，巴比倫人就已經向偶像和大自然的力量祈禱。在某種程度上，他們都被對他們開發出的那些偶像的恐懼和敬畏控制著。但現在，他們決定改變這個遊戲的規則。這非常像一個反抗其父母的孩子，這些巴比倫人受到自我的驅使，開始反抗來自上面的更高的力量。他們試圖給自我一個比創造者更高的位置。這種對抗在（創世紀 11：4）中被表達為建造一座通向天空，甚至超越天空的通天塔：「他們說：來，讓我們為自己建造一座城，和一個塔，其頂部直達天堂，並且讓我們為我們自己贏得一個名字。」

這個通天塔，是一座規模巨大的建築，象徵著他們的自我想要主宰自然的衝動。巴比倫人試圖征服的天空象徵著那個更高的力量。這次自我的爆發引發了幾種其他的現象，創造出了一系列沒有人能夠控制的連鎖反應。就在這次爆發後不久，那些巴比倫人相互之間變得不再能夠互相瞭解。從擁有一種共同的語言，開始發展出了多種語言，並且人們變得越來越疏遠，被迫分散到世界各地。這個不斷增長的利己主義就像一把刀一樣將人類分開，而且每一個人都變得越來越以自我為中心，不顧別人的需要。隨著時間的推移，實際的剝削開始出現。

順帶提一下，「巴比塔」名稱的起源是 Balal 一詞（希伯來語：混淆、混合的意思），以語言的混亂命名（創世紀 11：9）：「所以，它被稱為巴比塔，因為耶和華在那裡混淆了整個地上的語言；並且耶和華將他們分散在全地上。」

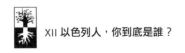

亞伯拉罕的道路

亞伯蘭（Avram），特蘭的兒子，在當時和任何其他巴比倫人並沒有什麼不同。他也是一個偶像崇拜者。此外，亞伯蘭的家庭以製造偶像而聞名並受到尊敬，並透過售賣偶像過著很好的生活。

亞伯蘭的自我，也同樣開始增長。然而，亞伯蘭不同地應付了這個新出現的情況。那種對偶像的力量的普遍信念並不能使他滿意；相反，他想要得到更多。因此，亞伯蘭發現了先前沒有人發現的東西：他瞭解到人們在自然地屈服於利己主義的自我，而自我現在正在操縱著他們的生活。此外，他發現人們可以使用這一相同的自我創造出一種積極的變化。他觀察到那些巴比倫人，直到之前都像親人一樣生活著、現在卻變得越來越疏遠，並且試圖教導他們如何彼此實現團結，儘管利己主義已經爆發。

亞伯蘭（Abram）試圖向那些巴比倫人解釋，如果他們把兄弟友愛置於他們正在爆發的自我之上的話，他們就能獲得和那個更高力量在更深層次的結合。亞伯蘭的教義的本質是，自我的作用不是要將他們驅使得越來越相互疏遠，而是要加強他們彼此的愛和團結。亞伯蘭教導他們，正是透過維持那種團結的努力，那個更高的力量將在他們當中被揭示出來。做為他已經達成創造者的崇高的象徵，亞伯蘭在他的名字當中，添加了一個希伯來字母 Hey（Hey 是一個象徵著上帝的字母），並被稱為「亞伯拉罕」（Abraham）。他開始將他的方法傳播給任何對它感興趣的人。唉，可惜的是，只有極少數巴比倫人選擇了聽從歷史上第一個卡巴拉學家的教誨。那些跟從這次精神變革的人就是最早將他們自己組成一個團隊並在最後一起成為以色列民族的卡巴拉學家們。它的成員們學習亞伯拉罕發現的教義，在一個著名的帳篷裡，他與他的妻子撒拉一起教授亞伯拉罕的發現。

在 Bereshit Raba，Va Yeshev 裡是這樣描寫他們的：「先祖亞伯拉罕將他們引到他家裡去；他會給他們提供食物和飲料，然後他會將他們

帶得越來越接近，並且最終他將他們引領到神的翅膀下。」

　　對於那些還不具備接受他的方法的條件的人們，亞伯拉罕開發了與他們的靈魂的根源相適應的替代方法。以下的經文描述了亞伯拉罕是如何向東，也就是今天的遠東地區，打發他的信使們的，今天的東方教義就是從那裡衍生而來的：「亞伯拉罕將一切所有的都給了以撒。但他也給了他庶出的眾子們各種禮物，並且就在他還活著的時候，打發他們離開他的兒子以撒，往東方去。」（創世紀 25：6）。今天的所有宗教都是亞伯拉罕教義向外衍生的產物。

亞伯拉罕，以色列民族之父

　　亞伯拉罕被視為「以色列民族之父」，因為他在傳播卡巴拉智慧的過程中創立了以色列民族。那些跟隨亞伯拉罕的道路的巴比倫人成為了一群卡巴拉學家。這個團隊不斷增長，直到最後變成為「以色列民族」。所以，以色列人不是常規意義上的一個民族，不是在遺傳基因或種族或地域文化基礎上組成的民族，而是指任何具有想和創造者直接連接的願望的人，這是不分種族、宗教和文化背景的，因為那時的巴比倫實際上就是全人類的縮影。將他們這些人結合在一起的就是歷史賦予他們的使命和目標——做為上帝的選民，施行亞伯拉罕的精神方法，做全世界的「光」。而且這個團隊因其精神成長的方向而獲得「以色列」這一名稱：Yashar（straight 直接）El（God 上帝），意思是「直接與上帝連接，連接更高力量」。

巴比塔——利己主義最後的（也是最高的）發展階段

　　過去 150 年以來，我們的生活狀態已經開始變得和古巴比倫頗為相似。第一波工業革命結束以來，演變中的世界開始在每一個可以想像得到的領域中加速發展：電子、通訊和媒體、經濟、美食、奢侈品、電腦和高科技，也包括民主。

　　第一次在古代巴比倫爆發的那個自我，在 20 世紀初，達到了其演化

的最後階段。今天，自我的演變比以往任何時期，都增長得更快，而且它仍在更加快速地增長當中。就像在巴比倫的情況一樣，今天越來越多的人，正在尋求超越我們的這個世界可以提供的最強烈的快樂以外的某種東西，雖然他們不知道這某種東西到底是什麼。就像亞伯拉罕一樣，很多人開始瞭解到向自我的盲從註定要失敗。在這方面的進步嘗試使得很多人覺得必定有另一種更好的存在方式，生命不應該毫無意義。這種不滿足正是目前在全球範圍內快速蔓延的抑鬱症發生的主要原因。

而且，與現代人在過去的一百年左右時間內經歷的內在危機同步，外部的現實也已變得越來越不受歡迎。在過去的一個世紀，我們目睹了兩次世界大戰以及隨後數十年的冷戰、恐怖主義、核災難、貧困的蔓延、生態災害以及幾乎在所有的人生領域中都在發生的全面危機。所有這一切都越來越支持應該在一個更深入、更具包容性的層面發現對這種情況的解決方案的必要。今天，人類不得不開始承認其面臨的這種消極狀態，就像亞伯拉罕在他的時代經歷過的那樣。

現在全球危機已經將這個世界放在了和古巴比倫在 5000 年前的同一個位置。在他們的那個時代和我們現在的這個時代之間存在的本質區別，在於其規模，從地域上講，已從巴比倫擴展到全球，從人口數量上已擴展到全球範圍的數十億人，並且準備好理解並實施亞伯拉罕開發出的方法。

為現代準備的古老方法

在古代美索不達米亞，很少有人採用這種亞伯拉罕在當時發展出來的在利己主義的自我之上實現團結的方法，這個方法在現在被稱為「卡巴拉智慧」。因此，自那時以來，人類的進化被劃分為兩個關鍵的路徑：以色列和人類的其他民族。亞伯拉罕創立的由卡巴拉學家們組成的團隊的目標是發展卡巴拉的方法，培育它並等待人類開始認可它並需要它，正是人類自己不斷增長的自我造成了所有「錯誤」事情的發生並使人類發展到了準備好接納它的時間的出現的今天。

亞伯拉罕知道在我們的利己主義演化的最後階段，人類會陷入一種絕望和無助的境地。他明白只有到那時，人類才願意傾聽並採用他發展出來的這種方法。亞伯拉罕團隊的職責是將他的方法應用於以色列民族身上，並由此為全人類樹立一個榜樣，在世界各地傳播他的方法。這就是這個團隊，也就是以色列人的唯一使命和存在的目的。這也是以色列為什麼被稱為「各民族的光」、「一個被揀選的民族」等稱謂的緣故。

在上一個世紀兩個最偉大的卡巴拉學家——亞伯拉罕‧庫克和耶胡達‧阿斯拉格——都宣稱在 20 世紀結束時，實現這一使命的時間將開始。

巴拉蘇拉姆在他的著作《最後一代人》中說：「猶太人應該為其他民族呈現某種新的東西，而且這也是他們期待從以色列人返回其土地後得到的東西。它不是有關任何其他智慧的東西。」

Kook 導師在 Letters of the Raaiah 中補充說道：「以色列的靈魂只有在其發揮其神聖的精神力量時才能綻放其最大的光輝，這種力量正是它的內在的精神力量。而這正是以色列民族被創造者賦予的角色，而且為了全世界的救贖和拯救，還將扮演其他民族的光的角色。」

只有透過將今天以色列人之間的相互關係從毫無根據的仇恨改正為一種愛鄰如己的兄弟友愛，我們人類才可以被提升到人性的頂點，並為人類經歷的所有苦難提供答案。就像當時的巴比倫人中跟隨亞伯拉罕的人們一樣，今天的以色列人必須超越其自我並且團結在兄弟般的友愛當中。透過這樣做，以色列人將為全人類樹立一個榜樣，而且將證明只有這一改正才能結束戰爭幫助全人類實現人類幾千年來追求的真正和平，獲得完美永恆的生命。

值得指出的是，精神意義上的以色列並不是指遺傳意義上的以色列人或現在的猶太人，任何一個人不論其文化、宗教、國家、民族、膚色、信仰、背景如何，只要他／她心中追尋生命意義的願望開始在心中浮現，他／她就被稱為「以色列人」，畢竟「以色列」指的是一種想與創造者，也就是自然或更高的力量直接連接的一種願望。

76 現代巴比倫的喧囂

全人類團結的想法已不再是兒童故事中的想像。早在巴比倫時期，就有人為人類的團結準備了一種方法。今天，我們的這個世界比以往任何時候都更需要這樣一種方法。

我們就像一堆核桃，被裝在一個捆綁在一起的麻袋裡。這種等級的團結沒有辦法將我們變成一個有機整體。麻袋的每一次輕微移動就會使他們在袋中移動並互相分離。因此，他們一直以來都只是部分地連接和聚集著。而他們所缺乏的就是來自內在的自然的團結。而現在任何造成他們團結的所有力量，都只不過是來自於外部的壓力。這是非常讓人難過的。

——耶胡達・阿斯拉格（巴拉蘇拉姆）HaUma（民族）

團結——就是某種我們不時體驗到的，將我們聚在一起就像一個人時感知到的東西。我們每年都以自己的方式，慶祝猶太節日，我們也分享很多植根於我們的文化的集體經驗。

但是這種體驗還不足以使我們變成一種真正意義上團結統一的人。正如巴拉蘇拉姆（Baal HaSulam）的上述比喻所表達的，從旁觀者看來，我們就像麻袋中的核桃一樣，只是靠麻袋布將我們機械式地捆綁在一起。任何從外面來的敲擊都會使我們在袋內動來動去，並且只有靠著外在包裹的壓力，我們才暫時被迫「團結」起來。當外面沒有任何壓力時，我們就開始分崩離析。很明顯，這樣的團結並不能真的使我們有一個整體的感覺。

什麼能使全人類變成像一個人一樣團結在一起呢？

235 年前，一個國家宣布了它的獨立。其居民來自歐洲、非洲和亞洲及世界各地。他們中有猶太人和基督徒，還有很多其他宗教和民族背景的人們，他們都是為了來到這個「有著無限的機會」的土地而離開他們自己的家園的。

這些人，被語言、信仰和文化分隔著，但有一件事卻是共同的——一種對新的和更光明的未來的強烈渴望。為此，他們彌合了他們之間的分歧和不同，建立起了一個龐大的貿易體系。這個國家就是美國。

由不同民族組成的美國人民聚集起來，很大程度上是要建立一個基於盈利能力和效益的國家，而歐洲國家則不同，它們是基於共同的種族背景。英國、法國、俄羅斯、德國和其他國家，都主要是由同一種種族部落組成。對這些國家來說，共同的起源是那個將他們團結在一起的力量。

我們也會很容易認為猶太人也是因為分享某種共同的起源而形成的「民族」。但是，就遺傳基因而言，這個世界卻找不到任何所謂「猶太人」的基因。

另一種類別的團結

要瞭解「猶太人」是基於什麼建立起來的，我們需要來一次短暫的旅行回到約 5000 年前的古巴比倫。美索不達米亞，尤其是其首都，巴比倫，是一個很像今天的紐約這樣的一個熔爐。事實上，在許多方面，美索不達米亞是人類文明的搖籃。在當時，人類是一個宗族的聚合體。一種像動物一樣親密的本能使人類非常靠近彼此，就像一家人一樣。

但隨著時間的流逝，人類的利己主義不斷增強，並使得人們開始彼此疏遠。人們變得越來越只關注其自身的利益，而無視他人的需要。經過一段時間，剝削和仇恨出現了。

巴比倫人中的一個人看到了人性的這種變化，人類開始從一個溫暖的大家庭，漸漸變成了一個為了利己目的剝削利用別人的巢穴。但這還

不是他所看到的一切。亞伯拉罕瞭解到在其自私自利的表面下，人類，實際上，是一個單一的、完整的實體，就如同人體中的細胞之於人的身體一樣。

亞伯拉罕瞭解到了一個關鍵點：一旦人類超越其自我為中心的利己主義並重新團結統一成一個實體的話，它將和那個將創造的所有部分綁定在一起無所不包的力量——也就是創造者相匹配。

掌握了這種新的觀點，亞伯拉罕開始發展出一種能讓所有人都能超越其利己主義的自我和創造者連接在一起的方法。但是，亞伯拉罕的同時代的人卻很少表示出任何改正自己的自我的熱誠。而那些少數按照他的方法行動的人實際上就是歷史上的第一個卡巴拉學家團隊。最終，這群人發展成我們現在知道的「以色列人」。

他們為什麼被稱為「以色列」？Ysrael（以色列）是兩個字的組合：Yasher（直接）和 El（上帝）組合而成。因此，以色列意為「與上帝直接連接」的人。這個名稱暗示了以色列人民之間曾經擁有、將來要達成的團結的本質：一種超越種族、國籍或個人利己主義的因素的深刻的、永恆的與自然本身（上帝，在卡巴拉，上帝等同於大自然）的連接。

遠離公眾的視線

由於人類的利己主義正在不斷膨脹到新的程度，曾經團結的以色列人也漸漸失去了他們的團結，進而喪失了與那個無所不包的創造者的聯繫。這種情況發生在兩次被稱為「第一和第二聖殿的毀滅」的階段。

最終，只剩下極少數人仍然可以感覺到那個無限的自然。而在大約兩千年的時間裡，遠離公眾的視線，這些我們稱之為「卡巴拉學家」的人們，繼續發展著亞伯拉罕的改正方法，使其能夠適應人類的（現在依然在增長）日益增長的自我。因此，多年來，正宗的卡巴拉一直籠罩在神秘、誤解當中，並且在後來，甚至被商業化玷污了其智慧的純潔性。

卡巴拉學家們一直在準備著當人類達到其利己主義的巔峰的時間的

出現。因為只有那時，人類才會成熟到準備好並願意使用且只使用卡巴拉做為一種改正利己主義的方法。現在，已是那個時候了。

生活在現代的巴比倫

今天，我們的生活並非遠不同於那些住在古代巴比倫時期的人們。不可否認，我們有大量的食物、衣服、高科技通信、高速運輸和諸如此類的產品。然而，我們的世界卻被淹沒在腐敗、仇恨、隔離、恐怖主義和各種其他形式的威脅當中。我們對仇恨和痛苦已變得如此習以為常，除了憤世嫉俗之外，像「人類的愛」這樣的理想聽起來不只荒謬，甚至不可想像。

全球危機越升級，就會有越多指責的手指開始指向以色列，即使他們根本不瞭解猶太人，生活看起來與猶太人也沒有什麼聯繫。理由很簡單：自然就像一塊位於在其領域中心的磁鐵一樣，將它所有組成部分都拉向它並納入統一。但要被吸引到中心，我們需要執行由以色列人發展並保護著的那種改正或團結的方法。只要我們一天不使用這種改正方法，全人類將仍然深陷在利己主義的泥潭中，而我們人類相互之間以及人類和自然之間的緊張關係將會繼續加劇。結果，有意識或無意識地，其他民族都在迫使以色列開始其改正。

以色列人必須瞭解到他們擁有的這種智慧的好處並將其付諸實施。真實的卡巴拉智慧與任何其他種類的神秘主義或宗教信仰都無關。它是一套相當系統的科學方法，並根植於自然本身，它的精髓實際上是透過掌握自然規律，並通過遵循自然規律，將人類提升到其下一個更高的存在層面。

當我們想恢復我們內在的這種團結的那個願望出現時，我們將會發現那種自然的愛正在等待著全人類，並將灑滿人間。用先知以賽亞的話來講，以色列人將成為「各民族的光」。

77 《聖經》到底在告訴我們什麼？

創作一部人類歷史上最偉大的暢銷著作需要什麼？很明顯，它就像去發現一個完全沒有語言可以表達的新世界，而又不得不從我們這個世界找到辭彙來表達它。

但這還不是全部，《聖經》的作者摩西在嬰兒時被古代埃及統治者、法老的女兒在尼羅河畔發現躺在紙莎草紙堆的包裹中，並被撿回到法老的宮殿。就像一個王子一樣，他在法老的宮殿裡，被撫養長大，擁有著每個人希望能夠擁有的一切。但是有一天，摩西發現他不再能夠生活在那種狀態中，從而踏上了一個使他探索發現更高世界的旅程。

而且，儘管摩西發現自己處在不同的地方，但他所發現的那個更高世界根本不是這個地球上的任何一個物理的地方。而是一個有著全新感覺的、我們常規的五種感官難以達到的內心世界。當我們想到「世界」時，在我們的腦海中會彈出來的圖片很可能是充滿了各種各樣的物質物件的某個浩瀚的物理空間，裡面充滿了諸如各類植物、動物和人類等等。然而，那個更高世界卻是透過一個人的內心感覺到的，在那裡，一個人和位於透過我們的五官感知到的被稱為「我們的這個世界」背後的驅動現實的力量連接上。而且在那個更高世界的最高層面，一個人發現所有力量都連接成為一個單一的、無所不包的更高力量，被稱作「更高之光」。

《聖經》語言的密碼：用的是這個世界的語言，表達的則是那個更高世界的事情。

即使摩西在幾千年前就寫就了被稱作《摩西五經》的《聖經》中的前五章，又稱《托拉》（Torah），《聖經》至今仍然是我們這個世界上最著名的著作。它最初是由希伯來語寫就的，它的希伯來語名稱《托拉》（Torah），可以讓我們更深入地瞭解它真正的意義和目的：來自希伯來

語的 Ohr 代表「光」，而 Hora'a 是指引、指導的意思。因此，這本著作描寫的是如何感知摩西所發現的那個更高世界的更高之光的指南或「光」的使用說明書。但由於在那個更高世界中沒有文字可以表達，《托拉》使用的是我們這個世界的辭彙，但描述的則是那個更高世界的事情。那麼，我們通常的辭彙如何可以被用來描述那個更高世界的事情呢？卡巴拉智慧解釋說，內在於那個更高世界的精神力量控制著我們這個世界上發生的一切，因此，每一個在那個更高世界裡存在的力量都會在我們的這個物質世界有所顯現。在那個更高世界的力量被稱為「根」，而它們在我們這個世界中的顯化部分被稱為「枝」，他們通過因果關係形成了精確的對應關係。因此，《托拉》使用的語言被稱為「根枝語言」。

其操作原理是這樣的：當摩西想描述在那個更高世界裡的某種事物時，他用其在我們這個世界裡相對應的「枝」的事物來表達。例如，如果一個精神的物件在我們的這個世界顯化為一塊石頭，他就將該精神物件稱為「石頭」。所以「石頭」一詞，指的並不是我們在這個世界看見和感覺到的某塊石頭，而是指在我們的這個世界表現為「石頭」的同一個做為石頭的精神的「根」。以這種相同的方式，《聖經》中的每一個字眼描述的都是在那個更高世界裡所發生的事情。當以這種方式閱讀《聖經》時，這本著作就是以作者本來想揭示給人類的正確方式閱讀：即做為一個人開始精神世界發現之旅的指南。

當辭彙失去了它們的含義時

自從摩西寫就這本不朽的著作以來，時間已經過去數千年之久，不幸的是，隨著時間的流逝，《聖經》的卡巴拉式含義已漸漸地被人們遺忘。人們閱讀它，不但不是為了進入那個更高世界、感知更高之光，反而，許多人開始認為這本著作談論的是有關我們這個世界裡的事情：是關於人與人之間的關係、道德說教或者是有關如何安排我們那些世俗事情的建議等。其他一些人則認為這本著作是一本敘述歷史的著作。不管怎樣，這些都是對《聖經》文本的嚴重曲解，因為它是用「枝」語言寫就的描

寫那個更高世界的著作。然而，考古證據證明《聖經》中所描述的歷史事件確實曾經發生在我們這個世界裡，那麼，卡巴拉學家們還堅持沒有任何事件實際發生在我們這個世界裡嗎？不，剛好相反：他們幫助我們看清楚為什麼這些事件由於其因果關係都不得不曾經發生在我們這個世界裡。正如上面所說的，在這個世界的每個事物和事件都是由位於那個更高的精神世界裡的「根」引發和控制著的。因此，如果存在一個精神的「根」事物，它也必須以「枝」的方式表現在我們的這個世界裡，這就是為什麼，雖然《聖經》所描述的只是有關那個更高世界的「根」事物，那些相應的「枝」事件也必須發生在我們的這個世界裡。所以《聖經》描寫的也確實包括某些「歷史」事件，但其想表達的卻不是「歷史」事件，而是相應的精神世界的事情。

正確地閱讀卡巴拉著作

這裡的關鍵認知是卡巴拉學家們認為那些精神的物件和事件，也就是「根」，遠遠比它們的「枝」，也就是在我們這個世界裡被感知到的結果重要。他們解釋說，像摩西這樣一個已經達成那個精神世界的傑出的卡巴拉學家寫就的著作，不可能只是出於某種簡單地告訴我們有關歷史或道德倫理這樣的簡單目的。相反，他唯一的目的應該是向人類揭示那個更高世界，以幫助我們用他同樣的方式去感知到它，從而幫助我們實現我們生命存在的最高目標。

因此，正確閱讀《托拉》或《聖經》的方法是將它的每一個字都看作在更高世界裡才能發現的某種精神力量。這樣，一個人就會逐漸和那些力量連接上並最終感知到它們，就像摩西曾經感知到的一樣。那些已經發展出了能夠感覺到那個更高世界的人被稱為卡巴拉學家。當他們閱讀《托拉》時，他們不會將讀到的東西想像為某個歷史事件或是道德說教。相反，他們能夠清楚地感受到那些精神的力量是如何控制著我們以及我們周圍的一切的，並且感知到所有事物是如何和那個無限的、完美的更高之光團結統一在一起的。

78 為什麼我們至今還沒有讀懂《聖經》？

那些影響我們的世界的法則起源於最高的精神領域，這些法則下降到我們所經驗的這個現實世界中。但是在這個下降過程中它們失去了原本的美麗和優雅。卡巴拉智慧教會我們怎樣去重新發現這種美麗，怎樣去復活我們的精神世界。

《聖經》語言的秘密 —— 根枝語言

要在我們這個世界弄明白這種現象，我們首先必須要瞭解它們的起源。如果公正地去審視現實，我們不得不承認，我們其實對於萬物之所以這樣運作的方式至今還是一無所知。在人類的所有知識領域 —— 精密科學、社會科學、醫學或文化方面 —— 我們都不能準確而透徹地解釋為什麼萬物會以它們自身的這種狀態呈現出來。如果能的話，我們就能在未來避免厄運的發生。

一旦事情有所差錯，我們就會找出一千個不同的理由來開脫。最終，再完美的想法也不過是某種基於不確定的假設算計出來的東西。有很多這樣的例子：「要是我昨晚出門的時候不是因為扮酷而穿著皮夾克，而是穿上我暖和的大衣的話，我今天就不會感到不舒服」；「由於巨大的貿易逆差，美元正在貶值」；「尼克斯隊輸掉了主場比賽，因為球員們在主場的壓力更大」。

要想真正弄明白萬事因何發生、又是如何發展的，我們應該更深入地探究其根源而不能僅僅停留在事物的表面上。我們需要一個能夠探入到靈魂深處、從原因層面而不是結果層面上去揭示事物運行方式的工具。而卡巴拉智慧就是進行這種深度探測、用於反省和自省的內在「哈勃望遠鏡」。

卡巴拉智慧是一種研究工具。人們如果運用得當，就會被賦予瞭解有關物質和精神世界的所有現象產生的根源的能力。

卡巴拉並不把現實世界看作各種隨機事件的混合，而是根據那些絕對的永恆的自然法則來描述世界萬物和各種事件。而且，直到人們開始將卡巴拉運用於其生活當中，這些法則才能為普通人所察覺。結果，一種對現實世界的新的領悟出現了，隨之而來的，人們也具備了一種改變現實世界的能力。

就拿地心引力來說，如果我們從椅子上跳到地板上，這可能只是一個小冒險；但是如果我們是從十層樓高的建築頂層往下跳，其結果大概就是一場悲劇。在這個例子中，其錯誤行為和因此導致的結果是立即顯現的，所以我們很容易直接將結果與原因聯繫起來：那個人死了是因為他從十層樓高的建築頂層跳了下來。

但是，如果那個人在落地的瞬間沒有死去，將會怎樣？如果他站起來，拍拍身上的灰塵，走開了，但是一年後卻突然死去，而且與他十二個月前的跳樓沒有任何明顯的聯繫，這又將怎樣？他又如何才能知道他不應該跳樓呢？他需要一種方法來告知他，其跳樓行為在一年時間內可能會導致的結果。而這正是卡巴拉所研究的──觀察事物的原因和結果之間的關係。用卡巴拉的術語說，它揭示了物質的枝（結果）和其精神的根源（原因）之間的聯繫。

萬有引力是一種法則，它不容迴避也不容欺騙。然而，我們能夠學習這種規律並利用它來為我們服務。但是如果我們並不知道它的存在，如果我們看不到萬有引力和其結果之間的聯繫，我們又怎麼能避免從高處落下呢？或許刑事法律中最基本的原則就是：對法律的無知並不能使一個人免除罪責。同樣，你也不可能在跳下高樓的同時說：「哎呀，不好意思，我不知道……」

卡巴拉所闡述的法則也同樣嚴格。這些精神法則和物理法則之間唯一的不同就是：因為我們和精神世界缺乏聯繫，我們看不到這些精神法則。就像你我與這個物質世界有著確定的聯繫一樣，對於一個與精神世界有著確切聯繫的卡巴拉學家，這些法則就如同萬有引力定律一樣清晰和真實。對於一個卡巴拉學家來說，忽視這些法則就如同一個人從十層

樓高的建築跳下來一樣，結果可想而知。

根和枝的法則

我們要探討的第一個法則就是「根和枝的法則」。這種法則決定了精神世界發生的每一件事情都會同樣呈現在這個物質世界裡。卡巴拉學家們向我們呈現了一個我們當前毫無察覺、而對於他們自己卻十分具體的更高世界。他們把他們看到的那個世界叫做「原因的世界」或「根源的世界」，而把我們的這個世界叫做「結果的世界」或「枝節的世界」。

卡巴拉學家告誡我們：我們所思、所感、所想、所看、所聞的一切都是在更高世界被預先決定的。耶胡達·阿斯拉格在他的文章中把這種法則描述為「卡巴拉智慧的精髓」。根據他的觀點，「沒有任何一個現實的元素或現實中的任一事件，不能在更高世界找到與之相似的元素的，這就像池塘中的兩滴水一樣類似，它們被稱做『根和枝』，它說明，在更低世界的元素被看作更高世界具有同一性質的元素的枝，而更高世界的元素則是更低世界的同一元素產生的根源，因為更低世界的元素都來自那裡並在那裡形成的。」

透過學習卡巴拉，我們能夠對這個更高的系統有所影響，而最終改變我們的命運。首先，我們需要去瞭解這些系統的運行方式，然後我們才能知道如何去運用它。所有的卡巴拉著作闡述的都是關於更高的精神世界的運行法則，這些能夠幫助我們找到我們靈魂內部的活動，而一旦在靈魂中發現了它們，我們就能夠「操縱」它們，從而最終改變我們的現實。這就是卡巴拉學家們在談論 Tikkun（改正）時所指的。

79 《光輝之書》——世界真正的奇蹟

從古至今，世界「奇蹟」的數量在不斷增加。人們常常對那些給人們帶來視覺滿足的人工建築讚嘆不已。這些建築帶來謎一樣的風情，讓人們以自己做為人類而感到自豪。

但是如果有人告訴你，有一個真正的奇蹟一直被人忽視，而它就是一本書。你也許會懷疑地說：「得了吧，一本書？書怎麼會是世界奇蹟呢？」

《光輝之書》（Sefer Ha Zohar）——幾千年以來，這本書迷住了年輕人和老人、教徒和無神論者、哲學家和學者們，它的吸引力還在不斷增強。事實上，「光輝」（Zohar）這個詞是在網路上被搜尋得最多的詞語之一。那麼，這本書的內容究竟是關於什麼的呢？這本由亞拉姆語和希伯來語寫成的書究竟有什麼特點能讓人們屏息，並說一聲「WOW！」呢？

光之河

「Zohar」在希伯來語中是光輝、光彩或者光芒的意思。《光輝之書》就像一條從伊甸園流向人們心中的河。那些敞開心扉的人會被河水洗滌，得到淨化，開始擁有能夠「看見」的能力。

我們常聽說卡巴拉就是《光輝之書》。為什麼呢？實際上，這本書由一種非常特殊的風格寫成，它讓我們置身於多維空間中並帶領我們感受這些空間。當這本書在用寓言和故事向我們描述某種事物的時候，同時也在逐漸地向我們展示隱藏的真實——更高的世界。這本書透過那些綜合的、非凡的故事吸引我們，將我們帶入其中。當我們被它激發出靈感的時候，我們就逐漸地進入了精神世界。

當然，為了掌握這本兩千年前所著的書的精髓，我們首先要產生去理解這本書的渴望和興趣。我們需要增強一些敏感度和理解力才能變成和《光輝之書》的作者一樣的人。

《光輝之書》的作者是由著名的 Rashbi（Shimon Bar Yohai）領導的十位卡巴拉學家。這十位卡巴拉學家在特殊的時間裡相聚在一個特殊的地點，他們的內在的、精神的品格代表了「十個 Sefirot」──創造的十塊基石。他們從至高的精神的階段降到普通人的層面上，來向我們解釋理論上無法掌握的概念。他們通過寓言來啟導我們，就像給小孩子講故事一樣，使我們可以透過閱讀這些文字來實現自身的發展。隨著時間的推移，我們漸漸地開始感知到更高的世界，因為在閱讀時有「更高之光」這樣的崇高品格「照耀」著我們。

這光的崇高品格簡直就是個奇蹟。開始閱讀此書的人能立刻感受到它帶磁性的光輝，會想要一遍又一遍地反覆閱讀。在他們的一生中，他們會多次閱讀這本書。每一次閱讀都會加深印象，並不會感到乏味。《光輝之書》像氧氣之於生命一樣成為他們的必需。他們不斷地渴望透過閱讀《光輝之書》所帶來的內心的變化。

平行的世界

《光輝之書》的獨特性在於它為我們創造了精神世界在我們這個世界的投影。這本書是由兩種古巴比倫語言撰寫的：希伯來語和亞拉姆語。這兩種語言表現了兩種層面的感知。一種語言敘述有關我們所熟悉的世界的故事，而另一種語言則帶我們進入精神領域，向我們展示了兩個互相平行的世界。這本書向我們敘述有關這個世界的故事，同時也告訴了我們這個世界在更高的世界的源頭。這樣一來，它向我們展示了一個世界與另一個世界重疊的關係。

於是我們發現自己處於兩個世界中──一個是我們所熟悉的這個世界；另一個是我們無法感知到的更高世界，但卻能感覺到它就在那裡。然而，兩種世界的圖像只是存在於我們的想像中。事實上，它們倆是一

個完整的圖像，只是在我們目前利己主義的感官上感覺為兩個圖像。在我們的世界裡，圖像是視覺性的，我們可以看到、感覺到並理解它們。但在精神世界的圖像把特性反映成品格、力量、願望和意圖。為了同時體驗兩個世界，我們需要想像我們處在精神的階段，置身於其中，並體驗同時存在兩個世界的過程。

為了踏上這個美麗的精神旅程，我們需要想像《光輝之書》在向我們描述的關於我們本身及關於我們所體驗的精神的狀態。我們要像乾涸的水井一樣來吸收這些體驗。然後，只要跟隨書中的文字，讓它們「流」過我們，並嘗試去感覺《光輝之書》為我們描繪的圖畫。這樣一來，我們就會開始觸摸和感受到精神的世界，並接近我們的在精神世界誕生的狀態。

這難道不是世界真正的奇蹟嗎？

80 生存還是死亡

> 「……我們來自虛無，擁有名字，擁有自我意識和內心深處的情感，心中極度渴求生命和自我實現——即便如此，死亡還是要來臨，就像一場惡作劇。」
>
> ——恩斯特·貝克爾，《拒絕死亡》

但是，生命和死亡遠不止是一場惡作劇，卡巴拉告訴我們，生存和死亡完全和我們所想的不同。

死亡是我們每個人都要面對的、最讓人不安、也最吸引人的現象之一，因為它觸及我們每個人的生命，迫使我們去詢問一些深奧的、看起來無法回答的問題。孩子們在很早的時候就開始對這種現象感到驚奇。不管他們的好奇心是來自於寵物的死去還是親人的逝世，孩子們開始向他們的父母詢問：為什麼人們會死？人死後會去哪裡？死去的人是否會從「另一個世界」回來？

成人對死亡的好奇也絲毫不遜於孩子。我們大多數人都喜歡看刺激的恐怖電影，在這些恐怖場景中，死去的人會在幽暗陰冷的夜晚，從他們的墳墓中爬出來。最近，也出現了很多這種題材的心理劇情片，例如，描述逝去的愛人仍然出現在主角的生活中的電影。類似的劇情並不僅僅侷限於電影，許多人和死者「溝通」著過著瀟灑的生活。而且，讀過《聖經》的人都知道，救世主（彌賽亞）的降臨會讓「死人復活」。

> 「主耶和華如此說：『我的民哪，我必開你們的墳墓，使你們從墳墓中出來，領你們進入以色列地，我的民哪，我開你們的墳墓，使你們從墳墓中出來，你們就知道我是耶和華，我必將我的靈放在你們裡面，你們就要活了……』」
>
> ——《以西結書》37：12～14

事實上，不僅是《聖經》，連最偉大的卡巴拉著作《光輝之書》也談論到這樣的復活。在這本神秘的著作（《光輝之書》），「Emor」，17）中寫道：「死者應該連同他們的缺點一起復活。」這些章節難道就是為了告訴我們，我們將在現實生活中目睹一個「恐怖電影」場景嗎？在一個陰沉的夜晚，死去的人從墳墓中走出來，然後和我們一起慶祝騎著白馬的彌賽亞救世主的降臨，我們將會是這一場景的見證者嗎？

粉碎神話

曾為《光輝之書》寫過一本名為《Sulam》（即階梯）的注釋的卡巴拉學家耶胡達‧阿斯拉格（巴拉蘇拉姆），在其文章《光輝之書的簡介》中，掀開了《光輝之書》的神秘面紗，揭示了「死人復活」背後的真正含意。他在書裡寫到：要時刻記住，整個卡巴拉智慧都是建立在超越時間和空間的精神的事物之上的。（《Talmud Eser Sefirot》，第一章，第一節）

換句話說，我們在閱讀任何卡巴拉著作——包括《聖經》——的時候都應該明白，這些著作連一個字都不涉及有關時間、空間的物理範疇或其他任何物質實體的這個世界。那麼，我們要怎樣去理解《聖經》中所描述的「死人復活」呢？

首先，我們必須得摒棄「死人」從棺材裡站立起來，打破大理石墳墓，入侵人類世界這一類老套的神話。就像在許多聖書中所描述的那樣，「死人復活」實際上是一個涉及人們靈魂甦醒復活的過程，而不是指他們的肉體。

一種精神語言

在卡巴拉和《聖經》這一類的神聖著作中，像「腦」、「骨」、「肉」一類的詞語，並不是真正地在談論我們有形的軀體。這可能聽起來有些奇怪，它們實際上所指的是組成我們靈魂的那些精神器官。因此，「死

人復活」實際上是指我們的精神軀體——也就是我們的靈魂復活的過程。

卡巴拉學家解釋說，我們每個人在一生中都會經歷這樣一段精神復活的過程。要明白這些，我們必須瞭解我們的靈魂在到達它們目前這種狀態之前所經歷的那段過程。

> 「看那：在創造物被創造出來之前，在那光被發射出來之前，只有那精純的最高之光普照寰宇，並無任何空隙存在著，諸如空穴、孔洞或凹陷存在，整個寰宇全部都被那精純的無限的更高之光充滿著。」
>
> —Isaac Luria（the Ari），伊薩克・盧理（神聖的阿里）《生命之樹》

十六世紀偉大的卡巴拉學家 Ari（神聖的阿里），用上面這種詩體語言描述了我們的靈魂被創造出來之前的狀態。其中「更高之光」指的就是創造者，他唯一的品格和願望就是給予創造物以恩惠。創造者的這種思想隨即導致了人類靈魂——一種由眾多完全相互交織、相互聯繫在一起的個體靈魂組成的精神實體——的出現。

因為創造者的唯一願望就是給創造物帶來快樂，他賦予了他們（也就是我們）接受所有的快樂和所有他能給予我們的豐富的能力。這就意味著他創造了與他的本性（給予快樂）完全相反的我們——也就是接受快樂的願望。

創造者一旦創造了這個接受（快樂）的願望或「靈魂」，他就會用一種叫做「光」的無限的豐富來充盈它。在這種狀態下，那個靈魂就如同處在母親子宮裡的胎兒一樣，置身於子宮裡的溫暖和營養之中，得到一切生長所需。然而，這個靈魂也像胎兒一樣，對於它所經歷的過程，甚至其自身的存在在開始都是毫無知覺的。

因為靈魂還沒有意識到它自身的存在，所以在最初階段它能夠感受到的快樂也是非常有限的：儘管有無窮之光的普照，靈魂卻不能真正地感受到其帶來的快樂，因為它不是自己去渴望接受這種光。就像，如果

我們沒有食慾的話，我們也不可能感受到享受美味帶來的樂趣一樣。所以，對於創造者想要賜予創造物的那種富足，創造物在開始根本感覺不到。

為了改變這種狀態，這個靈魂必須歷經許多階段去培養開發自己的獨立願望。這些過程包括它在開始將先與快樂的源頭——也就是創造者分離，因為只有這樣它才會真正獨立自主地產生對創造者的渴望。這種與創造者的分離、也就是這種靈魂內的「光」的消失的狀態，就是我們所感覺到的「這個世界」。

這一階段發揮著非常重要的作用，為著一個非常重要的目的：也就是給我們提供一個發展我們的願望和自由地選擇回歸創造者的機會。透過這一系列過程，我們就會獲得一種想要徹底地感受到那「光」的獨立的意識。也只有到那個時候我們才能意識到那個「更高之光」是怎樣用其無窮的溫暖和關愛環繞並充盈我們的創造的思想。也只有在我們徹底瞭解了創造者的思想時，我們才能找到一個更高的目標使我們的利己主義放棄以往的那些利己主義目標，將我們的利己主義的接受方式改變為利他主義的接受方式，從而感知並體驗到創造者帶給我們的永恆的快樂。

死亡和復活

「這個世界」就是在創造者及其更高之光與人類的靈魂分離之後，我們目前所感受到的一種狀態。但這只是一個短暫的時期，它只是為了幫助我們透過我們的自由意志去找到那條回歸和創造者統一之路的一個必要過程。

這種和精神世界的分離也叫做「精神死亡」，換句話說，「精神死亡」也就是這樣一種狀態：我們的本性與精神本質是如此地背道而馳，以致於我們根本感覺不到任何精神世界的存在。

卡巴拉特別被用於幫助我們轉變我們的本性，以便我們能上升到創造者所處的精神層面。只有到了那個層面，我們才會真正體驗到「死人

的復活」——那種靈魂的復活以及感知創造者的「光」的能力的復活。

這種方法就在於我們需要用創造者的愛和給予的本性來取代我們現在利己主義的本性。在這整個改正和上升的過程中，一個人會發現自己徘徊於兩種本性或力量之間——一種是接受的力量，另一種就是給予的力量。

漸漸地，一個人就會顯露出使自己曾經毫無意識的利己主義的本性，並且開始把這種狀態定義為「精神死亡」。人們開始感受到，他的所有願望都是被自己利己主義的本性所驅使的；並日益感覺到這種品格的邪惡。最終，一個人會達到這樣一種狀態：他會徹底地認清利己主義傾向的危害，瞭解到它不僅阻礙了自己上升到精神層次，也阻礙了他與那個生命之源——也就是創造者的重新結合。

在這種意識狀態下，一個人會徹底地排斥利己主義的傾向，與此同時，他開始強烈地希望和創造者變得相同。當一個人從內心的最深處發出想要回歸創造者的哀求時，創造者就會向這個人顯現出來，並賦予他真正的品格、無限的關愛和恩賜。

當一個人獲得了這種精神品格，他就會掙脫他自己的利己主義本性的束縛，回歸到精神世界。一個人的靈魂就會得到「重生」或「復活」，一個人將會如同最初被創造時那樣和創造者合一，但這一次卻是自己能夠感知到創造者的存在，從而感知並獲得永恆的精神生命。

81 是行動起來的時候了

　　巴拉蘇拉姆（Baal HaSulam）在其文章《是行動起來的時候了》裡，談論到了我們這個時代的獨特性。他指出，我們這個時代就是人類已經充分發展並成熟到足以去渴求精神世界的時代。

　　當一個人的整個生命，連同其所有在這個世界能夠獲得的快樂，變得毫無意義和空洞蒼白的時候，正是對精神的渴求開始顯現的時候。在我們這一代人中，越來越多的人正在經歷這種感覺。

　　《是行動起來的時候了》一文解釋說：今天的這種狀況已經被等待多時，並且終於到來了。現在這個時代正是揭示卡巴拉智慧的時候了。因為卡巴拉智慧解釋了：

　　——我們人性的本質；

　　——是什麼使得我們賴以生存的這個宇宙在不停地進化；

　　——所有這些生命存在的目的是什麼。

　　大自然不會創造任何無用的東西。原則上講，大自然就是創造者的力量。在希伯來語中，Elokim，上帝，有著和 Teva 也就是大自然相等的數字值。這意味著它們是精神意義上的同義詞。大自然——也就是我們所感知的一切——代表著創造者在我們面前的顯現方式。

　　巴拉蘇拉姆說：對創造者的揭示，特別是在我們這個時代，將賦予我們對這個宇宙一種無限寬廣的視角以及對我們的存在一種高級的感知。我們將會經驗生命的永恆與和諧，所有物質、資訊和能量的合一。根據巴拉蘇拉姆，我們能夠而且必須在我們這一代人實現。讓我們以巴拉蘇拉姆的《是行動起來的時候了》做為本書正文的結尾，引領大家開始生命意義的探索之旅，化危為機。

是開始行動的時候了

巴拉蘇拉姆（1884～1954）

　　很久以來，我的良知總是讓我感到重任在肩，並敦促著我撰寫一篇有關猶太教、宗教和卡巴拉智慧本質的根本性的文章，然後將它傳播到各個民族，這樣人們就可以開始瞭解這些崇高主題的真正含義。

　　在印刷工業的創新發生之前，在以色列，我們找不到任何不負責任的胡亂講述卡巴拉智慧的本質的書籍，因為幾乎沒有作者會隨意違心地、沒有根據地撰寫一些文字；原因很簡單，在大多數情況下，一個沒有責任感的人是不會著名的。

　　因此，如果碰巧有人敢於去撰寫一篇這樣的文章，也沒有謄寫員會去謄抄它，因為這將會很可能是連成本都撈不回的極大的投資。所以，這種文章從一開始就註定了要面臨著失傳的命運。

　　而在那些日子裡，那些真正知道的人對撰寫此類書籍也毫無興致，因為大眾還不具備需要那種知識的條件，恰恰相反的是，為著「上帝的榮耀需要將它藏匿起來」的原因，他們更熱衷於極力把這些知識隱藏起來。

　　卡巴拉學家們被「命令」將 Torah《聖經》的本質對那些不需要，或者還不值得擁有它的人們隱藏起來，而且，我們也承擔著不要將它們陳列於商店的櫥窗中，以防止這個偉大的智慧被那些誇誇其談之人的貪婪目光所褻瀆，從而使其受到貶低，因為這是為了保持上帝的榮耀所必須的。

　　但是，自從印刷工業發展到使得出版書籍已經變得越來越容易，作者不再需要手工抄寫，書的成本也變得越來越低廉以後，這就給那些不

註：卡巴拉學家耶胡達・阿斯拉格 (Yehuda Aslag)，人稱巴拉蘇拉姆 (Baal HaSulam)(1884～1954)，20 世紀最偉大的卡巴拉學家，以對《光輝之書》的《階梯》注釋而聞名於世。

負責任的作者們出版任何他們以獲取金錢和榮譽為目的的書籍鋪平了道路。但是他們沒有考慮到他們自己的行為，也沒有對他們的書籍可能產生的嚴重後果進行檢驗。

從那時起，這類不負責任的書籍的出版量開始急遽上升，這些書籍既沒有任何有資質的猶太老師的教導和口頭傳授，甚至也不具備那些早期談論此類話題的著作的知識。這樣的一些作者們杜撰臆造了許多徒有空殼，貌合神離的理論，並將這些理論與那些崇高的智慧牽強附會地聯繫在一起，並自稱能揭示這個民族的本質和蘊藏在其中的驚人的智慧財富。這些愚昧之人甚至不知道如何細心，也不知道如何找到學習它的方式，他們把錯誤的觀點灌輸給了一代又一代人，這樣一來，為了滿足他們的那些微不足道的一己私慾，他們不但自己犯了「罪」（sin意思是走錯道路，錯過目標），而且也使得其他民族的子孫後代們一直處於「罪」中，走在錯誤的發展道路上。

最近，他們的臭名更加昭著，因為他們已經將其罪惡的爪子伸向了卡巴拉智慧，他們並不知道這種智慧是被層層封鎖，並被隱藏在一千扇門的後面直到今天的，以致於甚至沒有人明白卡巴拉智慧中哪怕是一個單詞的真正含意，更別提一個單詞和另一單詞的聯繫之間表達的內容了。

這是因為至今為止，在所有那些真正的卡巴拉著作當中，即使是一個聰明絕頂的學生，也只能從一個智慧和真正的卡巴拉先哲的口中，獲得能夠使他剛好能夠弄懂它們的真正含意的線索。而即使是這樣，「箭蛇還是躲在黑暗中，結網、下蛋、孵化、長大」。最近這些時日，這樣的陰謀家在與日俱增，他們在做著讓那些真正擁有這個智慧的卡巴拉學家深惡痛絕的事情，他們卻從中牟取利益，沽名釣譽。

他們中的一些人甚至達到了異想天開地想要承擔時代領袖的角色的地步，他們假裝懂得那些古老著作之間的差別，並且告訴人們哪些值得一讀，哪些不值得一讀，因為它充滿了錯誤的言論等等，就這樣他們在招致著譴責、引發著憤怒，因為，直到今天，對這個偉大智慧的正確掌握，在每一個時代中，都被嚴格地限制在只賦予給哪怕十個時代領袖中的一

個，但現在那些愚昧無知者卻在濫用它。

因此，公眾對這些事物的正確認知已經被極大地敗壞了。除此之外，人們在對這些崇高事物的探討上，存在著一種輕浮的氛圍，他們認為對於如此崇高的事物的研究，他們只要在他們的空閒時間粗略一瞥就已經足夠了。他們只膚淺地在表面上流覽了一下這個深如海洋的卡巴拉智慧和包含在猶太教中的精髓，然後就根據他們自己的興致得出輕率的結論。

這些就是促使我不得不走出來，做出決定：現在已經是「為上帝而做」的時候了，並且要盡力拯救那些還可以被拯救的東西的原因。因此，我當仁不讓地承擔起了揭示與那個崇高智慧相關的真正本質的內容並把它傳播到萬民之間的責任和使命。

1558 年義大利曼圖亞版的《光輝之書》扉頁，上面寫
著：“對《托拉》(《聖經》摩西五經)的《光輝之書》
注解，出自神聖的先哲，西蒙巴約海”

附錄

我們在附錄當中精選了一些有關卡巴拉智慧
的基礎知識。內容非常精煉，對那些不瞭解
卡巴拉的人可以開始瞭解卡巴拉；對於那些
錯誤理解卡巴拉的人可能是一種糾正；對於
那些真正開始對卡巴拉，也就是對生命意義
感興趣的讀者可能是一個很好的指引。

1

有關卡巴拉的基礎知識

卡巴拉是什麼？

雖然其起源可以追溯至遙遠的古代巴比倫時期，卡巴拉智慧在大約4000 年前出現之後，至今卻幾乎一直向人類隱藏著。

正是這種隱藏使得卡巴拉一直籠罩在神秘之中，持續散發著迷人的魅力。歷史上，很多國家的著名科學家、哲學家，如牛頓、萊布尼茲、米蘭德拉等，都試圖探索並理解卡巴拉科學的奧秘。不過，直至今天，卻仍然只有很少的幾個人真正瞭解卡巴拉到底是什麼。

卡巴拉科學描述的不是有關我們這個世界的事情，正因為如此，其本質使人們很難琢磨。想理解那種無形的，那種感知不到的，或者那些沒有親身經驗的事物是不可能的。幾千年來，人類打著「卡巴拉」名義發明了各種各樣的事物：魔法、咒語，甚至奇蹟等等，但所有這些都不是真正的卡巴拉科學本身。

四千多年來，對卡巴拉科學的通常瞭解都一直被誤解或曲解籠罩著。因此，最重要的是，首先需要給卡巴拉科學以明確的定義。卡巴拉學家，耶胡達‧阿斯拉格在其《卡巴拉智慧的本質》一文中是這樣定義卡巴拉的：

> 這種智慧不多不少是一種根源的順序，它以一種固定的，預先確定好的規則，透過因果關係降落下來，編織成一個單一的、崇高的被描述為，在這個世界中，向他的創造物揭示他的神聖的目標。

這種科學的定義可能過於複雜和繁瑣。讓我們來看一看這裡說的到底是什麼。

存在著更高的世界或創造者，而且這些控制的力量從更高的力量降落到我們的這個世界。我們不知道有多少種力量存在著，而這實際上並不重要。我們在我們這個世界裡存在著。我們由某種被我們叫做「創造者」的更高的力量創造出來。我們都熟悉我們這個世界中的諸如萬有引

力、電磁力和思想力等力量。然而，存在著某些來自一個更高次序的力量操控著我們這個世界，同時又是向我們隱藏著的。

我們將這種無所不包的終極力量，稱作「創造者」。創造者是這個世界的所有力量的總和，而且處於這些操控的力量序列的最高層面。

這個力量衍生出那些更高的世界。總共有五個更高的世界。緊接著它們的是，那個所謂的 Machsom——一個將那些更高的世界和我們的這個世界分隔開來的壁壘。從那個更高的力量——就是創造者，也被稱為「無限的世界」，各種力量經過那五個更高的世界降落下來，產生了我們的這個世界以及我們人類。

和傳統科學不同的是，卡巴拉科學並不研究我們的這個世界和存在其中的人類。卡巴拉探索的是超越那個 Machsom 壁壘以外的更高世界裡存在的一切。卡巴拉學家耶胡達·阿斯拉格說：「這種智慧不多不少是一種根源的順序，它以一種固定的，預先確定的規則，透過因果關係降落下來，編織成一個單一的、崇高的被描述為在這個世界上向他的創造物揭示對他的神聖的目標。」除了從更高世界依照精確的法則降落下來的那些力量之外，沒有其他任何東西。此外，這些法則正如阿斯拉格所描述的，是固定的、絕對的、無所不在的。最終，它們都被導引著以便人們可以在還活在我們這個世界的同時，就可以揭示那個操控著自然的終極力量。

卡巴拉教我們什麼，
而且學習卡巴拉對我有何幫助？

　　卡巴拉科學以一種獨一無二的方式描述我和你，研究我們全人類。它不研究任何抽象的事物，僅僅研究我們被創造的方式以及我們是如何在存在的更高層面上運作的。

　　它其中的一部分談論那些更高的力量從無限的世界的降落。那個無限的世界是我們最初的狀態，在那裡我們是做為一個單一的、統一的完整的靈魂體系，完全互相聯繫地存在著。然後，從那個無限的世界，我們研究那些更高世界，在它們降落到我們所存在的這個世界時的順序、Sefirot 和 Partzufim 等。

　　很多卡巴拉的著作都已對此完整地描述過，從四千年前的猶太人祖先亞伯拉罕開始，就寫了一本名叫 Sefer Yetzira（《創造之書》）的著作。接下來的重要的作品是寫於至今 3500 年前的 Torah（《聖經》前五卷，又稱摩西五經），以及創作於西元 2 世紀的 Book of Zohar（《光輝之書》）。《光輝之書》之後的最重要著作是 16 世紀著名的 Ari 的《生命之樹》等著作。再就是到了 20 世紀出現的偉大的卡巴拉學家，耶胡達·阿斯拉格（Yehuda Ashlag）的著作，他被人尊稱為巴拉蘇拉姆（Baal Sulam），意思是階梯的主人，以其撰寫了《光輝之書》的階梯（Sulam）注釋而聞名於世。

　　阿斯拉格的著作最適合我們這一代人。他和其他卡巴拉學家的著作一樣，都描述了那些更高的精神世界的結構，它們是如何按順序降落下來並如何創造出低一級的世界，以及最終，我們的這個世界是如何被創造出來，我們的宇宙、我們的地球及生命是如何演變而來的。對那個系統是如何創造出來的以及它又是如何降落到我們這個世界的研究，使得我們可以掌握進入這個系統的方法，進而得到管理它的機會。

我們主要要研究學習的部分，是阿斯拉格所著的六卷《對十個 Sefirot 的研究》。它被設計成一種輔導學習的式樣，即包含問、答，各種重複溫習的題材，解釋，又配合以各種圖解和圖畫等。你如果願意的話，可以將這看作有關那個更高世界的物理學，是一種描述那些掌控著這個宇宙的法則和力量的科學。

研讀這些材料會逐漸改變學習者，因為當探索如何進入並生活在那個精神世界內部時，一個人逐步地使自己適應這些材料。

但卡巴拉科學卻與這個世界的日常生活無關。恰恰相反，藉助學習這個系統，我們能重新到達我們降落到那個世界之前的層面，這個層面等同於我們將由這個世界上升並最後所要達到的終點。在這個攀升過程中，對卡巴拉的學習將在學習者內部構造出一種與那個更高的精神世界相等同的系統。這個系統本身將會在那個想要達成它，並以此為學習目的的人的內部開始組織並顯化出來。就像一個受精卵具有變成一個完整的生命，並隨後成長為一個成熟的成年人的潛力一樣，卡巴拉科學能發展我們想要達到一個更高的存在層面的願望。

在最初的時候，這僅僅是一個微小的願望，被稱作「心裡之點」。這個心裡之點就像我們未來狀態的胚胎。透過研究更高的精神世界的結構，我們開發那個已存在於其內在的「基因」資訊，隨著這個心裡之點的長大，和那個更高世界相等同的結構將在我們內部逐漸形成。

這就是為什麼研究卡巴拉是如此地具有回報的原因。即使我們根本不瞭解我們正在讀到的任何一件事，哪怕只是單純的努力和嘗試去瞭解卡巴拉的內容都會滋養那個心裡之點，也就是那個對更高的創造者的渴望，這樣一來，這個心裡之點就會開始長大。而且它越成長，我們就越能意識到一種新的創造、一種對一個世界的新的和不同的感覺將會出現在我們的內心當中。

這樣做的話，卡巴拉科學給予我們去感知那些更高的精神世界、去瞭解在我們身上發生的所有事情的機會；而且更重要的是，給予了我們自己去掌控這一過程的機會。

我為什麼會探尋某種精神的東西？

　　我為什麼會渴望某種超越日常生活能夠提供給我們的更多的或不同的東西呢？卡巴拉將這個問題用以下這種方式加以表達：對那個更高力量的渴望是如何浮現出來的呢？

　　其實發展進化了很長時間；剛開始時人類就如同動物一樣，其願望滿足生存的需要如食物、家庭、性以及庇護所等；然後發展經歷了對財富、權力、名譽和知識的追求等各個階段。

　　在人類發展的早期階段，對食物、家庭、性以及庇護所的願望是一個人具有的所有願望。即使一個完全被隔離起來的人，也會具有這些願望並努力去滿足這些願望。那些由社會環境決定的願望（也就是對財富、權力和名譽的願望）則在下一個階段浮現出來。

　　再後來，對知識的願望才開始出現。當我們開始渴望尋找萬物的來源與我們自己的根源時，科學才蓬勃發展起來。然而，這種對知識的願望也仍然只是我們侷限在這個世界的框架內的一種願望。

　　只有發展到下一階段時，一個人才會渴望去瞭解那個真正的根源、一個人的本質——也就是生命存在的意義。「我從哪裡來？」、「我是誰？」、「我是什麼？」這些問題得不到回答的話，就會使一個人坐臥不寧。

　　人類天生就是利己的。我們所有的願望都是以自我為動機的，而且自我渴望被滿足。它們壓迫並驅動著我們，精確地控制著我們的一舉一動。在我們這個世界上，利己主義的願望發展的頂點就是渴望用高於我們的某種東西的知識來滿足我們的願望。

　　那麼，這些願望產生的根源是什麼，它們又是如何浮現出來的呢？產生這些願望的都源就是痛苦。從一種類型的願望到另一種類型的願望的過渡，都只有在痛苦的影響下才會發生。假如我處在一種平衡的狀態，

我會感到心情舒暢而且一切都好。然後不經意間一個新的願望出現了，我感覺缺乏某種東西。這時我開始想要去經驗某種新的事物，因此我開始努力去滿足這個新出現的願望。這一過程持續不停地重複著它自己。也就是說，我們總是在不停地追逐著新的快樂。

我們生在這個星球上，我們生，我們死，都在努力著去實現我們那些永無止境的願望。只有在經過許多次生命輪迴後，我們才達到只有一種單一的願望存在下來的狀態：這個願望就是到達我們的根源，發現我們生命意義的願望。一旦這個終極的願望浮現出來，其他的任何事情似乎都變得不再必要和沒有意義。一個人會變得消沉抑鬱，感覺到情緒和精神的空虛，彷彿這個世界已沒有任何東西能給他帶來幸福。生命顯得毫無意義而且感覺欠缺某種真的東西，但又不知道欠缺什麼。直到類似「我生命的目的是什麼？」、「我為何存在著？」等問題將人們帶向卡巴拉為止。

現實是什麼？
卡巴拉及對現實的感知

在卡巴拉科學，我們學習我們需要做些什麼以便可以進入一個向我們的五官隱藏著的結構：精神世界。我們學習如何才可以超越我們的這個世界，上升到那個支配這個世界的領域。

我們都是在我們自己內部感知這個世界。我們的五官接收到某些外部的刺激，並將其傳遞到大腦，在那裡它們被處理並形成我們關於這個世界的畫面，除了這個畫面，我們感知不到任何事物。

「我們知道」的這個世界是我們對外部影響的反應。這個世界「本身」對我們來講是未知的。例如，如果我的耳膜損壞了，我將什麼也聽不見，聲音對我來說就是不存在的。我只能感知到我的感官被調校到能夠感知的那個範圍。我們對這個世界的感知是完全主觀的；對在我們之外發生的事情我們什麼也不能說。我們抓住的東西是我們自己對被認為是應該正發生在我們外部的某種東西的反應而已；但在我們外部真的在發生什麼事情嗎？

許多理論都在討論這個問題。牛頓的理論說存在著一個客觀的現實，也就是說這個世界正如我們看到它的一樣存在著，不論我們自己是否存在它都存在著。後來愛因斯坦則認為，對現實的感知取決於觀察者的速度和被觀察的事物的速度之間的關係。換句話說，透過改變我們相對於某個觀察物件的速度，我們對一個事物的觀察將會完全不同：空間被扭曲、被壓縮或被擴展，而且時間也在變化。

其他的理論，例如海森堡的測不準原理，則提出在個人與這個世界之間存在著互相影響。換言之，對現實的感知是我對這個世界的影響和這個世界對我的影響的綜合結果。

卡巴拉科學解釋說，在我們之外根本沒有任何可感知到的現實。我們不會影響任何在我們之外的事物，因為我們並沒有感知任何外在於我

們的事物。在我們之外，只有那個永恆的更高之光存在著。這整個的世界都位於我們內部，而之所以我們感覺到我們受到了來自外面的影響，是因為我們被創造成這種方式。

如果我們能走出我們的這個世界的話，我們將開始看到那個更高之光是如何在我們內部孕育產生有關這個世界的不斷更新的圖片的。這時，這整個的世界將變成一個很小的和被限制的世界。我們將看到那個更高之光是如何決定了我們感知我們自己以及我們周圍環境的方式，這樣，我們最終可以開始控制這個過程。

卡巴拉科學給予我們這種能力。我們開始瞭解限制我們自身能力的原因存在於我們自己內部。如果我們能使我們內在的品格變得和那個更高之光的品格等同的話，我們將達到那個被稱作「無限的世界」的完美和永恆的層面，獲得無限的生命和絕對的滿足。

這一切都完全取決於我們自己內在的品格的改變。這就是為什麼卡巴拉科學將目標定在向我們展示，透過改變我們自己（並且是在一個人的一生當中快速地），我們就可以開始超越這個世界的存在。我們的身體仍然保持在那裡，而且我們也繼續以平常的方式與家庭、孩子在這個世界和社會上生活著。但我們在這所有之上將獲得一個額外的更高的現實，在那裡我們生活在我們神聖的感覺器官內。

我為什麼感覺痛苦？

痛苦迫使我們前進。不論是我們感覺壓抑、空虛還是迷惑，所有這些不好的感覺的出現都是為了迫使我們思考它們出現的原因和產生的目的。

在我們所處的這個世界中，我們只是看到了現實的外殼。就像我們只是看到電視螢幕上的畫面，卻看不到形成那些畫面的電子信號一樣。我們無法看見隱藏在自然、社會、個人或宇宙背後的是什麼，我們也無法控制其中的任何一個。

就如同看一幅刺繡，只有在刺繡的反面才能看到那些構成了那幅刺繡圖畫的所有縱橫交織的環節及線條。同樣的原因，我們無法觀察到在我們的現實中發生的那些事情之間的聯繫；我們只能看到「某些事件突然因為某種原因發生了」。那麼，我怎樣才能知道我的行為的結果是什麼呢？突然之間，我遭受了一次打擊，而我不明白它為什麼發生或它是從哪裡來的。我們開始問自己「我在哪裡走錯了？」、「我做了什麼得到這種報應？」直至我們開始問自己：「這一切都是為了什麼？」

任何人都可以為他們自己和別人遭受的痛苦找到他們自認為合適的解釋。但每個人都同意正是痛苦在促使我們思考它產生的目的和發生的原因，根據卡巴拉的觀點，它們是同一個相同的問題。

卡巴拉科學聲明說，所有痛苦的原因只有一個，使我們詢問它的意義。這樣的話，我們就可以將我們自己從一個在那裡原因是被隱藏著的物質的存在層面，提升到一個痛苦的原因是被揭示的更高的精神的存在層面。卡巴拉科學給予了我們這樣一個機會：去發現那個生命的源泉——那個更高之光，那個創造者——並且達成與那個根源的融合。這種有關我們痛苦的根源，痛苦產生的目的以及我們生命的意義的問題的出現將一個人帶到卡巴拉。

為什麼要學習卡巴拉？為什麼是現在？

今天，很多人相信人類的發展正在走入一個死胡同。我們曾經試圖透過科學及經濟發展尋找更好更幸福的生活方式的希望，已經被一種日益增強的人類正在進入一個死胡同的悲觀情緒所沖淡。

我們看到這個世界上，越來越多的人已無法找到滿足感。我們曾經以為人類正在向前取得巨大的飛越，並相信我們正在取得實質性的進步，然而現在看起來我們正在四處碰壁。

人類似乎正在陷入一種沮喪、自殺、毒品氾濫的深淵，人們正在試圖與這個世界隔絕，抑制自己的情感。恐怖主義以及正在迅速蔓延的災難都是一場全球性危機的外在徵兆，所有這些狀態正將人類引向那個根本性的問題：「生命的意義是什麼？」

越來越多的人已經開始在尋找這個問題的答案。如果我們看一看近二十年來精神探求者的數目迅速增加的情況的話，我們就會清楚地看到這種趨勢。

在 2000 年前寫就的《光輝之書》上寫道：在 20 世紀末，人類將開始追問有關生命的意義這個問題。而且這個問題的答案就隱藏在這個古老的卡巴拉科學當中，而且，只有在今天這個時代，只有在這些富有挑戰性的危機出現的時刻，這個智慧才會被揭示出來。

正是基於上述原因，卡巴拉科學被隱藏了幾千年。因為過去人們還沒有準備好接受它，而且在那時也不需要它。但是，近些年來人們對卡巴拉的興趣在急遽上升。很多人已經開始學習卡巴拉，因為人們對卡巴拉能給他們帶來什麼感到好奇。一旦某個人瞭解到卡巴拉會回答那個有關生命意義的終極問題，他就對它不再感到害怕，並開始積極從事卡巴拉的研究和學習。

那些認為卡巴拉與魔法、奇蹟、紅繩和聖水等有關的想法正在逐漸消失。人們能夠看到那些只不過是某些心理的現象而已。

對真實可靠的卡巴拉的需求正在進一步上升。換句話說，對一種能夠使我們感覺更偉大的宇宙，永恆的存在以及更高的支配力量的精神需求正在持續增長。人們想知道，我們這個世界以及我們的生命為什麼會如此演化，我們從何處來又要向何處去。

現今，許多世界各地的人們對這個問題都已經產生興趣，而這正是卡巴拉科學變得越來越受歡迎的原因。因為世俗的存在似乎已全都變得越來越令人失望和有限，越來越多的人正在試圖將他們自己和超越這個世界的某種事物聯繫起來。

因此，今天的人們已準備好接受卡巴拉科學。卡巴拉歡迎所有渴望去發現生命的意義、存在的根源的人們，並提供他們一種實現它的實用的方法。

關於卡巴拉的十個偏見

偏見一：卡巴拉是一種宗教

事實是：卡巴拉是一種科學，一種有關整個現實的物理學。卡巴拉是一種智慧，一種揭示通常被我們的感官所隱藏的全部的真實的智慧。

偏見二：卡巴拉與紅繩和聖水有關

事實是：它們之間毫無關聯。紅繩、聖水和其他產品都不過是在過去二十年內被創造出來的有利可圖的商業行為。

偏見三：卡巴拉是保留給少數人的，並且只有在 40 歲以上的男人才允許學習

事實是：以色利人在精神流放期間，卡巴拉僅由幾個經過精選的人繼續研究並保護著。然而，從 Ari（16 世紀）的時期開始，卡巴拉就已開始向全人類開放。

偏見四：卡巴拉與魔法有關

事實是：卡巴拉不涉及任何魔法或其他巫術，相反，它與務實的親身體驗和實踐有關。

偏見五：卡巴拉是一種宗派

事實是：卡巴拉是一種向全人類每一個人都開放的智慧和科學。

偏見六：卡巴拉與新世紀運動有關，而且是一種流行 —— 即一種短暫的現象

事實是：卡巴拉是人類最古老的智慧。它大約起源於 5000 年前。

偏見七：卡巴拉與塔羅牌、占星術和命理學等有關

事實是：塔羅牌、占星術和命理學都是對卡巴拉科學錯誤的理解和利用，是為著某種利己的目標操縱別人的行為，它們與真正的卡巴拉智慧沒有任何關係。

偏見八：卡巴拉與護身符有關

事實是：在我們的這個世界中，沒有任何事物具有精神的內涵。護身符只能幫助人們產生某種心理安慰作用。

偏見九：卡巴拉與冥想有關

事實是：學習卡巴拉並不需要任何冥想。冥想又是一個在最近幾個世紀存在的對卡巴拉的混淆中，被不懂卡巴拉的人對此智慧的錯誤的聯繫。

偏見十：在你接觸卡巴拉之前需要學習 Torah（摩西五經）和 Talmud（猶太法典）

事實是：正相反，不學習卡巴拉的人根本無法正確瞭解這些經典中隱藏的真正的精神含義，而且會錯誤認為它們是在講述這個物質世界的事件和行為。

為什麼要學習卡巴拉，它是關於什麼的？

卡巴拉智慧是一種研究精神世界的科學工具。我們使用自然科學，如物理、化學和生物學來探索我們的這個物質世界，但自然科學的研究只能針對由我們的五種感官所感知到的這個物質世界。要完全瞭解我們生活的這個世界，需要一個能探索我們的五官感知不到的那個隱藏領域的工具。這個工具就是卡巴拉智慧。

根據卡巴拉智慧，現實中存在兩種力量或者品格：一種是接受的願望，另一種是給予的願望。因為那個給予的願望想要給予，所以它創造出一個想去接受那個給予的願望，那個給予的願望更普遍地被稱為「創造者」。因此，整個創造物，包括我們，都是這個接受的願望的外在表現。

藉助卡巴拉，我們能夠為了我們自己的利益，去操縱構成現實的基本力量——接受與給予。卡巴拉不只告訴我們整個創造的藍圖，而且還教給我們如何可以變成現實的設計者，即變得和那個現實的原始設計者——創造者一樣全能和全知。

什麼人可以研究學習卡巴拉？

當 20 世紀偉大的卡巴拉學家，以色列第一位首席猶太導師庫克（Kook），被問到誰能學習卡巴拉時，他非常明確地回答說：「任何想要學習它的人。」

在這最近一百年，在許多場合，所有的卡巴拉學家都無一例外地清楚地表示，今天卡巴拉是對所有人開放的。此外，他們聲明，卡巴拉是用來解決他們已經預見到的、而我們正在經驗的這場全球危機的必備工具。根據所有卡巴拉學家的觀點，那個將卡巴拉對公眾隱藏的時代已經結束了。

卡巴拉智慧在以前之所以會被隱藏起來，是因為卡巴拉學家害怕它會被人們誤用或被人們誤解。而正如事實已發生的那樣，曾經洩漏過的一點點，已經引起了很多誤解並導致了很多誤用的情形的產生。因為卡巴拉學家解釋說，我們這一代人已進化到了準備好去理解卡巴拉的真正意義，以及去理清過去曾造成的那些誤解的階段，這門科學現在開始對所有想研究學習它的人們開放。

卡巴拉智慧教我們什麼？

卡巴拉智慧教授我們有關那些精神世界的結構，以及我們每一個人怎樣才能到達那裡。卡巴拉著作就如同旅遊指南一樣，如果你打算到一個新的城市去旅行，你可能需要一個導遊來告訴你，哪些地方是最好的景點、最好的咖啡店和俱樂部在哪裡？以及指出哪些是你不會想去的地方等等。

同樣地，卡巴拉著作告訴你那些精神世界是如何被建造起來的，哪些地方比較好玩而哪些地方不是。當然，這些指的都不是像這個物質世界的地方一樣的「地方」，而是那些卡巴拉學家們都曾經經歷過的某種精神世界的狀態。

此外，卡巴拉著作還會告訴我們，如何去發現那個精神的現實。如果你想要去到世界上的某個地方，你可能會需要一張地圖、一個研究並熟悉該地的導遊。而這對那些精神世界的探索來說，就是卡巴拉著作所扮演的角色：它給你指出哪裡是精神世界，將你「送」到那裡，並為你四處導遊。

Bnei Baruch 國際卡巴拉研究教育中心是一種什麼樣的組織？

　　Bnei Baruch 國際卡巴拉研究教育中心是為了研究、學習、教授及傳播真正的卡巴拉智慧的一個自發的國際性組織。它於 1991 年，由科學家、卡巴拉學家麥可‧萊特曼博士懷著上述的崇高目的成立的。他之所以將這個組織命名為 Bnei Baruch（意思是 Baruch 之子），為的是紀念他的老師、當代偉大的卡巴拉學家巴魯克‧阿斯拉格（Baruch Ashlag）；而巴魯克是他的父親，20 世紀最偉大的卡巴拉學家耶胡達‧阿斯拉格（Yehuda Ashlag）的繼任者，耶胡達‧阿斯拉格也被尊稱為巴拉蘇拉姆（Baal Sulam，意思是階梯的主人），以其《對〈光輝之書〉的階梯（Sulam）注釋》而聞名於世。

　　為了傳播卡巴拉智慧，Bnei Baruch 在世界範圍內用幾十種語言維護著 www.kabbalah.info 這個網站，出版卡巴拉著作、發行卡巴拉報紙以及製作卡巴拉廣播及電視節目等。每個月都約有一百萬人流覽該網頁，全球已有數萬人成為其積極的會員，他們共同支援這個目標，並為了全人類的利益而協助卡巴拉的傳播。

歷史上偉大的卡巴拉學家

　　卡巴拉智慧是人類最古老的智慧。它的起源可追溯到猶太人祖先亞伯拉罕的時代，即西元前 18 世紀，至今 3800 多年以前。亞伯拉罕是當時古巴比倫貝多因部落中一個普通的人，他發現了創造者的存在，也就是發現了超越這個世界之外的現實。然後，他寫下了有關這一切的稱為《Sefer Yetzira》（《創造之書》）著作，這是有關卡巴拉智慧的最早的一本著作。

　　在他之後產生了很多的卡巴拉學家，包括他的弟子、兒子及孫子，全部都致力於卡巴拉智慧的研究和傳播，直到這一智慧被第二次為帶領以色列人走出埃及的摩西所揭示。摩西是一個偉大的卡巴拉學家，他為我們撰寫了 Torah（《托拉》，或《摩西五經》，《聖經》的前五卷）。在這本著作中，他以一種不同的方式，描寫了他自己對精神世界的揭示。

　　亞伯拉罕用 Sefirot 和名稱寫下他的著作，而摩西則使用了另外一種不同的語言——一種根枝語言來描述自己對那些更高的精神世界的揭示。由於這個世界的所有一切都來自那些更高的世界，就如經書中所寫的：「在這個世界裡，哪怕是一根小草，都在那些更高世界裡有著一個對應的讓它成長的天使（指更高的力量）。因此，存在於這個世界中的任何事物都與存在於那些更高世界裡的某個力量相對應。」

　　例如，在我們的這個世界，我們所遇到的所有事物都可以用語言、稱謂及名字加以表達。這樣，我們可以使用這些同樣的名稱，但表達的卻是在那些更高世界中所發生的事物。這就是摩西採用根枝語言寫下了他著名的《聖經》前五章的方式。

　　多虧了他，我們現在才擁有《摩西五經》。這個世界上的人們認為，這本經典所涉及的是這個世界裡發生的事情，描寫的是某些曾經發生的歷史事件、羅曼史以及其他活動等等，這都是對該著作的誤讀和誤解，而那些已達成精神世界的人們很清楚，摩西所描述的根本就不是我們這

個世界，哪怕連一個字都沒有；他談論的全部都是有關那些精神世界的事情！他描述的是有關那個最高的統治的力量，以及靈魂如何上升及下降，他們的轉世以及整個精神的系統。

然後，是《光輝之書》的出現，它是有關卡巴拉智慧最重要的著作，雖然沒有人完全瞭解它。《光輝之書》是以一種叫做 Midrash 的語言寫成的。這種語言不同於亞伯拉罕所採用的 Sefirot 及 Partzufim 的語言，它也不同於摩西所使用的根枝語言。這種語言使用的是我們這個世界的辭彙。《光輝之書》是以小說的形式撰寫的，它虛構且富有詩意。它看起來是在無意義地談論著這個世界以及精神世界，但它卻是一種傳奇式的故事的語言，名為 Midrash。

繼《光輝之書》後，到了中古 16 世紀，另一次卡巴拉重要的發展是神聖的 Ari（卡巴拉學家 Isaac Luria）在以色列北部的一個叫做 Safed 的小鎮上對卡巴拉的揭示。他沒有親自寫下任何著作，他的教義都是由他的弟子 Chaim Vital 記錄下來。這被認為是當代卡巴拉的開端。

後來，到了哈西德派的時代，卡巴拉智慧經過從 17 至 18 世紀間的發展，直到我們現在這個時代 20 世紀的巴拉蘇拉姆，即卡巴拉學家耶胡達‧阿斯拉格。巴拉蘇拉姆用現代的語言闡釋了精深的卡巴拉智慧，他對《光輝之書》以及 Ari 的教義進行了完整的注釋。他像寫科學著作一樣寫下了《對十個 Sefirot 的研究》，該著作的寫法既具有學術性又非常地精確；它配有術語解釋表、問答、圖表等，是一種完整的適用於我們這個時代的卡巴拉科學教科書。

2

其他卡巴拉著作

　　為了幫助你決定你接下來應該閱讀哪本書，我們已經將一些卡巴拉書籍分為了 5 類──適合所有人群的著作、初級著作、中級著作、高級著作和教科書。第 1 類包含了適合所有人閱讀的書籍，無論你是一個初學者還是一位非常精通卡巴拉的人。第 2 ～ 4 類是根據讀者已掌握的知識水準來分類的。對初級水準的讀者沒有要求。中級水準要求之前已閱讀一到兩本初級著作；高級水準要求已閱讀前兩類著作各一到兩本。第 5 類教科書──包含了一些由早期卡巴拉學家們撰寫的正宗原始文獻的譯本，例如，阿里、耶胡達 · 阿斯拉格（巴拉蘇拉姆）和他的兒子及繼承人巴魯克 · 阿斯拉格（拉巴什）。

　　其他還沒有出版的英文譯本可以在 www.kabbalah.info/cn 網站上找到。這個網站上的所有資源（包括已出版的書籍的電子版）都可以免費下載。

適合所有人群的著作

《卡巴拉、科學和生命的意義》

Kabbalah, Science and the Meaning of Life

　　科學解釋了維持生命的機制；卡巴拉解釋了生命存在的原因。在《卡巴拉、科學和生命的意義》這本書中，萊特曼博士用一段揭示生命的意義的生動對話將科學和精神世界結合了起來。

　　幾千年來，卡巴拉學家們一直寫道，世界是一個被分為無數生物的整體。如今量子物理學這一最前端的學科闡明了一種非常簡單的觀點：從最基本的物質層面上來說，我們所有人類和現實的環境的一切實際上是一個單一的整體。

　　科學說明，現實受檢驗它的觀察者的影響，即對現實的感知是主觀的，卡巴拉也同樣這樣認為。但卡巴拉做出了一個更加大膽的聲明：即使是創造者，現實的創造者，也位於觀察者之內。換句話來說，上帝存在於我們內心，不存在於其他任何地方。當我們去世後，他（創造者）也會消失。

　　萊特曼博士清楚地解釋了這些全新的震撼人心的觀念，因此即使是科學或者卡巴拉的初學者也能夠很容易地理解它們（雖然始終似乎難以置信）。如果你對於「為什麼你會在這裡、生命的意義是什麼以及你可以做些什麼來使你更加享受生活」這些問題不僅僅只有一點點好奇，而是真的想要尋找答案的話，那麼這本書無疑是你的必讀著作之一，它會為你對世界、宇宙和生命產生的思考提供一個全新的視角。

《拯救》

Kaballah on Crisis, Its Cause and Solution

沒有問題可以在產生了它的那同一個意識層面上被解決。

———愛因斯坦

人類目前面臨的所有問題和危機的根源都出在，我們對這個世界、宇宙的進化發展以及我們人類在這個進化的鏈條上扮演的角色，也就是對我們自己是誰以及生命的意義是什麼這些問題的無知？

實際上，人類現在出現的問題是必然的也是必須要經歷的，危機和災難實際上並不是什麼新的名詞。人類的文明史某種意義上講就是一部應對危機和災難的歷史。人類正是在應對危機和災難中成長起來的。如果在歷史上，無論如何我們都「成功」地應對了危機和災難的話；那麼，現在人類面臨的全面危機卻讓全人類感到束手無策甚至開始絕望。

難道真的像愛因斯坦所講，如果我們不超越我們自己現在所處的這個引發了這些危機的意識層面，上升到一個更高的意識層面上的話；我們面臨的問題就不可能在我們現在所處的這個意識層面上得到解決嗎？我們目前的處境正迫使著我們不得不認為愛因斯坦的斷言是正確的。

人類幾千年的文明發展，危機災難應對的歷史，已經充分證明了人類在解決人類面臨問題上的無助和無能。至今，人類已經嘗試了各種主義和制度，嘗試了各種手段，任其為宗教的、哲學的、科學的還是經濟的手段等等，但似乎任何思想，任何主義都沒有實現其初始時的美好承諾，人類不但沒有真正從根本上解決任何其面臨的問題，反而越加深入地陷入到了更大的危機和災難的泥潭，以致於到了沒有人會反對全球毀滅正在迫近的說法的地步。

那麼，事實果真如此嗎？我們看到的感知到的這麼宏偉的宇宙和這麼神奇的生命就是以毀滅做為其終點嗎？本著作由以下幾部分組成：

第一部：《拯救你自己，如何在世界危機中使自己變得強大》。是萊特曼博士專門針對 2008 年世界金融危機後分析危機發生的原因，以及如何應對危機使自己變得真正強大的針對性著作。

第二部：由萊特曼博士針對幾個困擾人類的精彩對話組成，包括金融危機、自然災害、戰爭與和平等主題。

第三部：由萊特曼博士在世界智慧理事會等年會上，針對危機提出的應對措施的演講稿所組成。希望讀者能夠從本書中認識危機，認識危機的根源和目的，進而找到包含在危機中的拯救。

《歷史、現在與未來》

The History, the Present and the Future

《歷史，現在和未來》，從卡巴拉智慧的宏觀視角，縱覽了整個創造的過程，驅動生命的起源和進化背後隱藏著的力量。在對從創造者和創造物，也就是給予的願望和接受的願望，這兩個宇宙中唯一存在的力量的演變發展過程的解讀當中，你不但可以瞭解到創造的歷史，生命的進化的脈絡，你還可以看到在所有的危機發生的背後存在著一條清晰的路線；並且會瞭解到現在人類面臨的全面危機和災難絕不是偶然的，一切都是在創造的開始就被預定好了的。而且，所有的危機和災難都是有目的的，它們的出現都是為了實現創造的目的。

本書還將幫助讀者解開幾百年來一直困擾著人類有關宇宙起源和生命演化理論的上帝創世說和達爾文進化論之間存在的謎團。

《超越世界》

Attaining the Worlds Beyond

《超越世界》的引言部分寫道：「……在 1991 年 9 月的猶太人除夕，我的老師感覺不舒服，他把我叫到他的床邊，遞給我他的一本筆記本，說道，『拿去吧，好好學習它。』第二天，我的老師就在我的懷裡仙逝了，從此，我和他的眾多弟子在這個世界上便失去了他的指引。」

「他曾經說過，『我想教你轉向創造者，而不是我，因為他（創造者）才是唯一的力量、所有存在物的唯一源頭、唯一一個可以真正幫助你的力量，並且他正在等待著你向他祈求幫助。當你在試圖擺脫這個世界的束縛的過程中、在提升你自己超越這個世界的過程中、在你找尋生命意義的過程中以及在確定你生命的目的的過程中尋求幫助的時候，你必須轉向創造者，他（創造者）為了迫使你轉向他（創造者）而給了你所有的這些渴望。』」

《超越世界》講的就是那個筆記本裡的內容，也包含其他一些激勵人的文章。這本著作適合所有那些想發現一種符合邏輯的、可靠的用來理解這個世界中的現象的方法的人來閱讀。這本書生動地介紹了啟迪心靈，鼓舞人心的卡巴拉智慧，使讀者們到達他們靈魂的深處，找到超越世界的精神之路。

《心裡之點：靈魂快樂的源泉》

The Point in the Heart：a Source of Delight for My Soul

《心裡之點：靈魂快樂的源泉》一書，是從麥可・萊特曼博士的一些課程精選摘要組成的一本書，麥可・萊特曼博士，依靠他驚人的智慧在北美和全世界範圍內贏得了越來越多專注的學生。麥可・萊特曼博士是一位科學家、一位卡巴拉學家同時是一個以令人信服的方式呈現古老智慧的偉大的思想家。

本書以一種獨特的和隱喻的語言編寫而成，心裡之點以真誠但耐人尋味的方式，回答了我們所有人類曾經問過的最深層的問題。當生命失

去了控制，當我們需要一個獨自一人去反思的時刻，這本書將幫助我們重新發現那個位於我們內部的指南針。

這本書並不是要教你卡巴拉知識，而是向你輕柔地介紹一些從這個智慧中產生的思想的火花。《心裡之點》這本書是開啟一種新的認知的視窗。正如作者自己在書中作見證所說的，「卡巴拉智慧是一門有關情感的科學，一門有關快樂的科學，歡迎你開啟它，品嚐它。」

在卡巴拉中，「心」象徵著我們享樂的願望的總和。心裡之點就是我們開始問自己在這個世界上我們生命的意義是什麼時，那個特殊的親密的時刻。它是當我們暫停下來並反思隱藏在我們不停在玩的那個「追逐遊戲」的背後到底是什麼的時刻，不是問我們是否真的需要它們，而是問為什麼我們需要它們的那個時刻。用萊特曼博士自己的話講，這就是「靈魂的開始，也是揭示愛的第一步」。當你在黑暗中需要「光」明時，這本心裡之點將成為你度過黑暗的蠟燭。

《卡巴拉智慧指南》

A Guide to the Hidden Wisdom of Kabbalah

卡巴拉智慧指南是一本對於卡巴拉初學者來說，深入淺出，通俗易懂，輕鬆愉快的讀物。它將深奧的卡巴拉智慧用一種清晰的方式介紹給讀者。該著作涵蓋了從卡巴拉歷史一直到這種智慧如何可以幫助我們解決世界危機等各個方面。

全書分三個部分：

第一部涵蓋了卡巴拉的歷史、事實和有關卡巴拉的謬論，並介紹了卡巴拉的關鍵概念；第二部說明了所有有關精神世界和其他相關的東西，包括希伯來字母的含意和卡巴拉音樂的力量；第三部介紹了如何利用卡巴拉智慧認識和應對世界危機。

我們不需要剝奪我們經過多年的努力工作而獲得的並已經習慣的生

活標準。實際上有一個更簡單的方法，可以讓人類不但可以度過這一危機和災難四伏的時期，而且可讓人類獲得我們曾經連夢想都想不到的東西，並實現生命的真正意義和目的。本書是學習卡巴拉，繼而掌握宇宙存在的奧秘，實現生命的意義的必讀著作。

《卡巴拉的基本概念》

Basic Concepts in Kabbalah

這本書幫助讀者理解卡巴拉的一些概念、精神世界裡的物體和有關精神世界的術語。透過反覆地閱讀這本書，讀者可以在他（她）心裡培養出之前並不存在的內在洞察力、感悟和理解能力。這些新獲得的觀察力就像一些感測器一樣，可以「觸及」到我們五種感官無法感知到的我們周圍的空間。

因此，《卡巴拉的基本概念》這本書旨在促進對有關精神世界的一些術語的思考。一旦我們理解了這些術語，我們就可以透過我們內心的視覺來感知我們周圍的精神世界的結構，如同一團迷霧消散之後一樣。這本書並不是旨在學習一些事實。相反，這本書的目標讀者是那些渴望喚醒他們可以擁有的最深層次和最微妙的感知的人們。

《永遠在一起》

Together Forever

從表面上來看，《永遠在一起》描寫的是一個針對孩子們的童話故事。但如同所有描寫生動的關於孩子們的故事一樣，它超越了年齡、文化和成長環境的界限。

在《永遠在一起》中，作者告訴我們，如果我們是父母，並忍受著

我們一生中遭遇到的考驗的話，那麼我們將會變得更堅強、更勇敢和更睿智。我們不會變得越來越脆弱，相反，我們將學會創造我們自己的神話和奇蹟，就像一位魔術師一樣。

在這個暖人心房的故事裡，萊特曼博士與孩子和父母們分享了一些精神世界的魅力。卡巴拉智慧裡包含了許多引人入勝的故事。魔術師是這種永恆智慧的源頭給予的另一份禮物，這種智慧使我們的生活更豐富、更輕鬆和更充實。

卡巴拉初級著作

《卡巴拉入門》

Kabbalah For Beginners

《卡巴拉入門》這本書適合於所有正在尋找有關生命的一些最根本問題的答案的人去閱讀。我們所有人都想知道為什麼我們會在這裡、為什麼會有痛苦以及我們如何能夠使生活變得更快樂。這本書的四個部分準確地回答了這些問題，並清楚地闡明了卡巴拉的主旨及其實際運用。

第一部分討論了卡巴拉智慧的發現、它的發展過程以及它最後是如何被隱藏直至現在的；第二部分介紹了卡巴拉智慧的主旨，並使用了十張簡單的圖畫來幫助我們理解精神世界的結構和它們與我們的這個世界之間的關係；第三部分揭示了一些不為公眾所知的卡巴拉概念，第四部分闡明了你和我可以運用的一些實際方法，以使我們的生活對於我們和我們的孩子而言可以變得更美好和更愉快。

《卡巴拉智慧：卡巴拉啟示》

Kabbalah Revealed

這本書以其清晰易懂的寫作風格幫助讀者理解周圍的世界。它一共包括 6 個章節，每個章節都闡明了卡巴拉智慧的一個不同的方面，介紹了它的教義，並列舉了我們日常生活中的很多例子來解釋這些教義。

這本書的前 3 章解釋了為什麼世界正面臨一場危機、我們不斷增長的願望是如何在促使我們進步的同時又造成我們的分裂的、為什麼實現積極變化的最大的障礙源於我們自己的精神之中。第 4 章節到第 6 章節

描述了能夠產生積極變化的藥方。從這些章節中,我們可以學到我們如何利用我們的精神來創造一種和所有創造物和諧共處的寧靜的生活。

《偉大的智慧》

Wondrous Wisdom

這本書講解了有關卡巴拉的一些基礎知識。類似於我們在這裡提到的所有書籍,《偉大的智慧》是基於由卡巴拉學家幾千年來傳授給學生們的正宗的教義所凝練而成的。這本書的核心是一系列揭示卡巴拉智慧的本質以及解釋怎樣達成它的課程。對於那些詢問「我到底是誰?」和「為什麼我會在這個星球上?」的人來說,這本書是必讀著作之一。

《覺醒至卡巴拉》

Awakening to Kabbalah

萊特曼博士懷著敬畏之情對卡巴拉這一古代智慧進行了獨有見地的介紹。在這本書中,萊特曼博士不僅提供了一種對卡巴拉的基本教義的理解,也提供了你如何使用這種智慧來闡明你與其他人和你周圍的世界之間的關係的更深層次的理解。

透過使用科學語言和詩歌語言,他探究了有關精神世界和存在的最深奧的問題。這本發人深思、獨特的指南將會鼓舞和激勵你跳出這個世界和你日常生活的限制來發現真理,接近創造者並達到靈魂的新的高度。

《卡巴拉智慧——從混沌走向和諧》

From Chaoes to Harmony

許多研究者和科學家都認為，自我（利己主義）為什麼是我們的世界現在處於危險的狀態的根源。萊特曼博士的這本具有開創性意義的書，不僅解釋了利己主義是整個人類歷史上所有苦難的基礎，而且還提示了我們如何將我們的苦難轉變為快樂的方法。

這本書清楚地分析了人類的靈魂和它的問題，並提供了一個「路標」來指示我們如果我們想再次變得快樂的話，我們需要做些什麼。《從混沌走向和諧》解釋了我們如何能夠提升到一個個人、社會、國家和國際層次上的存在的新水準。

《解密光輝之書》

Unlocking The Zohar

《光輝之書》中包含著一種可將我們引向完美的非常特殊的力量。它具有一種使人渴望不停止地讀它的魔力。對於那些真正讀進去的人們，《光輝之書》就是一個生命能量和活力的源泉。擁有了它，我們就可以開始一個新的生命並與在這個世界上存在的美好與快樂相伴。

《解密光輝之書》是旨在容易為讀者理解的名為《所有人的光輝之書》的系列著作的介紹性著作。為了最好地利用這一系列著作，強烈推薦首先閱讀這本著作，這本書將會引領讀者正確地閱讀《光輝之書》，從而從中獲得最大的收穫。

閱讀本書並不需要你有任何特別的知識。本書第一部分解釋了《光輝之書》中蘊藏的智慧的本質，它被隱藏數千年的原因，以及它如何在今天可以使我們受益；第二部分介紹了我們感知現實的方式和創造的藍圖，以及最終我們如何能夠透過解密《光輝之書》一起解開創造的秘密。

本書第三部分特別地從《所有人的光輝之書》中節選了一些精彩的篇章。在你閱讀完本著作之後，你將會感覺到《光輝之書》的力量並且享受它的收益。

卡巴拉中級著作

《卡巴拉經驗》

Kabbalah Experience

由這本書中的問題和答案所揭示的卡巴拉智慧的深奧程度將會激勵讀者去反思和沉思。這不是一本只需匆匆閱過的書，而是一本值得反覆推敲和仔細閱讀的書。這樣，讀者將會體驗到一種不斷增長的受到啟發的感覺，同時很容易地掌握那些每個卡巴拉學習者在學習卡巴拉的過程中都會問到的問題的答案。

《卡巴拉經驗》是一本關於人類從過去走向未來的指南，揭示了所有卡巴拉學習者在他們的卡巴拉之旅中的某些時候將會經歷的處境。對於那些珍惜生命中每一刻的人來說，這本書提供了一種對永恆的卡巴拉智慧的獨特理解。

《卡巴拉路徑》

The Path of Kabbalah

這本書很獨特地將卡巴拉初級著作與更高深的概念和教義結合了起來。如果你已經閱讀了一到兩本萊特曼博士撰寫的書籍的話，那麼你會發現這本書很容易讀懂。《卡巴拉路徑》這本書不僅提及了一些基本概念，例如，對現實的感知和自由選擇；而且還不斷深入和擴大了卡巴拉初級著作的範圍，例如，這本書比那些「純粹的」初學者閱讀的書籍更加詳細地解釋了世界的結構；這本書也描述了世俗物質世界的精神根源，例如，希伯來日曆和節日等。

卡巴拉高級著作

《對卡巴拉智慧的導讀》

The Science of Kabbalah, The Preface to the Wisdom of Kabbalah

麥可・萊特曼博士既是一位卡巴拉學家也是一位科學家，他撰寫這本書是為了向讀者介紹正宗的卡巴拉智慧的獨特的語言和術語。萊特曼博士在這本書中以一種理性和謹慎的方式揭示了正宗的卡巴拉。讀者們可以逐漸地理解宇宙和存在於宇宙中的生命的邏輯設計。《對卡巴拉智慧的導讀》是一本在清楚的解析和深度上都無與倫比的具有開創性意義的著作，它吸引了許多智者，並使讀者們能夠理解巴拉蘇拉姆（耶胡達・阿斯拉格）的更多的學術著作，例如，《對十個 Sefirot 的研究》（The Study of the Ten Sefirot）和《光輝之書》（The Book of Zohar）。讀者在這本書中將享受到一些只有正宗的卡巴拉才可以回答的有關生命謎團的滿意答案。你可以一邊閱讀這本書，一邊為到達更高的世界的奇妙之旅做準備。

《對光輝之書的導讀》

The Science of Kabbalah, Introduction to the Book of Zohar

對於那些想理解《光輝之書》中隱藏的資訊的人來說，這本書和《對卡巴拉智慧的導讀》是必讀的。這本書中涉及到的許多有用的主題介紹了「根源和分枝語言」，如果沒有這種「根源和分枝語言」的話，那麼在《光輝之書》中描述的故事將僅僅是一些寓言和傳奇。《對光輝之書的導讀》將為讀者們提供理解正宗的卡巴拉智慧的一些必備的工具，以使他們到達更高的世界。

《光輝之書：對阿斯拉格注釋的解讀》

The Zohar, Annotations to the Ashlag Commentary

《光輝之書》是卡巴拉智慧的一個永恆的源泉和所有卡巴拉文獻的依據。自從它在大約 2000 年前出現以來，它就一直是卡巴拉學家們使用的主要文獻資料，通常也是唯一的文獻資料。

數百年來，卡巴拉都被隱藏了起來，不為大眾所知，因為人們適合學習它的時機還不成熟，還不適合學習它。然而，我們這一代人被卡巴拉學家們指定為可以理解《光輝之書》中的概念的第一代人。現在我們可以將這些概念運用於我們的生活中，而且必須開始實施卡巴拉智慧，否則人類將陷入越來越深重的災難和困苦之中。

透過一種獨特和運用暗喻的語言，《光輝之書》加深了我們對現實的理解並拓寬了我們的世界觀。雖然這本書只涉及了一個主題——如何和創造者取得聯繫，但它從不同的角度闡明了這一主題。這使得我們每個人都可以發現某個將使我們理解這種深奧和永恆的智慧的特定的片語和單詞。

教科書

《我聽說的》

Shamati

麥可・萊特曼博士在這本書中寫道，在我的老師巴魯克・阿斯拉格（拉巴什）使用的所有文獻和筆記中，他總是帶一個特殊的筆記本。這個筆記本裡記錄了他和他父親之間的一些對話，他的父親是耶胡達・阿斯拉格（巴拉蘇拉姆），即《對光輝之書的蘇拉姆（階梯）的注釋》、《對十個 Sefirot 的研究》（The Study of the Ten Sefirot 對卡巴拉學家阿里的著作的注釋）和許多其他卡巴拉著作的作者。

在 1991 年 9 月的猶太人除夕，拉巴什感覺到不舒服，他把我叫到他的床邊，遞給這個筆記本，這個筆記本的封面只有一個單詞，即 Shamati（即「我聽說」的意思）。當他把這個筆記本遞給我的時候，他說道，「拿去吧，好好學習它。」第二天，我的老師就在我的懷裡仙逝了。從此，我和他的眾多弟子在這個世界上便失去了他的指引。

為了實現拉巴什的遺言——傳播卡巴拉智慧，麥可・萊特曼博士按其原樣出版了這個筆記本，保留了這個筆記本神奇的轉變力量。在所有卡巴拉書籍中，《我聽說的》是一本最獨特和最富有吸引力的著作。

《卡巴拉學生用書》

Kabbalah For The Student

《卡巴拉學生用書》中包含了由耶胡達・阿斯拉格、他的兒子及繼承人巴魯克・阿斯拉格和其他一些偉大的卡巴拉學家所撰寫的正宗的卡

巴拉文獻，內容博大精深，耶胡達・阿斯拉格是對《光輝之書》做出《蘇拉姆（階梯）注釋》的作者。這本書中包含了一些準確地描繪卡巴拉學家們所經歷的更高的世界的發展過程的圖解，也包含了一些導引性的文章，以幫助我們真正理解卡巴拉的最主要著作──《光輝之書》。

在《卡巴拉學生用書》中，萊特曼博士收集了卡巴拉學習者為到達精神世界所需要閱讀的所有文獻，萊特曼博士是巴魯克・阿斯拉格的首席弟子和個人助理。在他的每日課程中，萊特曼博士透過教授這些鼓舞人心的文獻來指引全世界的學生們學習卡巴拉，以幫助初學者和高級學員更好地理解在到達更高的世界的精神之旅中，我們要走的精神道路。這是真正學習卡巴拉智慧的必讀著作。

《拉巴什，有關社會的文獻》

Rabash：The Social Writings

巴魯克・阿斯拉格導師（拉巴什）在卡巴拉的歷史上扮演了一個非常顯著的角色，他為卡巴拉智慧和我們人類的經驗之間架設了最後的橋梁。由於他的特殊品格，他可以將自己完全隱藏在他的父親和老師，偉大的卡巴拉學家，耶胡達・阿斯拉格導師（人稱巴拉蘇拉姆）的光環之中。

然而，如果沒有拉巴什的著作，他父親想要向全世界揭示卡巴拉智慧的所有努力也將會無功而返。沒有他的著作，巴拉蘇拉姆如此想要我們達成精神世界的努力將不會實現。

在他的日常生活中，拉巴什是謙卑和自制的人生典範。雖然如此，他的著作卻充滿了對人的本性的深刻洞見。那些初看起來似乎很平常的語言實際上卻是通向人們心靈最深處的精確的情緒通道。他的著作向我們顯示在哪些關鍵的轉捩點上我們必須架設我們的階梯並開始攀登。在精神達成的旅程中，他會用其驚人的敏感度，一路陪伴我們度過那些我們將要遭遇的艱難和困惑。他的話語能夠使讀者和他們自己的本性達成

條件，將恐懼和憤怒最快地轉化為自由、喜悅和信心。

　　沒有他的著作，特別是那些有關一個人在團隊中的角色的著作，我們將永遠不會從一個普通的卡巴拉熱愛者變成一個真正的卡巴拉學家。拉巴什是迄今為止唯一一位為這個世界中的任何一個人提供了一套清晰有效的方法，使得人們可以從他們的心裡之點覺醒的那一刻開始，直到他們透過在團隊中的工作實現他們的精神目標。

　　這本書裡收集的著作，不應只是簡單地用於閱讀，它更應該是一本實用的精神指南。

3

Bnei Baruch
國際卡巴拉教育和研究中心

Bnei Baruch 是一支成立於以色列的卡巴拉學習團隊，它與整個世界共同分享卡巴拉智慧。超過 30 種語言的學習材料是基於數千年世代相傳的正宗的卡巴拉文獻著作。

◎歷史和起源

麥可‧萊特曼是本體論和知識理論的教授，擁有哲學和卡巴拉的博士學位以及醫學生物控制論的碩士學位，在 1991 年，當他的老師巴魯克‧阿斯拉格（拉巴什）去世後，萊特曼博士創立了 Bnei Baruch 卡巴拉學習團隊。他將其命名為 Bnei Baruch（即「巴魯克之子」的意思）是為了紀念他的老師。萊特曼博士在他老師生命的最後十二年裡（即 1979 ～ 1991 年）從未離開過他的身邊。萊特曼博士是巴魯克‧阿斯拉格的首席徒弟和個人助理，並被公認為真正卡巴拉智慧的教學方法的繼承人。

拉巴什是 20 世紀最偉大的卡巴拉學家──耶胡達‧阿斯拉格的長子和繼承人。耶胡達‧阿斯拉格是《光輝之書》最權威和全面的注釋──《蘇拉姆注釋》（即「階梯的注釋」的意思）的作者。他是第一位揭示完整的精神提升的方法的卡巴拉學家，並被稱為巴拉蘇拉姆（即「階梯的主人」的意思）。

現在，Bnei Baruch 國際卡巴拉教育和研究中心的所有學習方法都基於這兩位偉大的精神導師鋪設的道路之上。

◎學習方法

Bnei Baruch 每天傳授並應用巴拉蘇拉姆和他的兒子拉巴什發展出來的獨特的學習方法。這種方法依據正宗的卡巴拉資源，例如，西蒙‧巴爾‧約海所著的《光輝之書》、阿里所著的《生命之樹》以及巴拉蘇拉姆所著的《對十個 Sefirot 的研究》（The Study of the Ten Sefirot）。

學習卡巴拉不僅需要正宗的卡巴拉資源，而且還需要簡單易懂的語言和一種科學、現代的學習方法。這種學習方法得到了不斷的發展，並

使 Bnei Baruch 成為以色列和整個世界的國際公認的教育機構。

　　這種學習方法獨特地將學術研究方法和個人經歷結合在了一起，拓展了學生們的視野，並使他們獲得了對他們生活著的現實的一種全新的感知。這樣，那些走在精神之路上的學生便獲得了研究他們自身和他們周圍的現實的必備工具。

◎信息

　　Bnei Baruch 是由全球成千上萬學員組成的進行多種傳播活動的一個機構。每個學員根據自己的個人條件和能力選擇自己的學習途徑和強度。Bnei Baruch 傳播的資訊的本質很廣泛，即團結人民、團結各民族和愛每一個人。幾千年來，卡巴拉學家們一直都在教授人們之間的愛是所有人類關係的基礎。這種愛在亞伯拉罕、摩西和他們成立卡巴拉學習團隊的那個時代得到了廣泛的傳播。如果我們吸收了這些古老但又現代的價值觀的話，那麼，我們將會發現我們擁有了能忽略我們之間的不同而團結在一起的力量。

　　隱藏了數千年的卡巴拉智慧如今已浮現出來，它一直在等待一個我們人類已經充分發展並準備好執行它的資訊的時機。現在，它成為了一種可以團結世界各民族的方法，並使我們所有人能夠迎接目前的挑戰，無論是個人還是社會。

◎活動

　　創立 Bnei Baruch 的前提是「只有透過廣泛地向公眾傳播卡巴拉智慧，我們才能夠得到完全的救贖」（出自巴拉蘇哈姆）。因此，Bnei Baruch 向人們提供了各種各樣的方法，以使他們探索和發現他們生命的意義，並為初學者和高級學員提供精心的指導。

◎卡巴拉電視

　　Bnei Baruch 成立了一家阿斯拉個研究中心電影製作公司（ARI

Films）（www.arifilms.tv），這家電影公司主要致力於製作多種語言的和全世界範圍內的卡巴拉教育電視節目。

Bnei Baruch 在以色列擁有自己的電視台，透過有線電視和衛星 24/7 播出。這些電視節目也在 www.kab.tv 上播出。而且，這個電視頻道上的所有電視節目都是免費的。這些電視節目適合所有學員，包括初學者和最高級學員。

此外，阿里電影製作公司也製作卡巴拉教育故事片和紀錄片。

◎網路網站

Bnei Baruch 的國際網站（www.kab.info）上有正宗的卡巴拉智慧的一些資源，包括文章、書籍和原始文獻。它是網路上至今為止最大的一個正宗卡巴拉資源庫，並向讀者提供了一個獨一無二的、涵蓋面極廣的圖書館，以便讀者們充分地探索卡巴拉智慧。此外，卡巴拉媒體文檔（www.kabbalahmedia.info）上包含有五千多個媒體資料，可下載書籍和大量的多語種文獻、視頻和音頻檔。

Bnei Baruch 線上學習中心為初學者提供了獨特、免費的卡巴拉課程，引導學生在他們舒適的家中學習深奧的卡巴拉智慧。萊特曼博士的每日課程也在 www.kab.tv 上直播，並附有補充性的文本和圖表。

以上所有資源都是免費提供的。

◎報紙

《今日卡巴拉》是由 Bnei Baruch 每月免費發行的一種報紙，它有 4 種語言版本，包括英語、希伯來語、西班牙語和俄語。其風格簡單易懂、富有現代感，內容與政治、商業無關。《今日卡巴拉》的目的是為了以一種簡單易懂、生動的樣式和風格向世界各地的讀者們免費揭示卡巴拉智慧中隱藏著的大量知識。

《今日卡巴拉》目前在美國的每一個主要城市、加拿大的多倫多、英國的倫敦和澳大利亞的雪梨免費發行。它以英語、希伯來語和俄語印刷，並且在 www.kabtoday.com 上也可閱讀。

　　此外，訂閱者只需支付郵費便可閱讀到該報紙的紙張版。

◎卡巴拉書籍

　　Bnei Baruch 出版正宗的由耶胡達・阿斯拉格（巴拉蘇拉姆）、他的兒子巴魯克・阿斯拉格（拉巴什）和麥可・萊特曼撰寫的書籍。耶胡達・阿斯拉格和拉巴什的著作對充分理解正宗的卡巴拉教義至關重要，萊特曼博士在他的每日課程中解釋這些正宗的卡巴拉教義。

　　萊特曼博士基於巴拉蘇拉姆提出的一些核心概念，以一種簡單易懂、現代的風格來撰寫他的著作。這些著作是現在的讀者和原始文本之間的一條重要的紐帶。所有這些書籍都有銷售，也可以在網上免費下載。

◎卡巴拉課程

　　正如卡巴拉學家們多少世紀以來一直所做的那樣，麥可・萊特曼博士每天凌晨三點至六點（台北時間是上午九點至十二點）在以色列的 Bnei Baruch 國際卡巴拉教育和研究中心講課。萊特曼博士用希伯來語講課，現在這些課程被每天同步翻譯為七種語言：英語、俄語、西班牙語、法語、德語、義大利語和土耳其語。正如其他所有活動一樣，這些直播節目也是免費提供給全球數百萬學生的。

◎經費

　　Bnei Baruch 國際卡巴拉教育和研究中心是一個教授和分享卡巴拉智慧的非營利性機構。為了保持其獨立性和意圖的純潔性，Bnei Baruch 不接受任何政府或政治組織的支援和資助，也和它們沒有任何聯繫。

　　由於其大部分活動都是免費提供的，團隊活動經費的主要來源是捐款和什一稅──學生在其自願的基礎上的奉獻和以成本價出售的麥可‧萊特曼博士的書籍的所得。

Even if the future is not clear and there are various opinions, the trend of our advancement has to be understood: Human development leads to its full integration. And although this development towards unity takes place contrary to our personal, state, and national egoism, we must accept this natural evolution as an obligation, as a fact, and make decisions in accordance with it to aviod further blows".

"儘管未來對我們來講還不清晰，也存在著各種各樣的觀點，我們還是必須瞭解我們發展的趨勢：人類的發展最終必然導致全人類的完全融合。儘管這種向著團結統一的方向的發展與我們個人的、國家的或者民族的利己主義目標是對立的，但是，我們不得不接受這種自然的進化發展是一種必然，並把它看作是一個事實，進而做出順應這一發展趨勢的相應決策，以免招致自然更大的打擊。"

——麥可‧萊特曼博士

如何聯繫我們

網站 Internet:
www.kabbalah.info/cn

卡巴拉電視 Kabbalah TV
www.kab.tv

網上書店 Bookstore
www.kabbalahbooks.info

學習中心 Learning Center
edu.kabbalah.info

電郵 E-mail
chinese@kabbalah.info
info@kabbalah.info

Bnei Baruch Association
PO BOX 3228
Petach Tikva 49513
Israel

Kabbalah Books
1057 Steeles Avenue West, Suite 532
Toronto, ON, M2R 3X1
Canada
E-mail: info@kabbalahbooks.info
Web site: www.kabbalahbooks.info
USA and Canada:
Tel: 1 416 274 7287
Fax: 1 905 886 9697

國家圖書館出版品預行編目資料

靈性的覺醒─在危機中擺脫危機 / 麥可．萊特
曼原著 ; 周友恒編譯． -- 第一版． -- 臺北市
： 樂果文化出版 ： 紅螞蟻圖書發行， 2015.03

　　面 ； 　公分． --

ISBN 978-986-5983-86-4(平裝)

1. 東方哲學

133　　　　　　　　　　　　104002264

靈性的覺醒
在危機中擺脫危機

作　　　　　者 ／麥可．萊特曼
編　譯　　者 ／周友恒
總　編　　輯 ／何南輝
行 銷 企 劃 ／黃文秀
內 頁 設 計 ／鄭年亨
美 術 構 成 ／張一心

出　　　　　版 ／樂果文化事業有限公司
讀者服務專線 ／（02）2795-6555
劃 撥 帳 號 ／50118837 號　樂果文化事業有限公司
印　刷　　廠 ／卡樂彩色製版印刷有限公司
總　經　　銷 ／紅螞蟻圖書有限公司
地　　　　　址 ／台北市內湖區舊宗路二段121巷19號(紅螞蟻資訊大樓)
　　　　　　　　　電話：（02）27953656
　　　　　　　　　傳真：（02）27954100

2015 年 3 月第一版　定價／ 360 元　ISBN 978-986-5983-86-4

Kabbalah
Wisdom

Kabbalah
Wisdom